高等学校文化产业学系列教材

广西师范学院教材基金资助出版

文化项目案例教程

易奇志　编著

WUHAN UNIVERSITY PRESS
武汉大学出版社

图书在版编目(CIP)数据

文化项目案例教程/易奇志编著.—武汉:武汉大学出版社,2013.6
高等学校文化产业学系列教材
ISBN 978-7-307-10476-1

Ⅰ.文… Ⅱ.易… Ⅲ.文化产业—案例—世界 Ⅳ.G114

中国版本图书馆 CIP 数据核字(2013)第 027805 号

责任编辑:胡国民　　责任校对:王　建　　版式设计:马　佳

出版发行:**武汉大学出版社**　(430072　武昌　珞珈山)
(电子邮件:cbs22@whu.edu.cn 网址:www.wdp.com.cn)
印刷:湖北睿智印务有限公司
开本:787×1092　1/16　印张:13.25　字数:308 千字　插页:1
版次:2013 年 6 月第 1 版　　2013 年 6 月第 1 次印刷
ISBN 978-7-307-10476-1/G·2715　　定价:28.00 元

序

中国的文化产业是新兴产业，现在正处于上升发展阶段，它的迅猛发展和重要意义使其成为人们关注和研究的焦点。文化产业作为一个强大的新兴产业，需要一个较长的发展过程，而它涉及领域之广泛、情况之复杂，使其发展规律有别于其他产业，至今仍有许多重要问题亟待人们研究解决。

应该说，文化项目经营管理的研究在中国还处在起步阶段。由于传统的学科划分以及其他因素的制约，文化项目经营管理研究还十分薄弱。近十多年来，中国文化产业的发展速度远远超过了同时期国民生产总值的增长速度。与此同时，西方文化产业的规模、结构也在快速发展和调整，呈现出娱乐业、新闻业和信息业、会展业、旅游业高度融合的趋势。中国文化产业发展的新情况、新问题需要研究者及时跟进，总结概括出具有普遍适用性的规律。

文化项目经营管理研究与实践的不协调，已经开始受到人们的关注。目前一些高等院校、学术刊物和媒介人士正在努力推动相关研究。这本专著的编著者易奇志具有长期在新闻出版界工作的实践经营管理经验，并对我国近些年文化产业的发展进行了长期的关注和研究，就本书而言，体现出了三个显著特点：

一是以发展为着眼点，以行业发展趋势为背景，以文化项目的生产与消费为主线，思路清晰，中心突出，内容系统，其研究视角及观点多有新意。

二是密切跟踪媒介实践，关注文化产业的最新实践，同时又努力跳出现象，力求在更高的层面上进行审视和思考，探索案例蕴涵的内在规律。

三是尽力深入剖析问题。文化项目的经营管理问题是当前文化产业研究的热点问题之一，但很多研究往往流于罗列事实，缺乏深入的思考和扎实的理论支撑。案例分析应以事实为基础，但并不是以流水账的形式简单记录文化项目发展的过程，而是以在大量占有资料以后尽可能提供独到的分析角度，梳理出清晰的、有意义的脉络。

总之，这本案例编撰和研究，力求在研究范围、研究方法、研究内容、分析思路等方面做一些开拓性的工作。当然，它也有一些不成熟的地方，文化产业是涉及产业经济学、消费经济学、文化学、社会学、政策学、管理学等跨学科的研究。本书的一些案例阐述尚没有明确体现出文化产业的学科交叉特殊性，部分案例研究的理论融合还没有达到有机统一、水乳交融的程度。这些问题有待于在今后的研究中不断完善。

郭庆光

2012年8月28日于清华园

前　言

文化产业是指依靠创意人的智慧、技能和天赋，借助于高科技对文化资源进行创造与提升，通过知识产权的开发和运用，产生出高附加值产品，具有创造财富和就业潜力的产业。近年来我国加快推动文化产业的发展，主要由我国经济改革发展已处于新阶段和文化产业的自身优势所决定的。

目前，我国主要中心城市人均 GDP 已经超过 3000 美元，北京、上海、深圳等大城市人均 GDP 超过 5000 美元。从国外文化产业发展经验看，在这一阶段，国民经济持续稳定增长、经济结构快速升级、城市化水平迅速提升；在这个新阶段，人民群众文化精神消费类支出开始大大上升，大部分居民的消费重心向教育、科技、文化、旅游等领域转移，为文化产业的发展提供了广泛的市场需求。

根据文化部研究报告，文化产业自身优势很多，是其他产业所无法比拟的。首先，文化产业的资源消耗低、环境污染小。它以创意为源头，以内容为核心，文化产业的发展无需付出高昂的资源和环境代价。其次，文化产业经济回报高，受益时间长。优秀文化产品的价值会随着时间的流逝不断增值，文化品牌产品可以获得较高较长久的经济回报。再次，文化产业进入门槛较低，产业链条较长，既有大规模、现代化、拥有高新技术设备的企业，也有大量个体化、小规模、依靠个人创作和传统技艺发展的市场主体，就业潜力巨大。文化产业与国民经济各个产业渗透和融合，形成以文化内容为纽带的庞大产业链和产业集群。文化要素可以与其他经济生产方式和运营方式紧密交融结合在一起，不断提升传统产业的文化内涵和产品价值，在推动经济发展中发挥着越来越大的作用。

另外，文化产业可以提升国家文化软实力，增强文化影响力，塑造新的国际形象。发展国家文化软实力、改善国际形象，靠的是国家的文化认同，而文化认同的建立，需要靠发展文化产业来实现。

随着国务院“文化产业振兴规划”、国家“十二五文化产业发展规划”，以及“骨干文化企业培育规划”、“文化企业上市规划”、“文化产业基地建设规划”等一系列重要规划出台，我国文化产业已上升成为国家的战略产业。2012 年 2 月 28 日，文化部发布了《文化部“十二五”时期文化产业倍增计划》，提出了“十二五”期间文化部门管理的文化产业增加值年平均现价增长速度高于 20%，2015 年比 2010 年至少翻一番，实现倍增的奋斗目标。在未来几年，我国文化产业将实现跨越式的发展。

中国的文化产业正在进入一个极为重要的快速发展时期，中央加快发展文化产业的战略思路越来越清晰，随着文化产业的迅猛发展，人们对文化及文化产业的认识有了巨大的飞跃与转变。

文化产业是一个特殊的产业，有一般行业属性，又有社会公益性质。它的核心产业如传媒产业，既具有大众传媒的特点，又是党和国家的宣传喉舌。如何基于这些特点做出符合文化产业发展的制度性规划，使其既按照市场经济一般规律健康发展，又能保证先进文化的主导作用，这是一个崭新的挑战，需要我们大胆开拓。

我国发展文化产业有一些得天独厚的条件。首先，中国文化有着巨大的影响力，在世界上使用汉语的人口为世界之最，中国悠久的历史文化在国内外广泛的华人区具有悠久深刻的影响。这是中国文化企业进行市场开拓的最有利条件。其次，中国的文化资源异常丰富，几千年的文明发展，数不胜数的历史文化遗址，丰富多彩的自然地理、人文地理景观，无法计量的艺术珍品、典籍和文物，各民族丰富的风情习俗、节日庆典等文化符号、文化内涵，为中国文化产品乃至其他衍生产品的设计、生产、创新，提供了源源不断的灵感源泉。但与美国、英国、日本等文化产业发达的国家相比，我国的文化产业在总体上缺乏竞争力，尚不能满足人民群众不断增长的文化需要。新兴的文化产业必须由资本市场和信息技术两驾马车拉动，在公开、公正和公平的现代市场经济竞争中，才能以前所未见的高速度发展，才能将大批文化资源转化为产业和财富。

我国的传统文化产业诞生于计划体制下，长期以来被行政体制分割，被各种政策保护，如此形成的总体格局，表现出经营单位众多、产业集约化程度不高、资源极度分散和经济效益不佳等突出弱点，资源配置机制混乱、条块分割和行业壁垒与市场化要求之间的矛盾，长期困扰着我国文化产业的发展。面对巨量的市场需求和国际传媒文化集团的竞争压力，我国的文化产业正在加速进入整体性改革的阶段，各种新型文化产业门类不断出现，文化产业的结构变化频繁，条块分割和行业壁垒正在被打破，我国的文化产业政策基点正在转向以市场为基础、以政策为导向，这为我国文化产业的生存和成长提供了一个良好的发展环境。

近年来，文化产业在我国得到重视并有很大发展。文化产业的发展正以其不可抗拒的态势和速度影响着中国的未来，文化产业成为经济增长的新引擎和经济结构调整的着力点，成为实践科学发展观的重要抓手和实现发展方式转变的突破口。上海、北京、广东、浙江等经济发达地区文化产业快速崛起，势头强劲，逐渐成为这些城市和地区产业发展的新亮点。

我国文化产业的发展虽已具备一定的基础，有强劲的发展势头，但仍然存在一些困难与问题，如缺乏相应的政策法规支持，规划的进一步落实；文化项目特色定位不强，与文化资源特点联系不够密切；文化产业链条不够完整、完善，缺乏特色鲜明、优势突出的本土化优势品牌；缺乏高层次的文化创意人才、经营管理人才，等等。

在文化产业的发展过程中，我们需要及时认真地了解过去、总结经验、指导未来，对文化项目经典案例的研究就是一种很有效的方法，通过广泛地研究和剖析经典案例和政策，一些经验值得学习和借鉴、一些教训则为我们敲响警钟。纸上得来终觉浅，在没有机会处处躬行的时候，这些案例将成为我们最好的老师，可以提高我们的认识。

这本《文化项目案例教程》在理论与实践的框架内，不仅介绍了我国文化产业各个门类发展的最新概况，还从实用与学术角度，经过深入研究，选择新鲜“时尚”的各个文化产业门类典型成功案例进行解读。在筛选案例的过程中，尽量做到精益求精，使之具有典型性、经典性，具有前沿性、实用性。

书中编著了中外文化产业项目的经典案例，读者可以通过经典案例内容，了解我国乃至世界文化产业项目发展的概况。为了读者的需要，编者从实用的角度出发，对案例进行实战性切入，分析并阐述了实践的具体方法与技巧，具有可操作性和指导性，并在每章节具体案例和点评后配有思考题，以便学以致用、举一反三。

希望这本书能帮助读者深入了解文化产业项目管理的特点，把握优秀文化产业项目的成功规律，提高文化产业复合型人才的综合素质。

易奇志

2012 年 5 月 4 日于清华园

目　录

第一章 影视文化项目经典案例

在享受了经济的高速发展之后，人们对于文化的需求越来越迫切。作为文化产业的一项重要内容，电影电视因为其出色的形象表达、强烈的视听盛宴吸引了越来越多的受众。一次科技革命，总会带来一次社会的变革或是人们生活方式的转变，先进的科学技术运用于影视领域，让以前一些不能想象的东西成为现实，人们一次次冲破原来的局限，打造越来越真实的体验。电视普及率大大提高，电影院线飞速发展，中国影视领域一次新的革命势如破竹。

第一节 概论 中国影视产业发展现状及趋势

影视产业在文化产业中被公认是高度市场化、国际化的文化子产业，同时也是融艺术性、观赏性和感染力为一体的、影响力巨大的战略性产业。中国自2000年以后开始重视文化产业化，实施了许多有利于文化体制改革与产业发展的措施与办法，电影产业在2002年的院线制改革后开始高速发展，在产业化改革所开创的上升通道快速前行，成为中国文化产业化进程中最受瞩目的一环。在2008—2009年全球金融危机的大环境下，中国电影产业逆市上扬，受到海内外各界的高度关注，前景和潜力被一致看好。电视剧产业已经成为文化产业的重要组成部分，它不但是大众最熟悉的精神文化消费产品，也使得中国成为世界电视剧生产和消费的第一大国。

一、电影行业发展现状及趋势

1905年中国诞生第一部电影《定军山》，至今中国电影已走过了百余年历程，如今的中国电影是百花齐放，丰富多彩，繁荣昌盛。2002年院线制改革后，通过解放思想、更新观念，加快体制机制改革、技术变革和管理创新，极大地解放了电影艺术生产力，中国电影产业进入加速度改革期，走上了良性循环、持续发展的健康道路。

（一）中国电影产业发展现状

据国家广电总局电影局发布的2011年电影票房数据显示，2011年全年总票房131.15亿元，较2010年的101.72亿元增长28.93%，国产片票房为70.31亿元，占总额的53.61%。全年共生产各类电影791部，包括故事影片558部、动画影片24部、纪录影片26部、科教影片76部、特种影片5部、电影频道生产供电视播出的数字电影102部。在影院建设方面，2011年全国新建影院803家，新增银幕3030块，平均每天增长8.3块银幕。全国城市影院数量突破2800家，银幕总数超过9200块。在新建影院和新增影厅中，

90%的影院都已具备数字放映条件。票房过亿元的国产影片达到20部①。国产大片从本土文化土壤中吸纳养分，本土特色鲜明、原创力充沛、有历史文化厚度。逐步形成了多层次、多类别、多样化发展的电影产业格局，走向丰富、合理、成熟的产品结构体系。

中国的电影产业作为新兴的文化产业，其发展正在逐渐走向成熟，除了创造了大量的财政收入外，电影也渐渐融入人们的生活，其艺术性和娱乐性吸引了越来越多的人，强大的经济支撑和硬件设施的完备让这一切成为可能。但与国外发达的电影产业链相比，我们还有不小的差距，还有很大的提升空间。

1.《文化产业振兴规划》为发展提供政策保障

2009年颁布的《文化产业振兴规划》是中国政府首次对文化产业发展作出的规划，标志着文化产业提升到国家战略高度，影视制作产业、数字内容和动漫产业的发展被列为重中之重。它强调要从财政、金融、税收等多个方面，对电影产业重点领域、重大项目给予实质性支持，有力地促进了电影产业实现跨越式发展。

2. 市场体制改革，核心竞争力大大增强

2009年以来，国有电影制片厂或独立或重组转企，电影院线通过扩张、兼并、控股、重组，电影投融资渠道形成多元化格局，电影市场的规模经济越来越高，开始形成综合性的电影制片、发行、放映一体化，具有完整产业链的大型电影企业。

3. 影片量多丰富，电影票房持续增长

近年来，我国电影类型和题材更加多样和丰富，成熟的商业大片、主旋律影片和各种现实主义影片，不断追求艺术创新，使中国电影产业呈现出百花齐放、异彩纷呈的局面。“主旋律”影片将“主流精神、创新的艺术理念和鲜明的市场意识”相结合，大受市场欢迎，取得了社会效益的最优化与经济利益的最大化。而多年的市场培育使电影档期概念深入人心，“贺岁档”、“暑期档”十分火爆。在电影产量连年创新高的同时，电影票房多年来持续增长。

4. 高科技影院优势突出，3D数字技术正在全面展开

数字化放映是电影技术进步的一大亮点，高科技影院成为取得高票房的关键。我国数字技术在制作、发行、放映、存储、监管环节的应用在不断加强，在数字制作和放映领域的技术改造方面有了大踏步的前进。2010年1月4日在中国上映的进口大制作3D科幻影片《阿凡达》全国热映，获得了12.5亿元的骄人票房业绩②，而《爱丽丝梦游仙境》、《玩具总动员3》、《盗梦空间》等影片全部突破亿元票房，表明3D影片受到广大观众的青睐。全国各地高科技影院数量持续攀升，中国电影企业也加大3D影片摄制力度。

5. 国产动画片开始突破，品牌和质量仍有待提升

在进口动画片大肆占领中国市场的冲击下，在政府对动画产业的大力支持下，我国的动画产业近年来取得了长足的进步。国产动画片的数量在大幅度增长，质量也在不断提升。2009年投资600万元的Flash级国产动画电影《喜羊羊与灰太狼之牛气冲天》异军突

① 《广电总局电影局通报2011年中国电影的发展情况》，中央政府门户网站2012-01-12，http://www.gov.cn/gzdt/2012-01/12/content_2042768.htm。

② 封晶晶、王云勤:《〈阿凡达〉热映背后的受众心理分析》，载《电影文学》2011年第22期。

起，票房过亿。多部国产动画片取得了不错的票房成绩，在商业元素配置、娱乐功能强化、观众趣味适应等方面有了明显提升，其独特的竞争优势在于故事的亲近性、定位的娱乐性、档期的准确性，但与好莱坞动画片相比，其投资规模、制作标准、专业能力、文化观念、创作水平和美学完整性等还相去甚远，品牌和模式也期待着更新和升级。

6. 新媒体市场方兴未艾，需建设良好版权环境

随着中国网民和手机用户的急速递增，消费者娱乐消费和获得媒体内容的方式在改变，为网络视频和手机视频提供了广阔的发展空间，越来越多的网吧院线出现。目前网络正版电影发行通常有在线播放、流媒体播放、P2P 下载和 BT 下载等，BT 下载是观众常用的网络电影下载方式。2009 年广电总局开展 BT 网站整治活动，一大批非法 BT 下载网站因没有“信息网络传播视听节目许可证”被陆续关停，中国电影的版权环境进一步改善，而越来越多的网路商参与正版电影的发行，必然大大减少盗版的生存空间，中国电影片方的利益将逐步得到保障。加大网站整治力度，建设良好版权环境，是中国电影业拓展纵向市场链条，赢得更大的赢利空间和更多的赢利时间，提高产业规模经济的必经之路。

（二）中国电影产业发展趋势

依托于强大的市场，中国电影产业发展的前景美好，因为经济的发展，科技的进步为观众的消费和影视的制作提供了可能。在这段黄金时期内，我们要抓住机会、完善自己，创造出更好的优秀产品；借助于优惠的政策，立足国内，放眼国际，促进电影产业发展壮大。

1. 建立产业环节贯通、产业整合完备的现代电影产业体系

电影是一个大产业，能带动整个文化创意产业的发展。国际综合性媒介集团依靠电影等核心创意资源，以巨大的体量、丰厚的资源、整合的渠道，支配着全球文化市场。我国的电影、电视、广播、期刊之间仍存在巨大的行政分割，事业、产业的双轨体制带来了巨大的运营冲突。国有、民营的不平等待遇，市场准入退出门槛的不合理，四级行政管理使统一的市场规则难以形成等问题，都注定中国影视产业不能完成影视产业的深度整合。

电影产业的高速发展必然要求产业融合，实现跨环节、跨行业、跨媒介、跨区域、跨体制的文化产业整合，要建立起产业环节贯通、产业整合完备的现代电影产业体系，改变小电影产业格局，形成具有市场控制力和全球竞争力的中国文化企业，使电影真正成为带动文化产业发展的火车头。

2. 提高文化内涵，增强电影生命力

电影作为文化产品，触及心灵的艺术美感，是吸引观众进入影院的基础和关键。中国电影要充分反映和表达中华民族的悠久历史和先进文化的精髓，通过系统的差异化营销运作、完美的宣传和优良的服务，以独特的创造热情、深厚的文化内核和感人的故事情节，来获取观众的情感认同。以丰富多彩的、不同类型的影片满足不同观众的观影喜好，用影片类型的多样化和丰富的文化内涵，进一步拉动市场需求。

3. 提高数字化影院建设水平，合理安排档期

电影产业是“终端为王”，目前我国各地影院终端建设没能充分满足市场观众的需求，美国人均银幕拥有量为 1/7500，而中国是 1/140000。市场活跃的大都市需要增大影院密度和提高银幕数量，中小城市需要通过财政补贴新建或改造新型现代化多厅影院，通

过灵活的票价措施和良好的观影环境，以满足影片的放映需要和观众的消费需要，扩大观众群，培养观影习惯，使当前中国电影市场上的供给与需求达到有效的默契。

随着市场化水平的不断提高，电影生产发行的计划性、针对性进一步增强。在竞争激烈的电影市场中，合理安排档期是取胜关键。按照不同的观众类型进行有序的规划、培植、配置、生产、发行并形成规律；通过调整类型，避免同质供给，形成片种、类型、结构比较完整的电影供给体系；通过寻找档期排片的调控机制，避免出现档期拥挤、影片扎堆等现象，使淡季成为市场增长的重要空间。

4. 提升国际竞争力，促进中国电影走出去

近来，中国电影的国际影响力没能与中国电影产业的快速发展同步。国务院办公厅《关于促进电影产业繁荣发展的指导意见》中明确指出，要积极实施电影“走出去”战略，加快培育海外营销的市场主体，拓展渠道，完善网络。政府应加大支持力度，搭建更多的国际交流和合作平台。进一步加强与国外电影产业、电影机构和电影人的交流与合作。合作合拍是借力发力、“借船出海”的重要手段。在中方拥有一定版权控制力和品牌植入的前提下，应减少合拍限制，扩大合作合拍，甚至允许在通过审查的前提下，出现不同市场的国际版本，促进中国电影的国际影响力与竞争力的提升。

5. 加大市场监管和拓展，建立版权销售和产业链的长效机制

在电影大国美国，票房收入只占影片盈利的1/3，另外2/3收入来自版权销售；中国目前版权保护和利用的意识都不强，收入集中在影院票房和贴片广告上。随着有线电视、网络视频、手机电视用户的激增，高清频道和付费频道的大量开通，电影版权、电影音乐的版权收益会直线上升。在我国可以由行业协会牵头，成立著作权管理机构，由它依法代表权利人向使用方收取著作权使用费。逐渐形成“植入和贴片广告收入—影院票房收入—海外版权收入—付费电视点播收入—付费电视频道订购收入—新媒体收入（网络、手机、移动电视）—音像收入—开路电视播映收入—授权收入—演艺收入”的纵向市场链条和“中国—亚洲—欧美”的横向市场格局，能有效地促进中国电影产业的进一步发展。

二、电视剧行业发展现状及趋势

从1958年中国第一部电视剧《一口菜饼子》播出到现在，中国电视剧已走过了50余年的发展历程。目前，中国是世界第一电视剧大国——既是第一生产大国，也是第一播出大国、第一观众大国。电视剧不仅是中国电视的兵家必争之地，同时也是中国互联网和新媒体最追逐的创意内容之一。目前，电视剧产业粗具规模，形成了包括投资、制作、交易、播出和广告经营五大环节在内的，有电视剧制作方、购买方、播出方、观众和广告客户等多方参与的较为完整的产业链形态。

2010年，中国每年生产电视剧约15000集，平均每天生产新剧40集，全国1974个在册的电视频道有1764个播放电视剧，占总数的89.4%，远远超过世界上任何一个国家；中国全年在电视频道上首播和重播的电视剧总量超过500万集，占电视总播出时间的近1/4；中国观众看电视剧的平均时间每天超过1小时，约占整个电视收视时间的1/3；中国互联网视频网站点击规模最高的也是电视剧，单剧点播累计超过千万次已不是个例；中

国现有获得电视剧生产甲级许可证机构132个和乙级许可证机构近3000家，电视剧生产能力和投资规模都在逐年上涨①。电视剧常常引发社会重要话题，成为焦点，如“媳妇热”（《媳妇的美好时代》）、“幸福热”（《老大的幸福生活》）、“谍战热”（《潜伏》）、“三国热”、“红楼热”等，成为时代风雨表、文化里程碑、社会折射镜。

（一）中国电视剧产业现状

同样以视听声乐为特色的电视剧和电影有着异曲同工之妙，更长时间的电视连续剧使叙述更加充分透彻，也更贴近人们的现实生活。我国每年都有成批的电视剧与观众见面，电视剧制作的数量和规模相当宏大，但在质量上仍有一些欠缺，与流行世界的韩剧、美剧相比，中国电视剧还没有形成强大的品牌，没有完全打开国际市场。

1. 电视剧生产数量大，但优秀电视剧较少

中国是世界电视剧生产的第一大国家，优秀的精品剧目却是凤毛麟角。庞大的总量导致电视剧明显供大于求，以至于很多作品不能展现于荧屏，造成电视剧产业呈现出盈利少而亏损重的局面。近年来，我国电视剧产业正在逐渐打破盲目追求数量的不良竞争局面，走向注重质量的理性竞争时代。

2. 电视剧播出独占鳌头，频道竞争愈加激烈

中国电视剧播出份额超过其他任何类型节目而高居首位；其收视比重超过30%，远远高于排在第二位的新闻类节目。将近四成的地方电视台全年70%～80%的广告收益依赖电视剧，从经营角度而言，电视剧是电视台的立台之本。

中国电视剧播出形成了中央电视台、省级卫视和地面频道的三足鼎立态势。近年来，各省级卫视加入首播、独播和联播竞争，卫视成为电视剧播出的重要平台，不仅挤压着地面频道的电视剧播出空间，也抢夺着央视电视剧的优势地位。

3. 管理机制不完善，电视剧生产成本低、风险大

我国电视剧行业尚未建立起现代企业经营制度，缺乏明确的行业规范与科学合理的监管制约机制，电视剧投资分配机制严重失衡。投资过小、电视剧生产制作成本过低，是造成大量电视剧粗制滥造的主要原因之一。电视剧生产机构数量多、规模小、投资少、质量低，使电视剧生产严重过剩，电视剧播出市场地方垄断和分割现象严重，导致本已过剩的电视剧更缺乏播出平台。

4. 电视剧衍生产品处在弱势，亟待开发

电视剧衍生产品是中国电视剧产业的弱项，缺少创新，缺乏衍生产品的开发能力，成功的开发案例少而又少。电视剧衍生产品的开发还仅仅停留在播出之后，并没有贯穿到电视剧开发的整体营销理念中，对衍生品的开发还需要战略性地运筹，盘活电视剧的内容经济。

5. 海外市场发行处劣势，发展指日可待

我国电视剧的国际贸易没有建立完善的交易制度，渠道和交易价格不稳定，海外发行量少域窄。因为文化背景相近，亚太地区的观众更容易接受中国电视剧，我国对这一地区

① 尹鸿：《剧领中国：当前电视剧的创作与生产》，载人民网《今传媒》，http://media.people.com.cn/GB/137684/14343927.html，访问日期，2011-04-08。

的出口约占全年电视剧生产总量的2/3。

政府应成立专门的基金、项目管理部门，积极引导影视企业面向全球不同文化背景消费者开发代表中华特色的电视剧。通过政府采购、委托生产等方式吸引、鼓励企业参加；通过补贴、出口退税、减免税收等方式支持电视剧出口企业，提高出口企业在价格上的竞争力；搭建国家电视剧贸易服务平台，帮助企业开拓国际市场；实施文化外交，由政府采购中国电视剧版权免费提供给国际电视机构或其他文化教育机构，塑造中国电视剧国际品牌，提升中国文化的国际影响力，中国电视剧进一步走向海外市场将指日可待。

（二）中国电视剧产业的发展趋势

三网融合的时代已经到来，在这一大背景下中国电视剧产业将呈现"融合"的重要特征。

1. 制作者融合

传统电视台不再是制作电视剧的唯一机构，网络视频企业也加入其中，制作主体逐渐多元化。融合的核心在于广电企业与电信企业的合作，风险共担、利润共享。优酷网签署多家电视剧制作合作单位作为联盟成员，获得40000部集的热播及经典电视剧版权，影视剧时长达50000小时，占据了市场80%的流动版权份额①。

2. 内容融合

电视剧内容生产面临"跨国融合"，境外电视剧融入中国观众的收视范围。大量境外资本以合资合作的形式参与电视剧的生产制作，境外电视频道、电视剧进入内地电视剧市场。如《越狱》第二季、《迷失》第三季在美国播出不久，新媒体论坛上每集下载次数就达7000多次，每天有超过上万人下载。

3. 载体融合

电视将不再是电视剧唯一收看媒介，收看载体出现多元化，表现为电视与新媒体的融合，如数字电视与互动电视的发展、电视与手机的融合。网上广播影视、IP电视、移动多媒体广播、手机电视等多种新的媒体形式持续涌现并快速发展。未来的电视剧收看载体将显现为以数字媒体为核心的融合式媒体，即传统媒体与新媒体融合、三网融合、有线网与无线宽带网融合，媒介载体之间互相借鉴传播方式，从而实现"媒介功能的融合和相互渗透"。

4. 受众融合

观众和网民合二为一，成为电视剧共同受众和彼此争夺的对象。据中国互联网络信息中心（CNNIC）2012年1月16日发布的《第29次中国互联网络发展状况统计报告》，截至2011年12月底，中国网民规模突破5亿，达到5.13亿；中国手机网民规模达到3.56亿，家庭电脑上网宽带网民规模为3.92亿；农村网民规模为1.36亿，比2010年增加1113万；2011年，网民平均每周上网时长为18.7个小时。该报告显示，我国网络视频用户增幅明显，中国网络视频市场总体用户规模达3.25亿，使用率提升至63.4%，是中国

① 李斌、曹燕宁：《电视剧产业的融合与创新——"三网融合"背景下的趋势预览》，载《声屏世界》2010年第8期。

网民继IM、搜索、音乐、新闻之后的第五大应用①。众多网民逐渐习惯借助网络视频来替代传统电视，电视剧产业只有主动出击才能赢回观众。

第二节 电影类文化项目典型案例分析

在看完一部好的电影后，人们会饶有兴趣地讨论其中的情节、主人公，模仿其中的言语，从中获得生活的哲学和智慧，这都是电影带给我们的精神食粮。但我们也需要透过这些感性的表象，去研究电影成功的秘诀，一部电影是如何形成品牌效应获得成功的，它是如何盈利的，如何俘获观众的，等等。从不同的角度来研究成功背后的故事，我们可以收获更多，与屏幕上的虚构情节相比，这些真正实在的故事同样吸引人。

【案例1】 《英雄》：揭开中国大片的帷幕

当国外大片发展如火如荼的时候，中国也开始了自己的大片化进程，《英雄》很有气魄地出现了，它象征着我国电影综合实力的上升，也展现出我们走向世界的勇气和自信。在这样一个商业大片时代，面对国外强有力的冲击，我们也应该有自己的大制作；屏幕上的英雄只要拥有绝对精彩和浪漫的身手就能赢得佳人的青睐，而屏幕后的英雄则需要更多的创新和运作才能获得观众的认可。中国的市场需要我们自己的英雄来“拯救世界”。

一、《英雄》品牌的形成过程

《英雄》上映仅2个月，国内票房就达到2.5亿元人民币，获得了国产电影史上空前的商业成功。《英雄》是著名导演张艺谋在电影全球化和商业化的背景下，实现自身艺术转型的一部重要作品。影片明星云集，场面宏大，画面精美，武打设计挥洒写意，将中国传统意境与动作片的暴力美学造型完美结合，创造了中国大陆电影新一轮的票房神话和电影产业化模式。在某种意义上说，《英雄》是中国电影产业化道路的一块里程碑，它在艺术和商业结合的中国武侠类型片发展上有着丰富的启示意义。《英雄》使得国产电影票房第一次在本土打败了进口大片，第一次在北美市场战胜了好莱坞大片，连续两周成为北美的票房冠军。美国《华尔街日报》认为：“《英雄》真正拉开了中国大片时代的帷幕。”

随着中国社会由计划经济向市场经济过渡以来，社会文化语境也发生了巨大变化，以启蒙和精英为核心的精英文化逐渐被娱乐和消费文化所取代，张艺谋为寻找既迎合民族喜好也满足西方趣味的商业与艺术的契合，进行了一系列尝试。《英雄》是一个新的开始，它被赋予了浓厚的文化象征意味和浓郁的中国文化特色，但文化内容却发生了改变。“道”、“义”、“恕”等传统儒道文化得到了诗意的赞扬和唯美的表达。《英雄》将传统的主流文化“道文化”和民间文化精髓的“侠文化”糅合为一道中国的文化大餐和视听盛宴。

---

① 中国新闻网CNNIC：《第29次中国互联网络发展状况统计报告》，http://finance.chinanews.com/it/z/cnnic29/index.shtml，访问日期，2012-12-28。

二、《英雄》品牌成功的经验

英雄也要问来路。中华英雄在关键时刻挺身而出，带领我国的电影产业步入一个新的阶段，它凭借着自己独特而古老的东方魅力获得了好评，它身上充满着传统的中国武侠气质，美轮美奂；它有着迷人的外表和华美的服饰，每次出场总是让人震惊。

（一）创新中国人的江湖武侠梦

中国人的武侠梦之所以深入人心，是因为其中包含了丰富神秘的中国悠久历史与文化。《英雄》被誉为复仇、爱情与和平的史诗，继承了传统武侠片对侠义精神的渲染，又打破了传统武侠片的善恶有报、狭隘复仇不计后果的框架俗套，产生了反传统的结局和为“天下”求“和平”的大主题，颠覆了国民欣赏武侠片固有的心理定势和审美惯性，堪称一部武侠之外的武侠电影。

（二）营造意境美的视听盛宴

《英雄》最大的贡献就是对形式美的极度张扬。张艺谋充分调动先进的电影数字化技术，创造了许多类似音乐电视般充满诗情画意的电影画面；同时，非常重视挖掘电影音乐潜质，将东方的筝、鼓与西方的弦乐巧妙结合，烘托出悲壮肃穆而又略带缠绵凄恻的意境氛围，营造出场景与人物诗意交融的理想境界；分别采用了红、蓝和白三色对三个主要时空加以区别，通过画面色彩营造出极具风格化的艺术豪情。大众文化氛围的外在撩拨和个人影像风格的内在积淀，使张艺谋在娱乐大众与张扬自我的最佳结合点上创造出了《英雄》的视听盛宴。

（三）品牌效应的明星群英会

电影本身的品牌实际上是与导演品牌一致的，名导张艺谋理所当然地成为树立品牌的首张王牌；第二张牌便是众多明星的加盟，李连杰、梁朝伟、张曼玉、陈道明、章子怡、甄子丹等强大的明星阵容，宣传时很占优势；第三张牌是制作班底的权威性，配乐是著名美籍华人作曲家谭盾和世界最伟大的小提琴家伊萨克·帕尔曼，著名歌星王菲演唱片尾曲，服装设计是曾经多年担当黑泽明电影服装设计并获奥斯卡最佳电影服装设计大奖的和田惠美。在某种意义上说，这些名人不但已经成为电影票房的支撑，更有助于提高电影品牌的知名度，以品牌效应帮助电影商满载而归。

（四）制造悬念正效应的宣传策略

影片开始筹划时，张艺谋就三缄其口，讳莫如深，各类小道消息不断考验着人们的好奇心，吊足了观众的胃口；热映之际，广告宣传瞬间铺天盖地袭来，迅速占据了各类媒体的显要位置和黄金时间，就连街头广告和橱窗也没有放过；人民大会堂举行的规模空前的首映式，主创人员和众多明星由北到南多个大规模的宣传活动，影片角逐奥斯卡的最佳外语片奖等，这些的宣传策略成功地将观众的好奇心和观赏欲一步步撩拨到了极致。在电影还没有公映之前，空前的版权拍卖价以及纪录片、漫画、电子游戏等多元衍生品市场已全方位出击，外围市场的收入大增，策划者们全新的市场观念和超前的营销意识，使得《英雄》的营销策略堪称国内电影市场的典范之作。

三、《英雄》品牌存在的问题

在开创了中国大片先河的同时，《英雄》也奠定了这样一个发展基调：形式大于内容，结合而不是融合，牵强附会而不是把握内在的联系。而为了收获票房，不遗余力地制造宣传噱头，大肆渲染，利用各种公关、事件、明星，则成为此后的商业大片宣传的经典手段。

（一）过多煽情的技术表现

《英雄》为观众带来美感享受的同时，更有一种激情耗散之后的体疲力虚。影片极其精致化的“技术美感”限制了观众的想象空间，“伪真实”的技术化使观众感受不到永恒的回味和内省，这并不是观众真正渴望与认同的艺术之美。

（二）生硬失败的文化突围

《英雄》大量运用了书法、剑道、古琴和天籁等“雅文化”符号，在技术和意境之美中镶嵌上了“和平”与“不杀”等现代思想标签，但在情感共鸣上却缺乏与之匹配的震撼人心的力量。其形式的创新毋庸置疑，但其内容上的抽象、人物性格的脸谱化以及思想的拼贴式使其只能成为一场视觉享受的盛宴。

（三）准备不足的国外营销

《英雄》进军奥斯卡是中国影视业真正走向世界的一次尝试，但由于对美国电影业的市场运作以及奥斯卡的营销宣传了解不足，使得《英雄》没能成为评奖台上的“英雄”。影片中一些中国式的表现手法，让西方人难以理解。反观《卧虎藏龙》为了迎合国际口味，在很多表现手法和细节上都作了处理与改动，就连美国大片《珍珠港》也不惜重金调查日本人对战争和影片的态度并加以修改。

四、案例点评

在《英雄》中，张艺谋改变了自己一直以来坚持的现实主义风格，采取了一种浪漫的、极具抒情色彩的主观渲染，对传统武侠片的继承与创新值得肯定。而其所带来的中国电影产业化运作的模式也是颇有启示的，从前期的策划筹备、类型片明星制，到拍摄制作，最后宣传发行，《英雄》呈现给人们的是一整套完全异于以往国产电影的操作路数，完全符合商业规律的市场化电影运作范式。

与此同时，在《英雄》身上，“酒香不怕巷子深”的思想在中国娱乐界人士的头脑中还是根深蒂固的，明显束缚着中国影视人进行成功市场运作的手脚。中国影视业与国际的真正接轨，不仅要在大投入、大制作、大场面上与国际接轨，更重要的是要在营销宣传策略上与国际同步，只有这样，中国的影视业才能真正走向世界。

【案例2】　《疯狂的石头》：“以小博大”的智慧

新奇的叙事手法、紧张的节奏、环环相扣的剧情吸引了大量受众观影；疯狂经典的语言，让重庆方言风靡一时。该片将电影植入广告发展到了一个新的高度，仅用很少的投资换来巨大的成就。成功的创新赢得了观众的认同，也开启了一种新的电影模式。这是一部四两拨千斤的佳作。

一、《疯狂的石头》品牌的形成

2006年6月30日，29岁的年轻导演宁浩在中国影坛上刮起了一股关于石头的疯狂旋风。这部影片，300多万港币的投资，显得微不足道，从头到尾全是新面孔，显得朴素甚至有些土气。但上映仅一个半月时间，票房就达2000万元人民币①。比之《天下无贼》，虽然都是关于贼的故事，但《疯狂的石头》在语言的运用和情节的设置上都超越了《天下无贼》，导演宁浩在镜头语言和表现手法上比冯小刚更先锋更现代，而且节奏非常快，在观众的笑声中把道理讲得透彻易懂，《疯狂的石头》的成功为时下拍摄小成本制作的娱乐片提供了理想范本，它带给了中国电影一个新的希望。

《疯狂的石头》是由青年新锐导演宁浩执导，郭涛、刘桦、岳小军、连晋等新锐演员出演的一部商业喜剧片。这部靠300万元港币的投资，拍摄期仅45天的小成本商业类型电影，却在短短的时间内创造了票房千万元的神话，开创了近年来我国国产故事片小制作大收入的先河。影片筹备一年多，剧本耗时4个多月，启用4个编剧，总共改了30稿，足够的诚意和精益求精的态度打磨出了一个设计巧妙、充满睿智的剧本。虽然没有大牌导演和国际巨星，但是这部影片凭借扎实的剧本、熟练的叙事策略、导演敏锐的戏剧才华、浓郁的生活气息的影片，取得了巨大的市场成功。该片被影评人称为一部中国版盖·里奇《两杆大烟枪》式的黑色幽默喜剧。

二、《疯狂的石头》成功的经验

中国电影市场的竞争日益激烈，许多大投资，大制作争相分这一杯羹，《疯狂的石头》却以小博大，顺势而起。麻雀虽小，五脏俱全，其四两拨千斤的本事，有自己的独到之处。

（一）精巧绝妙的喜剧故事设计

该片的故事情节设置与人物关系设计独具匠心，令整个荒诞的故事看上去完整、缜密，环环相扣，跌宕起伏，很多情节都令人拍案叫绝。看似荒诞不经的故事情节，逻辑上却合情合理，观众都能坦然接受；而且影片的细节前后呼应，注重前因后果的对照，极难找出情节上的漏洞。这种自始至终不断抛出层出不穷的幽默包袱的喜剧片，让观众从头到尾都保持着轻松的心态与观影的快感。

（二）对草根生存状态的现实关注

从手机铃声到冒牌的“千手观音”歌舞表演；从《2002年的第一场雪》到月薪只要800元却没工开的工人；从不起眼的罗汉寺到卖苦力的“棒棒”，电影中的每个细节与笑料都来自观众所司空见惯的生活场景，《疯狂的石头》的可贵之处在于抓住了老百姓生活的脉搏，有真实的中国底色；大资本对中国内地企业的兼并，国有企业的腐败和困境，中国的官本位和安全环境的恶劣以及贫富差距导致的社会问题都得到了真实而敏锐的反映。这种“从群众中来到群众中去”的创作态度，通过对生活中经典的流行影视和歌曲话语的引用、恶搞及仿效来实现彻底的娱乐。

（三）独具创意的电影语言

影片中的方言台词成为一大亮点，片中重庆话、成都话、河北话、港式普通话、沪式普通话杂糅在一起，构成一种天南地北、五湖四海的聚拢感，这也正体现了现代城市的一

---

① 陈蘅瑾:《“大片”夹缝中的光亮——评电影〈疯狂的石头〉》，载《电影评介》2006年第17期。

大特点。片中台词在深入地刻画人物形象的同时，对现实生活进行了善意的调侃，在短时间内成为影迷的流行语。银幕画面的场景布置及灯光色彩运用也是非常用心，在显现强烈的时空差异时，形成了强烈的色彩反差，给人以轻松愉悦之感。

（四）独特娴熟的电影技法

导演宁浩根据影片的黑色幽默意味和前卫时尚的影像风格，在把握影片节奏的同时，有意使用了分割画面的手法，使影片呈现出各种各样的戏剧效果，而这就与平行剪辑有异曲同工之妙。利用前后两个镜头之间事物的相似性来实现平滑转场，借助于人物、动物和交通工具等动作和动势的可衔接性以及动作的连贯性相似性，作为镜头的转换手段，利用人物表情的相似性来实现故事的平滑叙事。

三、《疯狂的石头》存在的问题

虽然《疯狂的石头》在上映后便获得了满堂喝彩，但在人物性格的表现上仍然有明显不足的地方。如道哥的那两行泪，因为没有具体交代性格上的转换显得突兀；包世宏女友这一角色似乎是多余的，对于剧情发展没有什么帮助；两个反面角色在短短的两分钟内死亡，这种突如其来的结局让 80 分钟延续的轻松怪异风格戛然而止，使结尾部分稍显不足，给观众一种太过仓促的感觉。

四、案例点评

《疯狂的石头》是一部真正反映小人物生活的小成本电影，它开启了商业大片和艺术小片之外的一条新路径，为中国电影特别是中国商业电影小成本制作的发展提供了一种新的可能性。影片“以小博大”的成功经验表明，商业电影不一定要走大片路线，只要剧本精彩，立足广大百姓的需求，潜心讲好故事，不靠砸大钱、请名导明星，进行大肆炒作，“小成本”电影也一样有市场。在现有的市场规模和资金模式下，《疯狂的石头》无疑是中小成本电影可以参照的理想范本，它的成功为中国中小成本电影的发展，完善电影产业结构以及构建和谐电影生态都创造了良好契机。

【案例 3】　《非诚勿扰》：独具中国特色的冯氏品牌

冯小刚是中国喜剧贺岁电影的开创者，他不断给人们带来新的惊喜和享受。《非诚勿扰》反映了一些社会现实，引起了人们的思考，获得了巨大的成功，使冯氏品牌在中国土地上更加根深蒂固了。艺术源于生活，冯氏品牌紧紧地抓住了这一本质。

一、冯氏品牌的形成过程

影片《非诚勿扰》先后打破了多项由冯小刚自己保持的票房纪录，6 天过亿，13 天破 2 亿元，19 天突破 3 亿元，公映一个月即达到 3.4 亿元①，成为继吴宇森之后第二位跻身“3 亿俱乐部”的中国电影导演。《非诚勿扰》堪称 2006 年度最具亲和力和感染力的国产电影，作为一部“非典型冯氏喜剧”，摆脱了昔日那种小品化、拼贴化的特点，把希

① 刘洋、路敬元：《浅析冯小刚与他的〈非诚勿扰〉》，载《电影文学》2009 年第 5 期。

望与绝望、喜剧与优雅等多种矛盾元素合理地重叠在一起，一种新鲜的冯氏风格呼之欲出。葛优凭借《非诚勿扰》入围第三届亚洲电影大奖争影帝，冯小刚则凭借《非诚勿扰》竞争最佳导演奖项，舒淇凭借《非诚勿扰》获得第十三届中国电影华表奖优秀境外华裔女演员，成为第一位获此殊荣的港台女演员。

1997年底，冯小刚导演的贺岁片《甲方乙方》亮相，这部讲述梦想与现实之间矛盾的贺岁片备受国人喜爱，当年全国票房达3600万元人民币，引起了巨大轰动。其后，冯小刚导演的几部贺岁片《不见不散》、《没完没了》、《大腕》、《手机》和《天下无贼》等，都获得了极高的票房收入，创造了中国电影市场一个又一个的神话，也创造了冯氏的贺岁品牌。《非诚勿扰》再一次将冯氏喜剧的所有特点推向了一个新的高潮。

"流水的女演员，不变的葛优脸"是对冯小刚电影演员模式的套路化概括①。葛优充满着黑色幽默的精练台词加上那张天生喜感的脸，已是家喻户晓的冯氏喜剧经典。而《非诚勿扰》中大量的沉默镜头和时常出现的空镜头，赋予了影片一种沉静的气质，精彩地呈现出了葛优的另一面。此外，已经在影视等其他领域中确立了自己的观众地位的范伟、冯远征、胡可、徐若瑄等人"友情客串"的镜头，配以完全为其量身打造的肢体语言和幽默台词，加上与演员自身形象气质的反差或贴近，产生了意料之中而又意想之外的捧腹效果，成为影片主演之外最大的亮点。

2010年12月22日，《非诚勿扰Ⅱ》在全国上映，葛优、舒淇、孙红雷、姚晨、廖凡、安以轩、邵兵等演员参与演出，续写了票房神话。

二、《非诚勿扰》等冯氏品牌成功的经验

人间日常生活是最能打动人心的，这能拉近与受众的心理距离，只有深入群众深入生活，到现代社会的广阔天地中，触摸普通人的感觉，才能创造出真正的有价值的艺术品。

（一）打动人心的日常生活故事

表现日常生活故事正是冯小刚的拿手好戏，冯小刚的贺岁片几乎都在讲述现代都市生活中普通人的日常遭遇，各种光怪陆离的社会现象巧妙地融进影片中，以冯氏幽默穿针引线，构成了一个洋溢着浓厚生活气息的日常生活故事，大众性的题材选择令观众觉得既熟悉又有些陌生。最可贵的是冯小刚典型的平民风格的叙事方式，在讲述这些普通人的生活故事时，不以一种居高临下的批判眼光去看待故事中人物的所作所为，而是以一种平视的眼光甚至可以说是以故事中人物的视角来看待故事。

（二）迎合大众口味的表达方式

冯小刚不仅从普通人的视角去讲述普通人的日常生活，而且非常善于将这些故事烹制地符合大众口味，在触及一些社会热点以及嘲讽社会现实的问题上，也往往以一种充满温情的叙事以及出人意料的喜剧结尾对观众躁动不安的心灵进行按摩。在故事情境上也极力满足观众的视觉快感，不断地变换故事场景，将核心情节放置在国外的名胜地，充分展示异域风情，满足观众对"看"的需求与期待。冯小刚用张弛有度的叙事方式构建出一个又一个个好玩好看的故事，充分满足了大众对电影故事性和情节性的期待。

---

① 刘洋、路敬元：《浅析冯小刚与他的〈非诚勿扰〉》，载《电影文学》2009年第5期。

（三）无伤大雅的调侃语言

冯小刚的电影最具魅力之处就在于其电影语言的运用，自然、幽默、诙谐、自嘲构成了特有的冯氏幽默，有人将他的电影语言称为黑色幽默，是一种独特的京味调侃。冯小刚能在熟知观众心理的基础上娴熟的运用俗语、方言和各种修辞技巧表现人物性格，不仅满足了观众对冯氏幽默语言的渴望，又不断地提升了自己电影的水准。

《非诚勿扰》在表达上充分迎合了大众的口味，在此基础上又调皮地加入一些很有分寸和尺度的调侃语言，让受众心中一惊一喜一乐，产生了很好的共鸣和反应。

三、《非诚勿扰》存在的问题

冯氏品牌已形成了一个固定模式，《非诚勿扰》的改变极具艺术性。但一条路走的人多了，总会有疲劳的那一天，不变的葛优脸就是最原始的路基，变换的女明星就像周围的花一样，当人们看惯了牡丹的时候，修路工便明智地换成茉莉，并立一些广告牌作为点缀，路还是原来的路，没有改变。而如果一切都改变的话，也就不再是冯氏品牌了。

（一）电影人物形象的过于单一化

冯小刚的电影人物具有的幽默和调侃典型性特质是其深受观众喜爱的因素之一，这种过于相似的人物形象很容易引起人们的审美疲劳，使人们产生对此类形象的厌倦和对新形象的呼唤。另外，女性形象在冯小刚电影中属于从属地位，在影片中的笔墨明显不足。《非诚勿扰》中葛优毫无疑问地是绝对主角，是贯穿影片始终的中心人物，虽然“冯小刚+不变的葛优+流水的女演员”是冯氏喜剧的特点，但是为了影片的可看性、可读性，也应该加强对女性角色的刻画。

（二）电影不能为商业而商业

《非诚勿扰》在取得高票房的同时也出现不少批评的声音，如观众普遍认为广告植入太多，剧情台词、镜头取景、演员表现都很一般。导演为电影能获得好票房而在商业性方面做出努力固然无可非议，但为了增加笑料而故意穿插可有可无的戏份，或为了某些商业目的而选择与自己风格不符的作品或不适合自己电影风格的演员的做法都是不可取的。

四、案例点评

《非诚勿扰》是冯小刚导演的诸多贺岁片中最具代表意义的影片，它最突出的风格是既散漫又随意，在这种远离“宏大”与“深度”的情节中，把冯小刚骨子里的搞笑、讽刺，渗透着伤感和理想主义，自然而然地流露出来，松散的情节聚合成一种更真实的力量。就《非诚勿扰》而言，冯小刚的贺岁片已经形成了相对稳定的平民风格，即以普通人的视角、老百姓的表达方式讲述适合老百姓口味的日常生活故事，在电影市场中创造了一个知名品牌。冯小刚的电影所传达出来的善良让人感动，讽刺让人兴奋；看冯小刚的贺岁片，几乎成为都市人一档固定的贺岁节目。

冯小刚在引导和培育电影市场方面所作的贡献是有目共睹的，他将电影商业与艺术的双重属性发挥得淋漓尽致，虽然他的作品中还有许多不尽如人意的地方，但是瑕不掩瑜，他的成功之处值得中国电影人去深入研究和借鉴，不足之处需要电影人探讨和改进。只有这样，中国电影才能不断进步，中国电影文化才能不断繁荣，提升观众品位，丰富大众生活。

思考题

1. 一部电影获得成功需要具备哪些要素？
2. 谈谈品牌策略对于我国电影产业发展的启示。
3. 谈谈3D电影技术的利与弊。
4. 谈谈我国商业电影发展的关键因素。

第三节　电视类文化项目案例

中国的村村通工程，使电视迅速在全国普及，覆盖率直线上升，形成的了庞大的电视剧消费市场，引起了各大电视台的注意，电视剧作为文化产业的一个重要部分，越来越受到重视。

【案例1】　《恰同学少年》：红色经典与青春偶像的完美结合

没有大腕明星和恢弘气势，一部普普通通的电视剧却引起了无数青年的共鸣。不同于其他红色电视剧，《恰同学少年》以新颖的角度、风华正茂的青春、伟人的心路历程，吸引了人们持久地关注，甚至成为家长教育子女的范本，成为广大青年自我激励的圣经。它将红色经典与青春偶像完美结合，创造性地满足了观众的需求，对我国的精神文明建设起到了很好的推动作用。

一、《恰同学少年》形成的过程

由湖南电视台和长沙电视台精心打造的描写伟大的无产阶级革命家毛泽东主席在1913年至1918年期间在湖南第一师范就读时生活的23集电视连续剧《恰同学少年》2007年3月在央视播出后，创下了央视一套黄金时段电视剧播出收视率的最高纪录。该剧引起强烈反响，好评如潮，迅速掀起一股“红色旋风”，收视率一路飙升，超越当时流行的日韩剧和欧美剧，荣获第26届“飞天奖”长篇电视剧一等奖，被誉为中国第一部“红色青春偶像剧”。

《恰同学少年》从2001年开始策划，2004年12月26日开拍，前后长达6年。该剧传神地塑造和演绎了青少年毛泽东、蔡和森、向警予、杨开慧等人的形象、性格、学习和爱情生活，展现了20世纪初一批有志青年感时忧国、积极进取的精神风貌。这部弘扬革命历史的主旋律作品，没有激烈的打斗场面，没有多角恋爱情节，没有华丽场景布置，甚至没有一个大腕明星，但这些人物所特有的精神面貌和传递出的积极向上的励志意义，引起了无数青少年的共鸣，有网友留言，“这是一部值得用一生去细细品味的影视作品”。

二、《恰同学少年》成功的经验

《恰同学少年》是一部既叫好又叫座的电视剧，将红色与校园结合在一起，既青春又励志，这部红色青春剧以其独有的广度和深度，形成了强大的气场。

（一）独具一格地切入，塑造经典形象

该剧与以往的再现革命领袖毛泽东成熟形象的影视剧不同，编导独辟蹊径，选择毛泽东在湖南第一师范求学的经历这一独特的视角，展示了一个求知若渴、心怀救国情怀的热血青年，在传统教学模式和现代教育模式的夹缝中苦恼、求索、激越，塑造了一位可爱、可亲、可学、可资借鉴的伟人青年形象，拉近了伟人与常人间的距离，让人备感亲切。在情节安排上，不拘泥于历史地真实再现，利用人物的性格特征，通过合理“想象”虚构出由于史料缺失而不可还原的历史故事。

（二）依托青春偶像剧形式，彰显偶像风采

该剧依托当下流行的青春偶像剧形式，沿用偶像剧对演员外貌要求的标准，以清新活泼的叙事格调表现昂扬向上的奋发精神，将革命历史剧与青春偶像剧成功对接，打造了“革命历史题材红色青春励志偶像剧”的模式。主创人员一改过去对领袖“高大全”的脸谱化塑造，着重描述了充满激情但尚有缺陷的革命前辈在青年时期作为普通平常人的一面，导演较好地调动青春偶像剧的形式来表现主人公对美好事物、先锋文化的追求与崇尚，既保持了偶像剧的阳光朝气，又在历史事件的再现中赋予了青春偶像剧深刻的历史内涵和文化底蕴。

（三）尊重观众的心理需求，诠释主流意识

红色经典作品容易出现类型化、脸谱化的英雄人物角色塑造，给人造成说教式宣传的误解，更容易导致审美疲劳和抵触心理。《恰同学少年》以现代青春偶像剧的外形挟裹革命历史的回忆，其中人物张扬、清新、脱俗的性格特点，将“清新”与伟人青年时代的生活复合在一起的方式，实现了主流意识形态表达。

（四）营造浪漫主义色彩，宣扬优秀文化

该剧诗画般的校园意境、单纯清新的学生生活、古朴儒雅的校园文化、古城长沙的地域特色、极富文采的对白演讲，不但丰富了人物性格，还强化了昂扬向上的主题精神和浪漫主义风格，提升了思想内涵和文化品位，为这部革命历史题材剧增添了浓重的文化感染力和难得的艺术美感，使观众充分领略到“湖湘文化”、“湘楚名城”的独特魅力。

（五）大胆起用新人，“神似”重于“形似”

该剧选角讲究不求“形似”但求“神似”，没用一个特型演员，大胆起用新人。如毛泽东的扮演者谷智鑫，不仅第一次出演毛泽东并且与以往人们熟悉的形象差别很大，但他凭借自然朴实、行云流水般的出色表演，不仅使观众接受了学生时代的毛泽东，而且传达了一种精神、一种特质，得到了观众的普遍认可。实践证明，出色的演员表演，弥补了没有特型演员的遗憾，得到了观众真实可信、没有距离感的高度评价。

三、案例点评

《恰同学少年》捕捉到现代人审美需要的变化，打破了红色经典、传统伟人传记的刻板表现方法，将枯燥的历史题材用现代年轻人所接受并喜爱的青春偶像剧的手法进行演绎，用重新阐释历史的叙事方式，以拼贴的方式、独特的视角加上艺术的想象，再现了人们熟悉的历史人物的成长成才之路；用现代气息连接起了历史与现实之间的断裂，成功地解答了在现代语境下电视艺术作品中历史真实和艺术真实的审美表达问题；实现了重大革命历史题材特别是伟人题材电视剧在创作立意和创作风格上的突破和超越；对青春偶像、红色经典等时尚语汇进行了重新定位和内涵创新，在探索和推行“红色青春励志偶像剧”新模式的艺术实践中，创造了革命历史题材影像表达的新坐标。

【案例2】《武林外传》：后现代主义的收视传奇

当武侠片逐步走向衰落的时候，当周星驰的无厘头渐行渐远的时候，一种新武侠出现在我们的视野中。其中不乏刀光剑影、侠骨柔情，但它古今中外、天上地下、说学逗唱无所不有，这部古装情境喜剧有些另类，它创造了一种独特的武侠情景剧种，开启了后现代主义武侠片的一个传奇。

一、《武林外传》的形成过程

80集大型章回体古装电视情景喜剧《武林外传》，创意始于2002年，编剧宁财神以一年时间打造剧本，联盟影业专门为此在飞龙谷影视基地建立影棚，2004年11月进入拍摄制作，2005年7月录制完成，2006年1月20日在中央电视台悄无声息地播出后出人意料地创下高收视率，掀起阵阵收视热潮，重播依旧火爆，至今仍频繁出现于各地方电视台的“剧场时段”，可谓是近年来电视剧场的一大亮点，是一部典型的低投入获得高收益的电视剧，并荣获了第26届中国电视剧飞天奖优秀电视剧奖。

该剧没有铺天盖地的宣传攻势，没有璀璨华丽的明星阵容，作为一部低成本制作的情景喜剧，其热播与近年来日渐成熟的网络语境关系密切，该剧在网络上引发火爆讨论，赢得无数网友的热烈追捧，关于《武林外传》一些经典台词的帖子更是高挂在各大BBS的首位。有些网友称《武林外传》为“近几年国内最出色的情景喜剧”。该剧总编剧陈万宁（笔名宁财神）在一次电视采访中说：“《武林外传》的趣味，就是上网的人的趣味。”

它与以往的情景喜剧不同，走的是一条颠覆、拼贴为主的无厘头式喜剧路线，其显著的后现代色彩拼贴特征吸引了大量青年观众，尤其是一批所谓“E时代”新新观众的热烈追捧，但是这一全新风貌在传统观众中却产生了一些欣赏隔膜。

二、《武林外传》成功的经验

与传统的武侠剧相比，现在不是冷兵器时代，传统的高强武功已没有了用武之地，而哲理性的言语在任何时候都能启迪心灵。在形式上，《武林外传》将用典发挥到了极致，将无厘头改头换面。它巧妙地把江湖浓缩在一间客栈里，却展示了一个温馨的人文环境，以满足当代人在压力下追求世外桃源生活的情感诉求。

（一）古今碰撞下的诙谐剧情

该剧虽以明朝为时代背景，以同福客栈为主要场景，却植入很多现代社会的故事内容，出现很多网络、广告、晚会等现代元素，在穿着古装外衣所谓武侠名义下，用笑料百出、诙谐幽默的方式演绎现代人的生活琐事，古代形式与现代内容的强烈反差，使得诙谐幽默自然流出。这种形式、语言和内容的古今差异的剧烈碰撞所迸发出的喜剧效果使得《武林外传》释放出了独特光芒和内在魅力，在众多电视剧类型中脱颖而出。

（二）新颖真实的武侠形象

该剧不见以往武侠片中恩怨情仇、报恩复仇的常用模式，而是将武侠英雄从高不可攀的道德和功夫的顶端拉回到现实生活中，刻意把现代人的生活融入武侠世界，将他们还原成有血有肉、有烦恼、有苦恼的鲜活个体人，重新建构起了有别于人们心目当中武侠英雄的新的侠客形象。《武林外传》中的侠客卸去了神圣光环，回归到现实生活，其真实的个性形象变得可亲、可爱、可信，瞬间拉近了与观众的距离。

（三）创新大胆的叙事模式

该剧内在情节的连贯性使系列剧具备了连续剧的“情节喜剧”的特点，在讲述一群人的相聚、情感和成长故事中，在情节推动中不断设置笑料，容量大但有内在线索可寻，伴随着情节的发展，人物也在成长变化。因此，发展的人物性格和人物命运容易吸引和形成固定的收视群体。而且，该剧还打破了已有情景喜剧既有和固定的时空坐标，制造了疏离的审美效果，使剧中人物按照内在的发展逻辑“活”了过来，在搞笑、逗乐的情节背后，透露出一种脚踏实地严肃的人生态度，“亦喜亦悲，笑中带泪”的尝试，正是该剧对情景喜剧最为大胆的超越。

（四）幽默个性的语言魅力

由于场景固定、出镜人物有限，情景喜剧主要靠人物对白来完成叙事铺陈和制造幽默，《武林外传》编导在人物语言设计上下足了工夫，古代江湖的“大侠”口中不是打抱不平、快意恩仇等武侠话语，而是满口的现代流行词汇，令人捧腹；满腹经纶的吕秀才，一会儿是“之乎者也”，一会儿冒出几句英文；剧中方言的使用相当成功，为角色增加了不少的辨识度，也让观众大饱了耳福。

三、《武林外传》存在的问题

俗话说：过犹不及。《武林外传》引用的过多经典的武侠故事、英语、歌剧、相声、网络流行语等构成的叙事风格，让更多年轻人在津津乐道之时，也让没有相关文化知识积淀的人摸不着头脑；过于游戏化故事，难免会有误导青年游戏人生之嫌。

（一）过犹不及的喜剧性追求

《武林外传》的喜剧性特色莫过于戏仿了，即对一些综艺节目、经典电影、歌星名曲、熟知广告等的模仿基础上的新构，跟这些被戏仿的有过接触的观众，会对这些具有很强闹剧色彩的典型的无厘头搞笑有一种“心有灵犀”的会心一笑，但对缺少这些信息背景的普通观众来说则是摸不着头脑，不明就里。因此，这些过度依赖外在资讯背景而不是从心灵深处自发流露幽默的情节设置，在观众接触之初能产生新鲜和快感，但作为一种常态的喜剧手法就未免使人产生倦怠，绝非长久之策，这也是一些观众产生欣赏隔膜而反感的原因。

（二）有所偏移的喜剧手段

《武林外传》虽口口声声反对暴力，但剧中以暴力搞笑逗乐的情节比比皆是。这些为搞笑而无意义的肉体伤害的搞笑手段，严重违反了喜剧“非痛感”的内在要求，降低了审美价值，尤其是青少年看多了这类搞笑氛围下被游戏化、肆意妄为的戏乐场景，容易导致文化导向上的偏差，很有可能在日常生活中效仿并以别人的苦楚为乐，失去仁善关爱之心。

（三）类似空壳的喜剧人物

《武林外传》在人物塑造上从搞笑出发，编造的不合生活逻辑且雷同肤浅的情节，造成了人物性格的不够丰满，负面性格被随意放大，人物刻画流于类型化、扁平化，像是性格离奇、理念化的电子游戏虚拟角色。整部《武林外传》给人的整体感觉是有情景无人物，有碎片无情节，有场景无环境，其根源就在于它在人物塑造和性格展示上的软弱无力。

四、案例点评

《武林外传》在人们渴望在不断重复单调枯燥的有限时间里放松精神和舒缓压力的社会现状与时代召唤下应运而生，它开创性地把现代人的生活融入古代武侠世界，使剧作内容和古装形式碰撞出强烈反差，产生了一种陌生化的间离效果，为看惯了现代情景喜剧的观众带来耳目一新的感觉，成为我国首部“古装情景喜剧”。而它传达给观众的是一种脚踏实地的生活精神，在肯定日常生活、追求个体幸福的同时，更要求诚实不欺，有爱心，有责任感，不放弃做人的底线和尊严。这正是现代人骨子里的价值观念，自然容易引起观众共鸣。更重要的是，《武林外传》在制造笑声和市场方面有很大的成绩，它在喜剧性营造上的创新手法值得肯定，但文化导向、低俗化等方面存在的一些问题也不容回避，在情景喜剧带给观众更多快乐的同时，故事内容与形式要更有品位与内涵。

【案例3】 《还珠格格》：火爆荧屏的“格格”热

近十几年来，没有一部电视剧像《还珠格格》那样老少皆宜，万人空巷。它就像家常菜一样，让家人们聚集在一起，一遍又一遍地看，百看不厌。一些电视台在多年来的寒暑假期的经典复播还记载着它曾经的辉煌。

一、“格格”热的形成过程

1998年的电视荧屏，似乎被电视连续剧《还珠格格》抢尽了风头，其收视率不仅创造了中国第一，更是斩获亚洲第一，“格格”热迅速风靡大江南北，剧中人物小燕子与紫薇在街头巷尾被广泛热议，这是一部真正全民齐乐的电视剧。《还珠格格》是琼瑶的成功转型之作，获得第17届中国电视金鹰奖最佳连续剧奖，打破了中国电视剧的收视纪录，激活了一度低迷的电视剧市场，有人评价说它是中国电视史上的一个传奇。

1998年，《还珠格格》第一部在北京有线台播出收视率就达54%，在内地的平均收视率超过47%，不但轰动了业界和海内外，更被一些电视台台长称为挽救电视台的救世之作。1999年《还珠格格Ⅱ》一经播出全国平均收视率就突破了54%，在湖南收视率轻松超过60%。在香港、东南亚均打破或接近历史上华语电视剧在当地创造的最高收视纪录，韩国三大电视台因其居高不下的收视率甚至实行了“华语电视剧封杀令”。此外，在蒙古、俄罗斯与乌克兰等地也都取得了不俗的成绩。而两部还珠格格的重播收视率即使在2012年也依然杀入了全国前10名，其重播率刷新了整个90年代到今天所有的电视剧重播率的最高纪录，2012年《还珠格格》在湖南卫视第13次重播，仍居所有频道同时段第一，超过众多首播新剧①。三部《还珠格格》的超高收视率至今难以逾越，成功地创造了收视奇迹。

二、《还珠格格》成功的经验

那些感天动地、非生即死的爱情尽管在现实生活中少见，但却代表了人们对美好爱情幸福生活的无限向往。这些情节与独具特色的琼瑶语言结合在一起，构成了不同于前的宫廷剧，其喜剧氛围远远胜于以前宫廷剧的尔虞我诈，获得了观众的认可。皆大欢喜是《还珠格格》的独特魅力。

（一）人物形象与故事内容的强大魅力

琼瑶塑造了一个与她以往笔下淑女截然不同的敢说、敢做、敢爱、敢恨，集叛逆、率真、豪放于一身的热情奔放而又有现代味的全新女性形象，小燕子在被赋予了喜剧色调之后大放光彩。而剧中对对痴男怨女曲折生动的纯情故事，交织着人生的风云变幻和命运变迁，与优美动人的电视画面、悦耳动听的乐曲汇合在一起，营造出一幅绚丽潇洒的艺术画卷。《还珠格格》的积极意义在于帮助现代人寻找到了迷失已久的人性及情感，其中所蕴含的珍视生命、热爱生活、向往爱情的人文精神的正面效应是不言而喻的。

（二）琼瑶剧纯言情模式的突破创新

《还珠格格》在很大程度上体现了琼瑶一贯才子佳人的爱情言情模式，洋溢着温婉的诗意、细腻至深的情感和轻柔的浪漫情调。但它实现了新的突破，编导对作品娱乐性与好看性的追求在剧中得到充足展现，武功动作的借鉴，语言和文字趣味的尝试，对古装戏的有意犯规以及一夫一妻、男女平等和人性意识等现代观念的注入等，这一系列的变化都表明琼瑶剧已经从较窄的纯言情走向了较为宽泛的大众化、通俗化的人性演绎。

（三）轻松浓烈的喜剧氛围

《还珠格格》是一部娱乐剧。叛逆、冲动、不用脑、快人快语的小燕子以其嬉戏性的语言打破了常规宫廷戏的紧张、严肃和沉闷，成为观众的开心果，以小燕子为核心的嬉戏性语言产生了强大的感染力和新奇效果。这种悲喜交织、以喜剧为重的艺术情调，使该剧老少咸宜，具有广泛的适应性；诗情画意与感官刺激并存，受苦与欢娱交替的剧情设计使得欢笑与泪水共存，大大刺激强化和顺应了观众的娱乐欲望，满足了不同观众的观赏需求，提高了观众的观看兴趣。

（四）准确清晰的受众定位

该剧反映和描写的生活内容与青少年质朴纯真的心理接近，在冲突和情境的设定上符合青少年的接受能力，结构单纯紧凑，情节曲折生动，十分贴近青少年好动乐玩的心理，而且语言浅显通俗、色彩明朗、基调欢快，适合青少年的口味。该剧着力描写父女母子亲情，更容易打动在现实生活中因与父母有情感隔阂无法互相理解与沟通而苦恼的青少年，

---

① 赵振宗、苏良：《众星还珠 格格不老》，载《法制晚报》2012年7月19日。

使他们产生了一种情感上的依附性与寄托性。因此，《还珠格格》对青少年具有极强的感召力与诱惑力。

三、《还珠格格》存在的问题

尽管它可以称得上经典，但终究还不是完美的，它所刮起的“格格”风中也含有一些尘沙枯叶。

（一）宣传教育功能的忽视

《还珠格格》作为一部长时间播放并广受青少年欢迎的电视剧，对青少年有极强的“暗示性”，影响极大。《还珠格格》在人物形象设计和情节设置上有一些不足，如小燕子的没有教养、胸无点墨、厌学表现和上吊、装傻等胡搅蛮缠的荒诞搞怪细节，极易造成青少年的学习模仿，在言行举止、道德价值观和学习教养上产生误导，给青少年的健康成长带来一些负面影响。

（二）故事情节上的硬伤

《还珠格格》的故事情节设置注重可视性，但也有不少情节留下了硬生枝节、突兀不畅的不足。如紫薇千里寻父的主线，设置了许多曲折艰险的故事情节，同时也埋下了有失真实和自然的暗伤。故事情节推进上存在松散、荒诞、拖沓的缺陷，“做戏”的斧凿痕迹十分明显，有以强化主题制造紧张的戏剧冲突为名，实际上却故意拖延时间以拉长剧情之嫌，削弱了作品的艺术价值。

（三）人物塑造上的失真

剧中人物大多是性格单一，缺少变化的扁平型人物，一出场就被定了型，从头至尾没有任何变化和发展，这样的人物不能给观众留下深长的回味。另外，《还珠格格》似乎忽视了人物的身份地位决定人物最基本的个性显示与表征这一重要问题，剧中的皇上是一位最好玩、最好哄的娱乐享用者，不仅失去了贵为天子的威严，还失去了贵为人君的沉稳持重，这与皇上身份和地位的内在要求与特征不符，显得不真实，也不可信。

（四）过度渲染的技法运用

《还珠格格》定位为娱乐剧，必然要运用一定的艺术技法营造适度的娱乐气氛，但也不能失控滥用。如在剧中，作者频频运用了幽默、滑稽、夸张等艺术手段，在小燕子身上注入了强烈的喜剧性因素，设置了一些文字游戏、搞笑情节，从而营造出喜剧情境和气氛，突出了娱乐性，达到了拉住观众以提高收视率的目的。但一些地方由于过度运用技法失去了应有的分寸，反而产生了负面效应，如剧中对小燕子的傻头傻脑、大大咧咧、疯疯癫癫的过度夸张渲染。

四、案例点评

《还珠格格》的收看盛况完全可以用“万人空巷”来形容，城市农村、妇孺老幼，人人尽知，其影响之大，难以形容。剧中离奇轻松搞笑的故事情节，小燕子傻得可爱的对白，都使观众哈哈一笑，备感轻松，在大饱眼福欣赏美女帅哥美景风情之余还能获得开怀大笑的享受，于是就有了“《还珠格格》之后不看格格戏”的感受。

但是由于它片面追求收视率，过度追求商业利润，淡化了作为戏剧应该具有的内在底蕴，导致其宣传教育功能的忽视，这无疑给我们一个启示：什么样的作品能保持长久的艺术活力？什么样的作品在保证拥有经济效益的同时又有社会效益？文艺创作不能仅仅以追求商业获利为主要目标。

思考题

1. 谈谈日韩剧、欧美剧对于我国电视作品的借鉴意义。
2. 不同类型的成功的电视作品有何不同特点？
3. 谈谈成功的电视作品有哪些必备要素。
4. 谈谈如何在电视作品中更好地弘扬和发展我国优秀的传统文化。

第四节　综艺节目类文化项目案例

如今活跃在荧屏上的综艺节目可谓五花八门，百花齐放，百家争鸣，是人们休闲消遣的重要形式，一些综艺节目甚至影响着社会的价值观和伦理道德，国家也出台了相关政策加以引导。

【案例1】　**《同一首歌》：享誉全国的全民狂欢**

当《难忘今宵》成为中央电视台春节联欢晚会必备歌曲时，《同一首歌》也找到了自己的归宿，形成了独特的品牌，在百花盛开的综艺舞台上，一枝独秀、尽情绽放。《同一首歌》成为家喻户晓的综艺类节目，一个全民大联欢的舞台，掀起了全民狂欢的热潮，这一品牌的形成与发展，无论是从运作上还是内容上都对我们前进中的文化产业有着很大的参考价值。

一、《同一首歌》品牌形成的过程

以制作独具特色的系列大型演唱会和各类主题、公益演唱会为主的《同一首歌》栏目于2000年1月27日创立，它脱胎于传统的综艺晚会，而又有别于其他大而全的综艺晚会类节目，其专业性更强，是一档具有鲜明的怀旧特色的音乐类栏目。其新颖的节目形式赢得了观众的喜爱和好评，这种简单、清晰而集中的主题定位，使得它在众多综艺晚会纷纷淡出观众视线的情况下，依然能保持较强的影响力，收视率一直在CCTV—3节目中处于领先地位，并且屡创新高，成为中国最具权威的音乐品牌。

《同一首歌》利用前期积攒的人气及中央电视台这一得天独厚的平台，采取“走出去”的战略，转战大江南北，走进台、港、澳，走出国门，只要有华人的地方都可以成为它的舞台。《同一首歌》抓住中国传统节日以及申奥成功、足球出线等特殊机会，推出众多与公益主题相结合的慰问演出、主题歌会，拉近了与观众的心理距离；在全球华人心目中树立了良好的节目形象，成为央视重点推荐的品牌节目，成为中国最具投资潜力媒体以及十大文化推动力品牌之一。

《同一首歌》在产业化的探索过程中，致力于将品牌的影响力服务于公益事业，同时还注重与各大国际性传媒机构进行卓有成效的合作，打造国际化的音乐品牌，中日歌会、中韩歌会等大型活动在全亚洲和国际上引起了强烈反响。

二、《同一首歌》品牌成功的经验

从名字可以获知，《同一首歌》聚焦于歌曲类节目，曲风千变万化，有经典又有创新，有怀念又有激情；在各个方面都力求做足做透，因而获得了很好的效果。同时，每一期都有不同的主题，带有鲜明的时代色彩，积极地与世界相接触，对社会热点持久地关注，拉近了与观众的距离。在运作上，也开创了适合自己发展的模式。

（一）高雅与通俗的完美融合

《同一首歌》节目定位在高雅和通俗的融合，将大量曲风不同、唱法各异的歌手、艺术家汇集在同一台晚会上，把享受音乐的权利还给观众，最大限度地满足大众的期待心理。更重要的是，《同一首歌》唱的都是大家耳熟能详、可感可知的歌曲。当熟悉的歌手走上舞台，当熟悉的旋律想起，不论现场的观众还是电视机前的观众都能随声附和、一起跟唱，完全没有交流的障碍。观众可以通过《同一首歌》欣赏国内外顶级音乐盛事，从而近距离地接触高雅音乐。

（二）多种话语的整合

《同一首歌》很好地整合了国家权力话语、知识分子话语和大众话语。每期节目均围绕一个主题展开，如迎接党的“十六大”、走进 SOS 村、为奥运喝彩以及庆祝国外香港回归等，《同一首歌》以音乐的形式与国人共同关注国家发展，从而激发民众的爱国情怀；在国外演出时，则以音乐为沟通载体，走进这弘扬中华民族文化，与异域文化进行交流；当走进高校时，又显示出对知识分子、精英文化的认同感。各种不同主题的节目体现了多种话语的整合，及时准确地向社会传递出正面的信息和正确的舆论导向。

（三）经典与时尚的联合

《同一首歌》采取“原人原唱、新歌登场、老歌新唱、经典流行”的策略，调剂众人口味，力争让各年龄段的观众都喜欢节目内容，力邀新老歌手同台献艺，为《同一首歌》营造经典与时尚完美结合的艺术氛围，在这里，经典和时尚联姻结出了艺术奇葩。

（四）全民狂欢的形式

《同一首歌》提供了一个全民狂欢的民间广场，台上的歌手努力调动现场气氛，鼓励台下观众一起加入这个狂欢的舞台，而台下的观众也高兴地应和着台上的歌声，正是这种模拟狂欢的氛围使观众兴奋不已。

（五）栏目市场化的实现

2002 年央视首次对电视文艺品牌进行广告招标，《同一首歌》栏目广告时间最终招标意向数额达 6560 万元，是底价的 2.3 倍①，此次《同一首歌》成功的广告招标是对栏目品牌建设的一个回报。中标企业借助品牌栏目进一步发展企业文化和提升企业美誉度，而《同一首歌》则因招标进一步夯实了自身的经济实力，提高了社会知名度，形成了双赢的局面。

---

① 刘阳:《〈同一首歌〉的品牌化经营》，载《中国广播电视学刊》2004 年第 3 期。

（六）品牌的扩张与创新

自创办以来，《同一首歌》的板块设置逐渐丰富，陆续开办了《同一首歌音乐台》、《同一首歌排行榜》、《同一首歌网上行》、《同一首歌俱乐部》、《同一首歌外景队》、《同一首歌点歌台》等板块，无一例外地借用了栏目原有的品牌效应，并对原有节目起到了完善和补充的作用。2002 年的改版，《同一首歌》由原来的歌曲欣赏形式转变为互动式，不再单纯追求大的豪华场面，而是以解决观众的情感需求为主；不再每一期都做成大型欣赏歌会，而是强调栏目的主题性与公益性，以种种公关手段来树立良好的品牌形象。

三、《同一首歌》存在的问题

在《同一首歌》播出期间，越来越多的人对《同一首歌》商业味太重提出批评，对其在文化演出领域的霸气占有感到不满。同时，随着其品牌力的不断增加，广大电视观众对节目提出了越来越高的要求，提出诸如邀请的有些过气的老歌手，不够吸引年轻人；随意删歌、减歌，播出不完整；老面孔明星多，新歌手艺人少；“点歌”都是事先安排好；很多明星总唱固定几首歌、不唱新歌等问题。

《同一首歌》在产业化经营过程中，大多是通过与各级政府、企业之间建立较为良性的商业合作模式来实现商业效益，产业化经营模式较为单一，产业化进程也显得较慢，经营思路还不够放开。

四、案例点评

中央电视台名牌栏目《同一首歌》抓住了人们心灵中某些共通的东西，借用音乐这个在表达情绪方面力量最强的艺术载体，通过明星助阵、名人效应等策略，极大地满足了大众的视觉和听觉需求，从而创造了一个音乐神话品牌。因其知名度、美誉度、影响力的大幅度提高，而成为中国第一娱乐传媒品牌，在人们的社会生活中产生了积极、广泛而深刻的影响，并为群众与政府间搭建了一个对话沟通的平台，实现了家庭、社会、政府、公众与媒介的对话、沟通与理解，成为构建和谐社会的一个新途径。

《同一首歌》在中国电视文艺改革发展的历史进程中，以其开拓和创新的精神，打造出了中国特色的电视歌会模式，产生了巨大的传媒影响和社会影响。尽管在现实中遇到一些不可避免的问题，以致最后停播，但我们仍然期待着它能在不久的将来以新的形式继续走在中国电视文艺改革的前沿，继续引领中国娱乐文化的潮流。

【案例 2】　《快乐大本营》：长盛不衰的快乐旋风

湖南卫视引领中国内地综艺娱乐潮流从这里发轫，《快乐大本营》刮起了长达十余年的快乐旋风，风光无限。其广泛的参与性和多种形式的互动构成一种轻松愉快的氛围，它关注草根，走向大众，使节目的过程轻松愉快而有亲切感，为受众紧张的工作生活带来了一个个欢快的周末，它是中国内地娱乐节目发展壮大的大本营。

一、《快乐大本营》的成长过程

1997 年 7 月 11 日，湖南电视台的一档全新综艺娱乐节目《快乐大本营》开播，作为湖南电视台实施周末战略的首席栏目，其清新活泼的风格、注重参与的内容很快在观众中引起反响，借助卫视的覆盖威力，很快便在全国掀起了一股“快乐浪潮”，迅速占据全国电视市场的周末黄金时段，成为湖南卫视上星以来一直保持高收视率的品牌节目之一。节目荣获第十六届中国电视金鹰奖，在《新周刊》发布的2005年中国电视节目榜中，《快乐大本营》被评为“15年来中国最有价值的电视节目”，其评语是：“这档完全本土制造的综艺先锋，以其清新、青春、快乐、贴近生活的游戏风格在中国电视娱乐版图迅速卡位，其带动的明星效应和倡导的快乐理念至今生命不减。”① 这场引爆全国的“快乐旋风”为湖南卫视打造中国第一电视娱乐品牌定下重要基调。

同时，它也在中国电视界引发了一场广泛的“模仿秀”，全国各地电视台出现了近百档类似栏目，中国内地的娱乐节目开始正式进入了一个全新时期。

根据央视索福瑞公司调查，《快乐大本营》的年轻观众数量众多，为了抓住核心观众群对节目参与性、互动性的需求，《快乐大本营》力争求新求变，设置新板块、新环节，栏目风格也相应作了调整，把明星路线改为大众路线、互动路线，这一转型确保了栏目魅力依旧，并在此基础上辐射各个群体。

2006年全新改版倡导“全民娱乐”的《快乐大本营》收视持续强劲，2007年《快乐大本营》击败全国数十台大型综艺节目，勇夺由腾讯网网民票选的“2007年度最受欢迎综艺节目奖”，2009年居谷歌热榜之最热综艺节目搜索排行榜首，成为中国世界纪录协会2009年度中国收视率最高的电视综艺娱乐节目。可以说，它不仅是湖南卫视打造娱乐频道品牌的基石，也是国内综艺娱乐节目的风向标，为探究我国电视综艺娱乐节目发展之道提供了宝贵的实践样本。

二、《快乐大本营》的成功经验

《快乐大本营》拥有一个庞大的主持群，这是一个创新，几位主持人多才多艺，各有风格特色，所组成的快乐家族产生了强大的集体智慧，更容易营造轻松的氛围，更便于与观众产生互动。它清晰的定位是它成功之本：一切从快乐出发，以快乐为本；追求快乐的人们自然也不会放过这个快乐的盛宴。

（一）定位清晰明确，辐射不同年龄层观众

《快乐大本营》开播之初就以“快乐”定位，意在娱乐大众，让观众在一周的忙碌生活后在本栏目中寻找快乐。因为快乐对于人们来说都是永远不会过时的时尚概念。《快乐大本营》的“张扬快乐，张扬个性，张扬青春”的理念，牢牢地抓住了年轻一代的心，使得《快乐大本营》成为年轻人的必备话题。2006年《快乐大本营》进行全新改版，倡导“全民娱乐”，节目定位面向所有不同年龄层的受众，根据不同受众的审美需求和心理需求来策划节目内容，突破固定的收视群体，将节目辐射全体民众，直接促使了湖南卫视“快乐中国”理念的形成和发展，它的成功也成为湖南卫视的典范。

（二）形式新颖多变，以娱乐为核心倡导综艺变革

开播以来，《快乐大本营》就不断在节目形式上寻求突破，陆续推出一系列形式新

① 《新周刊》2005年中国电视节目榜 http：//ent. sina. com. cn/v/m/2006-03-17/23241019689. html。

颖、观众喜闻乐见的板块，为保持内容的丰富多彩，十分注重栏目的知识性、趣味性和嘉宾的选择。2004年开始确立以阶段性活动为亮点，以普通观众为主角的节目改版方向，淡化“大综艺”明星套路，逐步尝试“海选”、“真人秀”和“现场PK”等“泛娱乐化”的新概念。2006年又提出了“全民娱乐”的新概念，为普通观众或草根团体、组合打造了一个展现个性的“全民娱乐”平台和分享快乐的机会，同时也极力推介时尚、新奇的文艺表演形式，传递“快乐至上”的娱乐精神，从而突出了以观众为主体的“娱乐天下”的节目宗旨。2008年转变为主要邀请偶像明星来游戏、访谈、互动，在此过程中主持人以及嘉宾的搞笑元素，完全是出自本能，而不是刻意找点，让人们能够发自内心地笑，也让节目在整体上更加真实不做作。

（三）嘉宾观众广泛参与，互动性带动全民快乐

《快乐大本营》邀请的嘉宾既有明星大腕也有草根阶层，让两个不同社会阶层在同一个舞台展示自己的个性魅力，使得节目更加具有亲和力和号召力。“全民娱乐”号召观众不再只坐在电视机前收看节目，而是真正参与到节目中展示自我，这让《快乐大本营》成为真正的大众的、全民式的娱乐大会。平民化的节目形式增强了亲和力，拉近了与观众之间的距离，也避免了嘉宾的雷同，不断给观众带来新鲜感和亲切感，同时也起到了节约开支、降低成本、增加经济效益的作用。

（四）主持人明星化，推动节目快乐进行

《快乐大本营》将李湘、何炅、谢娜等人包装打造成娱乐明星，具有强大的亲和力和影响力，成为收视率的保证。《快乐大本营》主持人走本色路线，每位主持人的缺点不加掩饰，力争将最本色的一面呈现给观众，于是节目主持人仿佛变成观众身边的朋友，可触可感，真实亲切。主持人在节目中的地位上升到了前所未有的高度，他们不再只是陪衬现场嘉宾的“绿叶”，而变身成为和嘉宾一样发挥各自不同的特长去吸引观众眼球的“红花”，他们使节目更有亮点，内容更加丰满，场面更加快乐。

（五）管理机制求新求变，以竞争促进节目质量的提高

湖南卫视采取栏目末位淘汰制，以此激发栏目团队的创作潜能。《快乐大本营》内部实行栏目制片人负责制，给节目组以更大的自主性，聚集了湖南乃至中国电视最优秀的制片人、节目编导、技术制作人员和主持人，构成了一个精干务实、团结协作的制作团队。为了保证收视率，《快乐大本营》一开始就瞄准了市场、明星和观众，在不断创新中求得生存。同时，2009年湖南卫视新推出另一档综艺节目《天天向上》与其同台竞争，给《快乐大本营》造成了很大的压力，但无形之中又驱动了节目持续不断地向前发展。

（六）锻造品牌效应，以品牌优势提升综合价值

《快乐大本营》在形成了自己的品牌优势后，还善于利用名人效应提升品牌，不仅成功地将李湘、何炅、谢娜等主持人包装成为娱乐明星借以扩大品牌号召力，而且吸引了大量各路明星参与其中，成为一种宣传手段，搭建出一个观众与明星的互动平台，逐渐扩大了栏目的品牌影响力。在《快乐大本营》形成栏目品牌后，湖南卫视又进一步打造“以娱乐、资讯为主的综合性频道”的品牌频道，反过来维护、稳固和提升了栏目品牌的魅力。

（七）长足的营销手段，以多方合作实现主题营销

2004年3月，《快乐大本营》相继推出一系列诸如“夺宝你最红”、“运动你最红”、“冒险你最红”的主题活动，这些每个都持续两到三个月的活动，因其参与者的本色表现以及每期残酷的淘汰赛制，在观众中引起了持久的关注，同时也成为国内“真人秀”节目的先驱。2006年《快乐大本营》与肯德基联合打造的为期一个月的“肯德基三人篮球赛”特别活动，稳居该时段综艺节目收视首位，在最短时间成功引爆了活动影响的核辐射，成功做到了双赢。

三、《快乐大本营》存在的问题

对于《快乐大本营》的争论从来没有停止过。任何事物在发展过程中都会遇到一些问题，如何解决这些问题而权衡利弊，以适应新的发展和需要则是每个节目都要考虑的。《快乐大本营》也需要不断地顺应时代的发展而创新变化。

（一）主持人过度表演抢占嘉宾风头，给观众带来审美疲劳

《快乐大本营》的舞台上，“快乐家族”的表演无处不在，有时主持人过度展现和随性表演在一定程度上抢占了嘉宾风头。很多观众以为这种表演率真、自然，它是节目的一大亮点。但从长远来看，主持人在节目中的过度展现会让观众产生审美疲劳，新鲜感也势必受到影响。

（二）节目推崇简单快乐，内容平庸缺乏人文内涵

当下的娱乐节目中，电视文化的教育功能、认知功能、审美功能被抑制，感官刺激和游戏功能被无限放大，文化逐渐沦为娱乐的工具。2006年改版后，“快乐家族”搞怪逗乐层出不穷，成功取悦了观众；但几乎所有话题都成了搞笑的理由，甚至主持人的缺陷也经常被挖苦。某些无聊游戏的设置、明星嘉宾知识的匮乏，在某种程度上降低了节目的品位，过度夸张的言行举止极易被青少年模仿，会对他们在知识、行为、道德、教养和价值观的塑造产生一些负面影响。

（三）商业气息太过浓厚，节目质量下降

对经济利益的过度追求，导致游戏娱乐节目商业色彩愈来愈浓，而社会效益被逐渐忽视。《快乐大本营》最主要的资金来源是广告收入，每年基本稳定在3000万元左右。《快乐大本营》的广告数量之多，播放频率之高，时间之长，远远高于其他节目。

四、案例点评

《快乐大本营》以明星效应和贴近生活、注重观众参与的制作理念所形成的较高品位的娱乐形式，给广大观众带来了欢乐，更带来了身心上的放松，赢得了奇迹般的高收视率，从而引发了国内各电视台大办周末综艺节目的热潮。十几年来，《快乐大本营》不仅没有被众多的综艺节目埋没取代，反而成为中国电视界综艺娱乐节目的领头羊，并且当之无愧地成为中国亿万观众周末娱乐生活的一部分。其长盛不衰的秘诀就在于不断创新，与时俱进。

现任制片人龙梅说：“改版前，我们会仔细分析，看看到底是哪些环节出了问题，观众究竟不喜欢哪些细节，然后再确定改版的方案，我们一个最基本的原则就是：一定要把

过去好的东西留下来，一定要把流行的元素加进来。"① 因此，在激烈的竞争中，《快乐大本营》能够凭借先发优势，不断创新，在国内众多的综艺节目中一枝独秀，冲出湖南，使快乐旋风刮遍全国各地。湖南卫视更是在"快乐旋风"影响全国之后，提出了"快乐中国"的频道理念，催生了一大批如《超级女声》、《快乐男声》、《谁是英雄》、《名声大震》、《勇往直前》和《天天向上》等火爆荧屏的栏目和真人秀。

【案例3】　《超级女声》：平民时代的"草根娱乐"

《超级女声》让灰姑娘梦想成真，丑小鸭有了变成白天鹅的舞台。《超级女声》点燃了亿万观众的热情，它回归平民草根，也收获了来自于普通大众的强大力量和支持。它引起的震撼已经不仅仅限于中华大地，尽管这一节目形式在国外早已出现，但能够引起如此大的轰动和关注度，仍然会让全世界的媒体人瞠目结舌。

一、《超级女声》的成长过程

《超级女声》创意源于《美国偶像》娱乐节目。湖南电视台在明星娱乐类节目停滞不前、同质化竞争造成方向迷失的情况下，大胆借用了《美国偶像》的属于平民大众的自我表现和成功机会这一概念和做法，2003 年在湖南本省"试水"《超级男声》，反响很好，2004 年 2 月趁势推出《超级女声》，同年"五一"期间，湖南卫视从娱乐频道接手节目的制作，在原长沙赛区基础上另外增加武汉、南京、成都三个赛区，把《超级女声》发展成为一个全国性的大型活动，从而成为观众和传媒关注的焦点。湖南卫视"快乐中国超级女声"的活动首开"大众娱乐"之先河，清新鲜活新颖的节目形态深受广大观众喜爱，引起了国内电视界、娱乐界的高度关注，从众多选秀节目中脱颖而出，被国内新锐杂志《新周刊》评为本年度唯一的"创意 TV 秀"。

2004—2006 年，没有什么比"超级女声"更能吸引中国各个阶层的亿万观众，"我的快乐我做主"，《超级女声》引发了不同年龄、不同层次人群的追捧参与，在社会上掀起了一场前所未有的娱乐狂潮。这样一场大众文化娱乐活动，它的涉及面之广、参与人数之众、节目收视率之高、参与手机短信投票观众之多以及情绪之狂热、所引起的社会反响之大，可以说都是前所未有的。它不仅对电视商业化模式产生了深刻影响，同时对社会文化生态也造成了极大的冲击，"超级女声"演变成公共事件，成为一种奇特的现象，即"超女现象"。

2005 年该节目更是书写了中国电视界的传奇，不仅广州、长沙、郑州、成都、杭州的报名人数达到近 15 万人，创下国内电视大众选唱类节目直接参与人数的最高纪录，根据央视索福瑞的收视数据显示，在北京、上海、长沙等 12 个城市的"收视仪"调查中，超女平均收视率为 8.54%，平均收视份额达到 26.22%，稳居全国同时段节目播出的第一名②。

---

① 王云峰:《〈快乐大本营〉:开全国娱乐节目先河》,载《当代电视》2008 年第 11 期。

② 数据来源:《南方日报:揭秘数字超女疯狂收视率广告报价》,http://eladies.sina.com.cn/nx/2005/0828/1021186008.html,访问日期 2012-12-28。

2006年《超级女声》宗旨改为“想唱就唱，唱得响亮”，比赛增加复活赛环节，其不断创新，使收视率、媒体关注度、选手人气、场外投票量、网络搜索量等多项指标稳坐全国选秀类节目的冠军宝座。

二、《超级女声》成功的经验

通过层层海选，平平凡凡的普通人在舞台上展示自己的不平凡，平凡大众的参与，使节目《超级女声》引起了巨大的轰动，成为电视综艺节目的一个梦想花园。

（一）参与门槛低，引发全民娱乐

《超级女声》火爆的主要原因之一是顺应了娱乐平民化的趋势，将娱乐的平民化发展到了登峰造极的地步。其不设年龄、唱法、地域的参赛限制，不收取任何费用的比赛，为普通人提供了展现自我和成名的机会，充分体现了“想唱就唱”的宣传口号，“电视秀”和“一夜成名”成为《超级女声》吸引年轻一代观众最有力的金字招牌。制作者将传媒的门槛放低，满足了众多女生自我表现的愿望，吸引了大量观众的眼球，有了“全民参与”热潮，才产生了“全民同乐”的收视效应。

（二）高度互动性，点燃观众收看热情

《超级女声》另辟蹊径，跳出了以往中国的选秀活动形式单一的尴尬境地，借助短信这一互动平台，让广大观众共同参与。其首创的通过观众短信投票参与决定选手去留的“票决”方式，使得每一个投票观众都觉得自己是场中主角，如同现场评委一样。这种互动方式改变了传统电视节目的单向性，让观众有更强烈的参与感与认同感。另外，《超级女声》为烘托出现场热烈的比赛气氛，安排参赛选手的亲友团进入现场为选手加油助威，让观众在亲友团欢呼雀跃和失声痛哭中真切地感受到比赛的激烈和情感的自然流露，并为之深深打动。“平民参与，观众做主”对节目的生存和发展具有重要的积极意义。

（三）节目原生态，缩短了传受双方的心理距离

《超级女声》将演播室设在各个赛区的比赛现场，给观众以“零距离”接触的感觉，增强了节目现场感和亲切感。镜头所呈现的简陋的场地、生涩的清唱、严厉的点评，以及成功与失败者的百态，不同于那些精致高雅的艺术，将粗糙甚至丑陋但却真实、原汁原味的原生态节目展现给观众，反而吸引了观众的眼球，取得了轻松愉悦、舒缓压力的效果。《超级女声》竭力挖掘“审丑”形式，利用人们喜欢看别人出洋相的隐秘心理需求，以达到娱乐大众、提高收视率的目的。

（四）关注群体广泛，老少皆宜的节目运作

《超级女声》从举办至今，虽然以25岁以下的年轻人为最主要的收视人群，但是中老年人的收视比例也很高。其中除了《超级女声》作为一档延续时间较长、媒体关注程度较高的、每次电视播放时间也较长的比赛节目，吸引到了一部分中老年人的关注外，其大力宣传“不限年龄、不限唱法、不限样貌”的报名政策，吸引了许多年龄较大的女性音乐爱好者，使更多的人成为这个节目的忠实观众。同时，经常穿插出现在节目中的女孩平时和家人在一起的生活镜头，更拉近了节目和普通观众的距离。

（五）强势力量的整合传播，促进节目影响力

《超级女声》的轰动，主要归功于整合传播运作方面的不断完善。湖南卫视作为一家

仅次于中央电视台的国内有较大影响力的媒体，不遗余力地预热宣传，并将其播出时间在每周五晚的黄金时段，大幅提升了收视率；何炅、汪涵、李湘等高知名度娱乐节目主持人也为节目增色不少；与此同时，赞助商蒙牛在全国各地大量投放宣传海报、开展促销活动，对公交车体、户外灯箱、平面媒体广告传统媒体高达 8000 万元的大手笔投入，提升了影响力；网络、短信等现代传媒的整合力量也为《超级女声》的成功贡献了很大的力量。

（六）宽广的品牌延伸，提升节目综合产值

“超级女声”不仅仅是一个活动，而且成为一个品牌，持续高热的关注带来持续攀升的收视率，使超女的品牌价值至少几个亿。《超级女声》剑走偏锋、形成独特的赛制和表现形式将所有的参赛者、观众甚至评委都囊括在这一狂欢的过程之中，各类因素恰到好处地运作，有效地增加了品牌价值，媒体、赞助企业、电信运营商等实体也都在节目中找到了属于自己的位置。随着“超级女声”品牌产业链的无限延伸，短信、广告、冠名、代言、演出、销售、活动、影视、唱片、图书、服装、食品、玩具等产业将形成一个巨大绵长的娱乐产业价值链，实现了一个传媒从吸引受众注意力资源到开发消费者购买力资源的过程。

三、《超级女声》存在的问题

《超级女声》爆炸式的增长、过快的发展使节目忽视了节目本身存在的一些问题，而在利益驱逐下追随者不惜以丑为美，将选秀恶俗化，值得我们深深反省和思考。

（一）评委辛辣的评论伤及选手的自尊

一些评委言语的苛刻在节目开始之初就成为《超级女声》的一个精彩看点，但这对选手的尊严却有不小的伤害。本应给予意见和建议的评委却热衷于当面挖苦点评是不妥的，尤其把这样的过程放在电视上更会引起间接或直接的心理伤害。用这样践踏尊严的方式大行“娱乐”之道，赚取收视率和广告利润的做法，是不值得提倡的。

（二）对青少年的误导，引发多种不良影响

2004 年《超级女声》季军张含韵一举成名后，数以千万计天真烂漫、盲目跟风的少女们被虚幻的明星梦迷得如痴如狂，从海选到淘汰、现场助阵、街头拉票都花掉大量的时间、精力和金钱，在不同程度上影响了学习。从更广的层面上说，这种造星秀很容易使青少年产生“一夜成名”的幻想，忽略踏实学习和辛勤付出，助长社会浮躁风气，滋长投机心理。长此以往，对青少年的心智发育和健康成长势必带来严重的负面影响。

（三）媒体大肆炒作，假新闻层出不穷

媒体在《超级女声》节目报道过程中大肆炒作，出现了一些虚假新闻，种种“黑幕”、绯闻、流言风生水起，即使吸引了受众眼球，但从长远来看则有损媒体的公信力，不利于媒体今后的健康发展。

四、案例点评

《超级女声》独特的平民化、娱乐化、悬念化、互动性、人情味的节目内容，增加了吸引观众眼球的卖点，而其品牌的整合营销传播创新了传统电视的营利手段，制造了超女经济产业链，创造了一个电视财富的神话。《超级女声》成功得益于节目内容、节目经营等方面的诸多创新，它充分迎合了受众心理需求的变化，找准了与社会的契合点，适应了传媒市场化运作的需要，其所产生的巨大影响已经远非一个普通的电视娱乐节目内容所能涵盖。它已经成为一种独特的以大众娱乐为内容，拥有广泛参与的受众群，传者与受者之间形成有效双向互动的文化传播现象。

围绕《超级女声》形成三大媒介体系，从传统的纸质媒体到电视、电台等电子媒体，再到新兴的电信和网络媒体，纷纷纳入《超级女声》的传播范围，受众一改以往被动接受的地位，积极利用新媒介体系，有效扩大了由传播者主导的传播活动的影响力。

湖南卫视《超级女声》率先打响了品牌，具有先发效应，但是，其领先优势也只是在一段时间里让模仿者难以挑战与超越。各大传媒只有不断创新，不断超越自我，才能在传媒大战中立于不败之地。

【案例4】　《非诚勿扰》：婚恋交友派对的真人秀

《非诚勿扰》成为江苏卫视的一张王牌，势如破竹，大有横扫千军之势，以一己之力提高了电视台的品牌总体价值，并引来了纷纷效仿。模仿者努力复制，却像山寨手机一样，虽然功能俱全，却总不在一个档次上。《非诚勿扰》一直被模仿，没有被超越。

一、《非诚勿扰》的成长过程

《非诚勿扰》是江苏卫视推出的一档融入新颖的娱乐化等因素的新派相亲交友节目，从2010年1月15日开播以来，取得了不俗的收视成绩，截至2010年6月6日，共30余次取得同时段收视第一名，同时包揽了2010年前23周中的15次全国卫视周收视率总冠军，以4.53%的收视率刷新了省级卫视收视的最高纪录，击败了盘踞娱乐节目收视王宝座长达10年的湖南卫视《快乐大本营》，成为综艺节目新的“收视之王”，让沉寂了一段时间的相亲交友类节目再度走向台前，成为大众的关注焦点①。

《非诚勿扰》犹如一匹黑马横空出世，再度点燃了观众对交友节目的观看热情，2010年2月初《非诚勿扰》在网络上的检索量突破10万次，在改成双播后日检索量就基本保持在30万次以上，播出次数更是达到百万次。《非诚勿扰》的节目形式在一定程度上反映了新时代男女的婚恋观，它的互动方式完全突破了过去传统的交友形式，为广大单身男女提供了新颖别致的交友平台。因此，这样一个既包含关注年轻人交友需求的服务性，又具有争议性、刺激性、娱乐性的社会话题的节目，在播出后一跃而成为当下综艺节目的王牌节目，稳坐收视率的头把交椅。

由于节目中一些带有负面效应的言论和行为，国家广电总局在2010年6月9日下发文件对“相亲类节目泛滥、造假、低俗”等倾向着手整饬。大热荧屏的各大卫视相亲节目遭到棒喝，被点名的《非诚勿扰》节目组在接到通知后表示已经组织相关部门认真学习，仔细检查节目内容，严格对照执行。经过改版的《非诚勿扰》中不再介绍男嘉宾的工资数目；女嘉宾明显少了以往犀利的言论和争吵，变得温和许多；敏感话题也大量减

① 百度百科：《非诚勿扰》，http：//baike. baidu. com/view/1664023. htm。

少；男女成功配对数和亮灯数明显比以往有所提高。虽然这一次全面的检查整饬使收视率出现下滑，但仍挡不住后继者，而且已将单纯的相亲节目扩展出了一条龙服务。

二、《非诚勿扰》成功的经验

借助着同名电影获得的巨大成功，相亲交友节目《非诚勿扰》顺势而上。它是一个年轻的定位准确的服务性节目，反映了新时期新阶段新青年的价值观念、情感思维等，它的成功离不开错综复杂的社会环境，也归因于自身良好的定位和运作。

（一）情感的公开化展示充分满足了观众的窥视猎奇心理

《非诚勿扰》抓住80后甚至90后年轻人率真、张扬的性格特征并予以充分挖掘，通过小小的交友舞台向人们展示出年轻人的生活状态及其婚恋价值观，折射出多样的文化人生。这种借助聚焦80后真实的婚恋观公开展示时代婚恋观和社会文化的电视节目形式，完全揭开了道德家的遮羞布，原生态地记录了越来越功利和物质化的社会现实，展示了生活原貌，充分契合了观众的收视期待；大大满足了普通观众的窥探与猎奇的心理，让观众不自觉地加入到台上嘉宾与主持人的讨论中去，拉近了与观众间的距离，增强了观众的参与感和认同感，使得节目收视一路攀升，成为收视冠军。

（二）“脱口秀”和“真人秀”的完美结合增强节目的可看性

《非诚勿扰》创办者最精明之处在于，将真人秀和现实社会生活很好地融合起来，它并不以成功配对为主要目的，而是通过节目平台向人们展示当代人面对婚恋问题的真实反映，展现现实生活中各种思想、价值观的碰撞。它采用来自五湖四海各行各业节目嘉宾“真人秀”的节目形式，使节目产生更具娱乐性和真实性的效果，紧紧抓住了观众的眼球。同时，节目中女嘉宾们随时提出各种刁钻古怪的问题与要求，甚至对男嘉宾毫不客气地挖苦与讽刺，不时冒出的狂言猛语，使观众无疑在欣赏一场精彩的“脱口秀”表演，满足了观众的同位心理，很大程度上迎合了观众观赏和娱乐的需求。

（三）主持人的成熟稳重为节目增添了独特魅力

《非诚勿扰》在选择主持人时，为了让节目更加厚重而选择了以严肃路线著称的孟非，正是跳出了娱乐节目主持人嘻嘻哈哈、蹦蹦跳跳的俗套，赋予节目以理性沉稳的气质。而另两位主持人是擅长心理分析的性格色彩分析师乐嘉和美女心理学教授黄菡，他们不时给嘉宾一些建议和提示，帮助嘉宾和观众抛开世俗的表象，努力挖掘内心最真实的东西，这实际上暗含了一定的节目深度。三位主持人一位站在场上，两位坐于场边，张弛有度，相得益彰，改变了传统节目中主持人都站在台上进行主持的旧模式。此外，其中两位主持人“光头”的形象也增加了节目的娱乐性和观赏性。

（四）创新的编排设计提升节目的价值定位

该节目以“非诚勿扰”为活动名称，既借电影《非诚勿扰》余温达到宣传效果，也点明了活动真诚的风格，赋予了节目很好的价值定位。节目结构设计清晰明快：每一位男嘉宾从出场到离开即构成一个板块，每期节目五个板块，使中途观看的观众也能很快切入；每一个板块内部又采用渐进式的结构方式，使得整场节目高潮不断。同时，现场音乐的恰当运用和现场同步收音方式充分烘托了现场的气氛，能恰如其分地表达现场气氛变化，增强了节目的娱乐性和观赏性，更体现出了节目的编排特色。《非诚勿扰》通过一系列的创新编排，把一个“俗”节目，做出了高品位。

（五）戏剧性的演绎营造悬念冲突不断的节目形态

节目安排的游戏规则合理准确又充满趣味，悬念与冲突不断，整个节目过程中会出现很多戏剧性的变数，颇有情节剧的味道，引导观众和嘉宾、主持人一起去探寻结果。这种悬念和节目情节融合的方式，吊足了观众的胃口，而悬念又在节目向前发展的过程中得以解答，使观众获得了完整的体验。

《非诚勿扰》作为一个带有谈话性质的相亲节目，嘉宾和主持人通过语言表达出来的不同人生态度、价值观的碰撞冲突，能够紧紧扣住观众的心弦，起到引发观众兴趣、共鸣和思考的效果，也使节目有了不同寻常的意味。

三、《非诚勿扰》存在的问题

某一时期节目中嘉宾言论出现在价值取向上的不良倾向，引起了社会的广泛关注和讨论，尤其是在前期的节目制作中，过分渲染金钱理念虽然造成了轰动的效应，带来了很高的收视率，但却冲击着人们的道德底线，给原本浮躁的社会又添了一把干柴。

（一）节目嘉宾真实性饱受质疑

电视节目为了迎合观众的需求，在策划上用尽手段，但长此以往，就让人产生了不真实的疑问。《非诚勿扰》节目开播后，人们便对嘉宾及节目的真实性进行了广泛猜测。网友关于节目的托儿的信息披露，就曾引起了一阵轩然大波。

（二）难逃刻意制造矛盾冲突之嫌

《非诚勿扰》节目组尽量选择差异大、不同类型的人来参加节目，外貌、年龄、身份、地位千差万别的男女嘉宾齐聚一堂，展现多种多样的人生，也体现出各式各样的婚恋选择。但因为落差太大，让人产生一种刻意制造、精心策划的意味，节目组难逃刻意制造话题和矛盾冲突的嫌疑。

（三）多种“媚俗化”元素贯穿节目始终

《非诚勿扰》作为一个相亲节目在展示当代择偶观的过程中，对民生、金钱、房子、车子、欲望、情感等流行话题进行了夸张和放大，对传统价值观念的挑战和颠覆成为人们关注的焦点，成为猎取人们“好奇心”的最大筹码。“拜金女”、“豪宅女”在这个公共的舞台上显得恶俗至极，使节目组难逃“媚俗”的骂名。这种以爱情、征婚的名义而展开的一种唯我独尊的表演，对金钱的崇拜，也许是导演为提高节目收视率的精心策划和安排，但却影响了节目的正面社会效应。

四、案例点评

以对“80后”年轻人婚恋观的关注和探讨为主要内容的《非诚勿扰》开创了中国婚恋交友电视节目的新天地，其创新的节目策划以及悬念的营造、差异化的设计和娱乐化的色彩也让婚恋节目走出了狭窄的诉求，具有了丰富厚重的意义，同时也为中国电视节目的制作和策划提供了很好的范例。

主持人乐嘉说，《非诚勿扰》是一个人生舞台，一个人性的舞台，人们可以在这个舞台上面看到形形色色的人对同一个问题不同的看法，来引发出自己对于生活的思考，这个是很有意义和价值的①。

观众在看节目的同时，不仅仅看到节目中当事人的生活观和价值观，同时也在思考、验证自己和亲朋好友的价值观，他们一边看节目，一边讨论节目中的观点，也会交流自己和身边人的观点和态度。这种超越了"相亲"的界限，而进入了一个探讨"当代年轻人情感婚恋和家庭生活价值观"的更高境界的现象，恰恰就是《非诚勿扰》这个节目为观众、为中国电视业乃至为整个社会作出的最大贡献。

思考题

1. 试论我国当前综艺节目的同质化现象及其原因。
2. 谈谈我国电视节目如何借鉴外国同类电视节目的成功经验。
3. 谈谈当前综艺节目如何实现亲民而不媚俗的内容与节目形式。
4. 谈谈电视综艺节目如何创新。

第五节　影视机构类文化项目案例

影视机构是影视作品的加工厂，是制造生产电影电视的地方，当影视最终呈现在观众眼前的时候，必定经过了一道道程序的加工制作。了解影视机构形成品牌的过程很有必要，在中国还没有一个能够蜚声国际的影视机构。

【案例1】　华谊兄弟：做中国的"时代华纳"

借力于冯小刚贺岁片取得的巨大成功，华谊兄弟渐渐走进人们的视野。华谊兄弟是中国民营电影企业的杰出代表，主要从事电影、电视剧的制作、发行及衍生业务等。据世界品牌实验室和世界经济论坛联合主办的世界品牌大会发布的2006年《中国500最具价值品牌》排行榜，华谊兄弟品牌价值14.25亿元，居国内传媒企业领先地位。

一、华谊兄弟的发展史

1994年，王中军和王中磊兄弟两人出资10万美元注册了以广告经营为主的华谊兄弟广告有限公司，这是华谊兄弟太合影视投资有限公司的前身。1997年，他们投资拍摄的第一部影视作品是英达的情景喜剧《心理诊所》，并取得了不俗成绩；1998年他们把目光转向了电影，与当时的华亿影视娱乐有限公司和北京紫禁城三联影视发行公司一起高价买下了电影《荆轲刺秦王》的内地发行权，而后又投资拍摄《鬼子来了》、《我的1919》，从此打开了影视界的大门，并在该行业有了一定的知名度。

2000年华谊兄弟力排众议投资拍摄冯小刚的贺岁片《没完没了》，票房高达4000万元，获得了当年国产电影的票房冠军，这成为华谊兄弟发展的重大转折点，也吸引了美国

① 《解读〈非诚勿扰〉》，载《扬州晚报》2010年5月2日，http://www.yznews.com.cn/yzwb/html/2010-05/02/content_128701.htm。

哥伦比亚电影公司的关注，在一系列的电影成功之后，哥伦比亚电影公司向华谊兄弟抛出了合作的橄榄枝，冯小刚的《大腕》成为双方合作的起点，而后又共同合作了《天地英雄》、《可可西里》、《功夫》、《手机》，这五部电影均取得了高票房收益，哥伦比亚公司与华谊兄弟建立起了超越一般合作关系的联盟式的伙伴关系。

2000年华谊兄弟广告公司和太合地产联合成立了华谊兄弟太合影视投资有限公司，这是他们第一次大规模的资本运作，意味着华谊兄弟的发展进入了一个新的阶段，2005年成立了华谊兄弟传媒集团，一个具有一定规模和管理经验的民营影视投资公司正式浮出水面。

十年间，中国电影在产业化、市场化、商业化的道路上大踏步前进，而在这一次次的改革浪潮中，越来越多的民营影视公司冲到了中国电影阵营的前列，担当起前所未有的重要角色，并以自己独有的特质创造了中国电影共同的辉煌。截至2008年年底的《中国电影产业报告》显示的数据表明，民营企业在当今中国电影中的投资综合比例已达82%，称得上是当之无愧的主力军了，而王中军和他的“华谊兄弟”则是数以千计的民营企业中的佼佼者。华谊兄弟凭借自己敏锐的感知力与决策力，从众多民营影视公司中脱颖而出，他们以影视为基础，不断向外辐射，目前华谊兄弟传媒集团旗下有华谊兄弟广告公司、华谊兄弟影业投资公司、环球热力兄弟影音文化发展有限公司、华谊兄弟文化经纪公司、华谊兄弟音乐公司、西影华谊电影发行公司、华谊兄弟电影国际发行公司等多家公司，成为当今中国电影市场中的佼佼者。

在国内外文化产业高速发展的大背景之下，华谊兄弟作为国内最大的影视制作及艺人经纪服务企业之一，依托国家对文化企业的优惠扶持政策，2009年10月30日上午9点25分，华谊兄弟在深交所上市，正式登陆创业板，发行4200万股A股，一举成为中国国内第一家登陆A股的影视文化传媒企业，成为中国民营影视公司乃至中国娱乐产业迈向发展新阶段的最佳范例①。

二、华谊兄弟的成功经验

依托于广大的中国市场，华谊兄弟大展拳脚。它正确地把握住了时代的发展和脉搏，科学合理的决策、虚心的态度、成功的投资、先进的管理都成为其独门绝技。

（一）依托政府扶持，大力资本重组

在文化产业高速发展的今天，政府各项扶持优惠政策为民营企业提供了广阔的发展空间，准入限制降低，电影立项、审查和合拍片管理等各项措施改进，充分调动了社会各界的投资热情，民营企业纷纷以各种方式进入电影领域。华谊兄弟旗下的发行公司与国有发行公司合作，实现资源互补和资本重组，取得了良好的成绩。作为第一家上市的影视文化企业，华谊兄弟募集资金12亿元，是公司总资产的2倍，其资本重组以及业务扩展是相当成功并且卓有成效的。

（二）投资冯小刚贺岁片，实现发展转折

盛行于好莱坞的贺岁片，是国外电影市场运作中的一种常用方式。华谊兄弟正是独具

① 孟赟彦:《“华谊兄弟”发展解读》,载《科技信息》2010年第7期。

慧眼看到了冯小刚在贺岁片市场中的成功，义无反顾地投资拍摄了冯小刚的多部贺岁片，获得了巨大成功，这不仅证明了冯小刚出色的导演才华，更验证了华谊兄弟敏锐的市场感知度，不仅大幅度提升了华谊兄弟的行内外知名度，更奠定了华谊兄弟的利用先期广告收益减轻投资风险的市场运作模式。

（三）与美国公司合作，学习先进管理经验

在与哥伦比亚电影公司合作以前的华谊兄弟，管理方式与市场运作是混乱不成熟的。是哥伦比亚电影公司长期的经营管理经验和好莱坞电影的运作模式，将华谊兄弟带入了真正系统科学、成熟稳健的管理时代：告别了原始的工作方法，告别了赌博似的投资状态，投资预算精确而准确。雄厚的资金与成熟的管理的双重优势，促进了华谊兄弟的品牌力量不断发展壮大。更重要的是，与海外市场建立了业务关系，为影片海外市场的开发做了充足准备。

（四）注重配套产业化服务，抓好人才战略

导演和演艺经纪是影视产业中举足轻重的一个环节。为取得在影视行业的长足发展，华谊兄弟集结了众多国内外影视精英人才，与著名导演签约，合作建立了六个导演（制片人）工作室，基本建立了从导演、演员、制作到市场推广、院线发行等一个基本完整的生产体系。同时，华谊兄弟允许旗下签约艺人在公司股票上市之前认购公司原始股，并采用其他一系列激励政策以吸引更多的优秀人才加入。

（五）多元经营，构建完整的产业化链条

华谊兄弟将电影市场分为传统的票房回收、新的回收渠道（商务广告）和待开发的渠道（网络、游戏）三种。华谊兄弟通过明星参与、导演力量、经纪公司的大肆包装以及广告宣传等一系列途径给电影造势，快速打开市场，吸引更多观众，提高票房收入；在关注传统票房以外，电视版权、音像版权等后电影版权等，也是华谊兄弟制胜的法宝；同时，为争取年轻观众的注意，尝试采取网络点播的方式来推广新电影，并推出了一系列游戏、动漫、玩具等周边产品。大规模全方位的产业链条，造就了华谊兄弟在娱乐产业中的全面开花。

三、华谊兄弟发展中应注意的问题

中国新兴文化市场上的“小兄弟”，与好莱坞“老大哥”之间有着不小的差距。而中国文化要走向世界，就一定要秉承自己优秀的传统，抓住自己的特色，放眼世界，勇敢地接触世界，才不会固步自封，才能得到世界的喝彩。

（一）编剧团队的缺失

目前，华谊兄弟拥有众多全国乃至世界上极具影响力的导演和演员，具有成熟的影片市场运作模式，但是在编剧这一块却有缺失。编剧是影视作品生产环节中不可或缺的一环，好的剧本是优秀影视作品的坚实基础，打造一支优秀的编剧团队，是当前华谊兄弟迫切需要解决的问题。

（二）建立科学的决策机制和人才培养机制

2005 年，华谊兄弟的艺人储备因为金牌经纪人王京花的出走，几乎被掏空，其经营业绩受到严重影响，此外，华谊兄弟对冯小刚及其贺岁片有较大依赖性。因此华谊兄弟要完善电影、电视、艺人经纪三大业务板块的运营管理；成立专业团队对影视项目进行规划调研，建立科学的风险评估体系和投资考评体系，建立人才培养机制，最大限度地避免人才危机的出现，为培养优秀的影视人才创造良好的市场环境和市场条件。只有新人新星不断涌现，才能保证影视业的健康发展。

（三）加强世界影响力的国际品牌打造

一个极具影响力的电影品牌是影视公司的形象保证，更是迈向市场化、国际化运作的必要途径。一个被人们广泛接受的电影形象，是为影视公司打开国际市场的万能钥匙。因此，华谊兄弟上市后应更注重品牌形象的塑造，今后的发展，要摆脱单纯靠内容取胜的制作思想，要勇于创新，突破传统思维，努力打造出为全世界观众所接受与喜爱的知名影视经典形象。

四、案例分析

华谊兄弟经过十多年的艰辛奋斗，从当初一家名不见经传的小广告公司发展成为如今称霸中国娱乐产业的大型传媒集团并成功上市，这和其独特灵活的经营管理策略有着密切关系。华谊兄弟以影视投资作为向娱乐业发展的起点，在影视方面卓有成效并粗具规模后，逐渐向唱片发行、艺人经纪服务等方面发展，辐射整个娱乐行业。电影、电视、唱歌、艺人经纪等四大业务完美组合，互相借鉴补充，搭建起一条娱乐系统化生产体系，从影视歌曲制作发行、艺人签约包装到市场宣传营销形成了完善的一条龙服务，华谊兄弟搭建了专属于自己的全新娱乐平台。

华谊兄弟作为我国影视娱乐产业的一家典范企业，它的从小到大不断做强的发展轨迹，对于我国目前还处于成长阶段的众多中小影视企业来说，无疑具有重要的学习和借鉴意义。在中国娱乐产业高速发展的今天，华谊兄弟的成功上市不仅仅代表了华谊兄弟的成功，更代表了中国娱乐产业的成功转型，对更多的民营娱乐公司预示着一个新的开端，未来将会有越来越多的娱乐公司出现在中国乃至世界的大盘股市中，将中国娱乐产业推向新的高潮。

要注意的是，由于每家影视企业所处的阶段、资金、能力以及内外部环境的不同，其成长路径也必然会千差万别，因此，对于华谊兄弟的成功经验，不应该盲目借鉴，而是要在综合考虑自身实际情况和各项因素的情况下，走出一条符合自身发展规律的正确道路。

【案例 2】 光线传媒：娱乐与传媒的完美融合

光线传媒将娱乐与传媒融合，形成合力，积极走出了一条自己的路，为中国的民营企业树立了榜样，填补了市场的空白。

一、光线传媒的发展过程

光线传媒的前身是 1998 年启动资本仅 10 万元，靠卖策划报告、为厂商制作宣传短片为生的“光线电视研究策划中心”；1999 年他们向全国 100 多家电视台发行《中国娱乐报道》，并开播《娱乐现场》节目；2000 年创建了国内最大的网上明星俱乐部“E 视网”，成为首批获得广电总局颁发的网络视听许可证的三家民营企业之一。标榜自己“对电视，我们有e些不同的做法”的光线传媒，像一个冲劲十足的先锋少年，在总裁王长田的带领下，十几年间迅速成长为中国内地最大的民营电视制作公司。

如今的光线传媒是中国最大的民营传媒和娱乐集团之一，其业务板块覆盖了当前影视娱乐的相关领域，包括电视节目制作和经营业务、大型活动和颁奖礼业务、电视剧投资制作和发行业务、艺人经纪业务以及新媒体业务。光线传媒10年来持续盈利，经营规模不断扩大，是一个处在高速增长期的成长型传媒企业。被评为中关村20年突出贡献企业、2009年中国文化创意产业10大领军企业之一、中国文化创意产业高成长企业100强中的第8强。

光线传媒日产节目超过8小时，打造了极其强势影响力的节目品牌，形成了资源共享的节目群体效应，成为最大的娱乐界信息传播平台，每日多次交叉覆盖中国10亿观众，吸引了全球500多个著名品牌成为广告客户；它每年投资发行15部主流商业电影，每年制作600集电视剧，成功跻身中国电视剧制作一线公司行列；它是中国最大的活动公司，每年主办超过10个著名的娱乐颁奖礼和上百场娱乐活动，拥有丰富的演艺活动运营经验，是中国承办演出制作量最大的民营演出公司之一，是文化部特批的拥有涉外演出资质的民营演出公司；它还是传媒业中为数不多通过政府认定的高新技术企业，运营一个视频娱乐网站，拥有一个长达6万小时的娱乐影像资料库，在未来两年内将建成华语地区最大最全的数字娱乐传播平台①。

光线传媒是中国民营电视企业的一面旗帜，在传媒、娱乐和网络行业中备受关注。

二、光线传媒发展成功的经验

在发展中，光线传媒意识到品牌的巨大作用，始终坚持创造品牌，将优秀的品牌根植于人们的内心，同时光线传媒致力于产业化体系的构建，注重软实力的提高。

（一）节目制作品牌化

光线传媒旗下的每个节目都有明确的定位和与众不同的特色，如光线传播的品牌栏目：定位于中国最权威的娱乐资讯节目《娱乐现场》口号是“我们了解娱乐界”；主要报道国外娱乐界近况的《海外娱乐现场》口号是“娱乐无国界”；定位于港台娱乐资讯节目《娱乐中心》口号是“娱乐万象，总有中心”；以专题形式盘点每周突出重要事件和重要人物的《娱乐人物周刊》口号是“明星中的明星”；娱乐化体育资讯节目《体育界》口号是“让体育娱乐起来”。优秀的节目内容，加上富有个性魅力的主持人，黄金组合自然散发出难以阻挡的魅力。

（二）企业标识“e”的品牌化

在品牌化经营时，光线传媒并不仅仅止步于节目的品牌化，而是倾力打造中国最有价值的娱乐品牌“e”，使栏目和公司的整体形象合二为一。它将旗下所有栏目的压角标、记者的话筒标都以“e”露脸，所有“一”的同音字全部以“e”替代，同时这个标志还与更多的业务捆绑在一起，频繁出现在光线的娱乐E网站、图书和杂志以及光线举办的所有演艺活动中。“e”标志促进了“光线”品牌的延伸，而品牌延伸又使“e”标志得到

① 百度百科：光线传媒，http：//baike. baidu. com/view/881036. htm。

了更广泛的传播。

（三）传媒娱乐工业化生产体系

王长田曾说，“而今的成功除了是因为最早看准了娱乐资讯节目的空当外，最主要的原因是建立了一个系统，即从节目策划、制作、包装、发行到广告再到相关产品的开发这个循环的体系”。在这样的媒体工业化生产体系下的节目生产线，从前期捕捉新闻线索，到现场采集新闻，再到后期编辑与合成，都进行了专业化分工。同时，光线传媒从组织结构上抛弃了传统电视台同一频道不同栏目各自为政、五脏俱全的制作体系，而选择了各生产环节同时负责操作各档节目，变分散制作为直线有序化制作的制作体系，这套体系随着一系列新节目的创办而在不断打磨完善。

（四）雄厚的资金、人才和技术保障

光线拥有国内最新锐的视听包装工作室，可以独立进行电视频道及电视栏目的整体包装、影视剧包装、MTV 制作、CI 设计、三维动画制作、电视广告片设计与制作、平面广告设计以及舞美设计等业务；光线拥有专业的媒体分析和计划人员，为客户制定最有效的媒体投放策略，购买了全国 60 多个地区的权威广告监测数据和收视率数据，可以为企业制定详细的后期分析报告；光线能够在最短的时间内，制作完成配合品牌宣传的电视节目（单片或系列片），并在最快 10 天内发行到全国各城市电视台。

三、案例点评

在中国电视的娱乐属性长期缺位的情况下，最具柔性、最具生长点的娱乐类节目成为中国民营电视制作公司对抗国有电视台自办节目的“杀手锏”，靠做娱乐资讯起家的光线传媒选择娱乐类节目作为突破口就绝非偶然。

从最初区区 10 万元的启动资金，到今天占据全国娱乐资讯类节目最大市场份额的傲人成绩，光线传媒的成功得益于栏目乃至整个企业明确的定位，得益于王长田和他的“光线”在竞争中对商机的敏锐感知和及时把握。从最初的“一样的娱乐圈，不一样的角度和观点”到后来的“体育也娱乐”，他们总是尽力抓住每一个机会去充实节目内容，扩大受众市场，加强市场影响力。于是，以市场化的运行机制，在中国成功实践传媒娱乐一体化、传媒娱乐工业化、传媒娱乐品牌化的“三化整合”，就成为光线传媒从众多民营电视制作公司中脱颖而出的核心竞争力。

但是我们还应该看到，在现行的中国电视产业政策下，光线传媒首先作为一个内容提供商和一个节目制作公司的角色，恐怕也是在未来几年里绝大多数民营电视公司所能担当的最主要角色。

【案例 3】 横店影视城：打造中国的好莱坞

中国影视要长足发展，一定要有自己的大本营、自己的影视基地。横店影视城正一步步向着中国的好莱坞方向发展。

一、横店影视城的形成过程

横店地处浙中黄金旅游线上，以其厚重的文化底蕴和独特的历史场景而被评为首批国家 AAAA 级旅游区。这个被称为“东方的好莱坞”的横店，已建成广州街、香港街、明清宫苑、秦王宫、明清上河图、江南水乡、明清民居博览城等 14 个跨越千年历史时空、汇聚南北地域特色的影视拍摄基地，荣获多项“全国之最”，是目前国内拍摄场景最多、配套设施最全、历史跨度最大的影视拍摄基地。在这里诞生了《鸦片战争》、《汉武大帝》、《英雄》、《无极》、《木乃伊 3》等 700 多部优秀影视剧。

十几年前，横店集团还是一个以工业闻名的民营企业集团，在中国五百强企业中名列第 152 位。他们生产的“东磁”系列产品广泛应用于汽车、手机、电脑、电视机、冰箱等，当时横店被称为“中国磁都”。1996 年，横店集团借助《鸦片战争》剧组四处寻找拍摄基地未果的商机，打开了横店影视产业的大门，尝到甜头后，便一发不可收，自 1996 年以来，横店集团已累计投资影视拍摄基地建设经费近 30 亿元。

2003 年 12 月 10 日，国家广电总局下发《关于同意建立浙江横店影视产业实验区的批复》；2004 年 4 月 2 日，浙江横店影视实验区正式挂牌。至此，横店影视城正式晋级为中国唯一国家级影视实验区。横店影视城共汇集了 305 家影视公司，诞生了全国首家创业板上市影视公司——华谊兄弟。宏大的拍摄基地、丰富的拍摄场景，吸引了海内外影视导演们纷纷率剧组前来横店取景拍戏，也带动了为影视拍摄提供各类配套服务的行业。迄今横店影视城共接待影视剧组 700 多个，拍摄影视剧 1800 多部（集），成为中国影视剧生产的中心①。

影视产业的崛起，也推动了休闲旅游业的发展，如今横店影视城已成为国家 5A 级旅游区。横店影视城坚持“影视为表、旅游为里，文化为魂”的经营理念，实现了影视基地向影视旅游主题公园的转变，旅游产品由观光型向休闲体验型转变，游客在这里可以充分体验影视拍摄的乐趣、享受度假休闲的惬意。横店影视城正在成为一处独具魅力的中国超大型影视旅游主题公园和娱乐休闲基地。

二、横店影视城的成功经验

横店影视城的成功主要在于将自己置身于事物的普遍联系之中，首先是“修身”，如加强自身的能力水平、文化积淀，提升软实力等；其次努力延伸自己的触角，打开多种联系，建立属于自己的一个文化产业体系。

（一）突出影视基地的文化内涵

随着横店影视城旅游文化资源的不断统一完善和旅游产品的开发升级，横店影视城已发展成为新兴的旅游地，利用为剧组拍摄所搭建的样式各异风格不同的场景等得天独厚的优势条件，以先进的高科技手段和新颖的艺术表现形式，创造了诸多新颖别致、幽默刺激的感官体验。同时，深入开发各类外景景点所蕴含的历史阶段和历史事件的文化内涵，使之成为一个中国悠久历史文化的微缩景观，从而吸引更多的影视剧组以及观光游客的到来。

① 陆天良：《以大文化手笔打造影视产业链——浙江横店发展影视文化产业的特色和启示》，载《科技资讯》2007 年第 9 期。

（二）发展复合化盈利模式，建设高效产业链

横店通过整合影视、旅游和服务资源，完善影视产业配套服务体系，为剧组提供“从场景塔建、道具制作、演员中介到餐饮住宿”的一条龙服务。同时围绕各类影视场景形成的文化景观，依据八面山等自然生态景观形成了覆盖旅游观光、生态休闲、住宿餐饮、体育赛事等产业集群，成功地带动了周边地区商贸、餐饮、住宿、演艺、娱乐等第三产业的全面发展，促进了中介租赁、会展、广告和群众演员的发展壮大。成功摆脱了单纯的影视拍摄盈利模式，建立起以影视带动服务，以影视拉动旅游，以服务与旅游完善影视的发展模式，带动了当地影视与旅游的共同发展。

（三）整合现有资源，加强友邻合作

作为浙江省影视拍摄基地联合会的首批会员之一的横店基地，与其他会员单位在信息与资源上互通有无，精诚合作，以达到共赢的目的。同时，横店将基地的发展与当地人民的切身利益结合在一起，让当地人民尝到甜头，生活水平大幅提高，以此来提高他们的积极性，在基地粗具规模后，配合影视和旅游发展的需要，积极从事各种劳动性服务工作，保证了横店基地持续发展的后劲。

（四）注重专业人才的引进与培养

横店基地深知人才对于基地持续发展的重要性，对人才采取了“高工资、高奖金、高待遇”的引进方式，并给予专业人才充分的发展空间和优越的工作条件，以吸引全国各种专业人才不断来到横店，提高横店发展的软实力。在大力引进人才的同时，也制定人才培养战略；正是有了这一套成熟的人才战略，横店才圆满解决了人才问题，为今后的发展消除了后顾之忧。

三、横店影视城存在的问题

横店影视城的发展充满坎坷，罗马不是一日建成的，好莱坞也不是在一二十年中发展成熟的，要勇于面对，深入分析，解决好各种问题。

（一）同质化挑战

影视基地带来的巨大的经济收益，吸引了众多地区建设影视基地，如北京怀柔影视基地提出打造“东方好莱坞”的发展目标；“中国云南影视产业实验区昆明基地”提出创建一个以数字网络为龙头，集广播电视网络产品生产、影视节目制作和现代数字传媒为一体，功能设施齐全的国际影视传媒基地。横店基地面临着严峻的同质化挑战，如何在林立丛生的影视基地中脱颖而出，成为横店影视基地当前最重要的问题。

（二）面临先行优势减弱后续力量不足的尴尬境地

横店作为影视基地开发的先行者，在经过多年的摸爬滚打后，具备了独特的发展优势，但到目前为止，除了一块影视产业实验区的牌子以外，并没有与之相匹配的扶持政策，基地的融资问题一直没有妥善解决，这直接阻碍了基地的长足发展，这些因素导致横店基地的发展优势正在逐渐衰弱，未来发展的后续动力明显不足。

（三）基础设置建设不完善

经过多年的发展，横店已从过去的小村镇发展成为金华第一镇、浙江省百强镇、全国千强镇。虽然投入了大量的人力、物力、财力进行城镇建设，但是由于城镇建设基础差、

流动人口多，导致了横店基础建设仍然滞后，仍然给人以“脏、乱、差”的感觉。

四、案例点评

实践证明，文化产业具有很强的联动效应。横店影视城以影视文化旅游为切入点，不仅带动了包括教育、医疗卫生和体育等在内的文化产业，同时也带动了金融、商贸、物流、运输、服务等产业。随着横店影视城文化产业的不断发展，逐渐形成了专属于横店的文化品牌——“中国好莱坞”、“中国旅游城”、国家级影视产业实验区、国家首批AAAA级旅游区，这一个个响当当的称谓无不印证着横店影视城文化品牌的成功。现在，文化产业已成为横店集团新的支柱产业，旅游观光、生态休闲、住宿餐饮、体育赛事等产业集群的逐步形成，是横店集团在发展文化产业过程中的大文化产业观念，将展现出持久的内在动力和蓬勃的生机活力。

横店影视文化产业的发展，在一开始就注意到了文化品牌对文化产业、集团发展乃至地方发展的必要性和重要性。从1993年2亿元的农民旅游城，到1996年的19世纪南粤广州街，再到后来的横店影视城，一直到现在的国家级影视产业实验区，打造文化品牌的经营理念被很好地贯彻到横店影视基地的发展之中。

从当前的横店影视文化产业的发展形势来看，未来横店文化产业呈现给世人的，不仅是一个国际化的中国影视产业实验区，更是一个真正意义上的集中体现中国历史文化的园区。横店作为城乡文化产业建设的领头羊，对我国乡镇地区文化产业的发展，特别是对农村文化产业的发展，都是一种有效的探索，也许横店经验将是未来我国城乡文化产业建设与发展经典的借鉴依据。

思考题

1. 好莱坞经验给我国电影产业的发展提供了怎样的借鉴意义？
2. 谈谈我国民营娱乐公司的发展现状及其发展前景。
3. 试析我国影视拍摄基地建设与发展过程中遇到的问题及解决办法。
4. 在全球市场化大背景下，我国影视产业如何实现跨越式发展？

第二章　新闻传媒文化项目经典案例

我国新闻传媒业所取得的成果令人瞩目，产生的经济效益和社会效益不可估量，但与发达国家的新闻传媒业相比，我们还存在着很大的差距，还有很大的提升空间。我们要利用自己的优势，借鉴外国的经验，总结出一条中国特色的新闻传媒业发展之路，致力于国家的发展和社会的进步。

第一节　概论　中国新闻传媒业发展现状及趋势

在信息全球化的今天，中国新闻媒体正面临着更严峻的国际化竞争。一方面，中国日益强大的经济成长为中国传媒业的迅速发展奠定了坚实的基础，增强文化软实力的国家战略对新闻传媒企业加快做大做强提出了更高的要求。同时，新闻传媒体制正在发生深刻变革，在信息传播大转型中，传统的新闻宣传事业正遭受着新媒体的挑战，传媒行业之间的界限正随着新技术的进步而被打破，中国新闻传媒业的发展正面临着前所未有的机遇和挑战。

一、中国新闻传媒业的发展现状

新闻传播是人们认识世界的桥梁，它让人们足不出户可知天下大事，新闻传媒是社会思潮社会舆论的发源地，深刻影响着百姓的生活，受到国家的高度重视。当今的中国新闻传媒业，报纸依然稳固，杂志飞速发展，电视台求新图变，网络傲视群雄，集团化发展不可阻挡，迎来了一个崭新的春天。

（一）报纸

报业发展状况的主要指标是报纸广告收入、报纸发行数量和报社的人数规模。中国报纸广告收入的多少，是报纸市场竞争力的集中体现。2008 年金融危机以后，在西方发达国家报业哀鸿遍野之时，中国报业风景这边独好，仍保持稳步增长。2009 年中国报业广告经营额为 370.46 亿元，比上年增长 8%①。但有三大现象需要考虑：一是报纸广告占广告总额的比重呈整体下滑趋势；二是报纸广告经营额的增幅只是单位数增长；三是报纸广告的主要支柱产业出现了产业景气与广告投放背离的现象。2011 年，在新媒体大力冲击下，中国报业的广告及发行的增长率呈现下滑趋势。

在报纸发行方面，与世界其他发达国家相比，我国人均报纸拥有量有差距；但在反映报纸影响力的日发行量上，世界报业与新闻工作者协会评出的“2009 世界付费日报发行

---

① 崔保国：《2009 年中国传媒产业发展报告》，社会科学文献出版社 2009 年版，第 253 页。

量前100名报纸”名单中，中国有25家报纸上榜，占了榜单的1/4。在发行领域，中国报纸零售发行市场呈现都市综合类报纸、时政类报纸和生活服务类报纸“三分天下”的格局。

在报纸体制方面，新闻出版总署大力推进报刊出版单位的分类改革，破解阻碍发展的体制机制障碍，以推动报纸产业大发展大繁荣。2009年8月28日《中华新闻报》成为倒闭的第一家中央级报纸。截至2011年底，全国已有1600余家报刊社完成转企改制，内地已有7家报业上市公司①。

（二）电视台

我国电视基础设施不断完善，截至2009年年底，全国共有电视台277座，电视发射转播台18490座②。全国电视综合人口覆盖率继续稳定增长，2011年达到了97.82%，有线电视用户已达20152万户。数字电视用户达11455万户③，且近几年来一直保持迅猛发展的态势。

根据中央关于深化文化体制改革的总体部署，各省市正大力实施“管办分离、局台分开”的广电体制改革。湖南电视台与青海电视台合作运营青海卫视的改革试水，有利于在全国范围内打破广电行业的条块分割和地方保护，为广电集团的跨区域发展探索出一条新路，两家卫视的“台间”制播分离合作模式无疑是一大突破。湖南广电还与阿里巴巴集团旗下网络零售商淘宝网达成战略合作协议，组建跨媒体公司“快乐淘宝”，开始介入电子商务领域；湖南广电与盛大网络合作，共同出资成立盛世影业传媒公司，涉足影视剧制作发行及相关衍生业务。“局台分开”的广电体制改革，尤其是制播分离的试点与推行，使社会资本终于可以投资广电领域，必将加速广电产业格局的重新洗牌。

（三）互联网

在国家政策的扶持下，中国互联网经济保持高速的增长态势，受整体宏观经济环境影响较弱，网络经济市场中资本运作事件层出不穷，如盛大收购上市公司华友世纪，分拆盛大游戏在纳斯达克上市，收购视频网站酷6，合资成立盛视影业，等等。

目前，中国互联网的核心经济形态大致可以分为网络广告、网络购物、B2B电子商务、网上支付、网络游戏、网络预订、网络招聘、即时通信、电子邮箱和网络社区十余种主要的商业模式。网络游戏、网络广告、电子商务三类业务收入在互联网经济市场规模中占72.7%，成为互联网经济的主要构成部分。其中，网络游戏作为近年兴起的热门网络应用，仍然占据互联网经济市场中最大的份额，并成为中国互联网最重要的支柱产业之一。

（四）传媒集团

传媒集团是若干个关系密切的传媒机构，由于业务的发展或市场的扩张或出于竞争的需要，通过新建、资产兼并、股权运作或相关协议等方式所组成的空间集合体。它是传媒产业的规模效益和经济实力达至较高水准的显著标志。

---

① 崔保国：《2012年中国传媒产业发展报告》，社会科学文献出版社2012年版，第40页。

② 崔保国、周逵：《中国传媒业的现状与动向》，载《中国报业》2010年第4期。

③ 崔保国：《2012年中国传媒产业发展报告》，社会科学文献出版社2012年版，第142页。

1996年，中国首家传媒集团——广州日报报业集团宣告成立，意味着中国传媒产业开始了做大做强的新历程。此后短短几年内，中国先后建立了近百家传媒集团，分属报业系统、出版系统、期刊系统和广电系统。组建传媒集团，有利于盘活存量，优化资源配置，发挥增倍效应，推动事业更好更快地发展。传媒集团的成立，提高了传媒集团自身的整体实力和竞争能力，从而也提升了传媒集团的视野开拓，促使传媒集团创造了一些发展新路数、新模式。

例如，光明日报报业集团与南方报业传媒集团联合创办了跨地区的《新京报》；上海文广新闻传媒集团与《北京青年报》、《广州日报》联手，共同投资推出面向全国的《第一财经日报》；上海解放日报报业集团与成都传媒集团东西合作，创办《每日经济新闻》；重庆日报报业集团与陕西日报合作创办《当代女报》，等等。传媒集团的跨地区、跨领域、跨行业行为，有利于形成传媒集团做大做强的态势。

在新兴媒体与传统媒体之间，也出现了一些可喜的合作现象，如国内最大商业网站新浪网先后与成都传媒集团、陕西电视台结成战略合作伙伴联盟；百度与湖南电视台宣布双方展开深层次战略合作；大唐移动公司与上海文广新闻传媒集团联合签署了关于流媒体业务的战略合作协议，等等。双方优势互补的合作，可共同谋求新的发展道路。

二、中国新闻传媒业的发展趋势

中国新闻传媒业的发展前景乐观，发展潜力巨大，在国家社会整体大发展大变革之际，中国新闻传媒业拥有更多的素材，拥有更大的发展空间，也拥有了对自身改革完善的契机。

（一）报纸

这是最古老的新闻传媒产业形态，无论社会多么发达，报纸依然是人们阅读新闻获取信息的主要渠道之一。报纸曾经是宣传政论的战场，是开启民智的讲堂，也成为商业交流的桥梁、社会发展的催化剂。现在，中国的报纸产业也开始做出一些改变。

1. “以内容取胜”，创造高品质的专业优势

与新媒体相比，纸媒在渠道载体上处于劣势，但在内容品质上却有独特的优势，纸媒只有借助历史悠久、生产流程成熟、队伍素养高等有利条件，创造和生产那些专业性强、思想性高的内容，才能真正形成新媒体很难替代的内容品质上的优势。

2. “借力打力”，实现数字化产业升级

近年来，全球报业最重要的发展趋势，便是利用新的传播技术、传播介质和传播终端，积极转变营运模式，进而扩大自身的影响力以及边际效益，在新的“泛媒体”的市场竞争格局中占据制高点。“借力打力”，“取人之长补己之短”，将新媒体的字技术运用到报业领域，实现产业的数字化升级是很好的发展方向。

3. 树立“报道业”的理念，走“全媒体化”道路

报业不再走单一生产报纸介质的发展道路，而是走以报道为核心业务，以报纸、电视机、广播、手机、计算机等多介质为传播平台的道路。即全媒体化道路，这将使报业发展的未来空间变得豁然开阔，报业不必再圈囿于报纸的小天地。

4. 高度重视公信力，始终保持公信力高的优势

与新媒体相比，传统媒体最大的优势在于公信力高，人们习惯通过报纸来获取权威的声音。传媒要始终保持公信力高的优势，做到既不为资本服务，也不为权力服务，以社会利益为前提，坚守社会公器地位。

5. 加快“制度松绑”，释放报纸生产潜能

新媒体市场化程度很高，经营灵活。传统媒体要加快制度松绑，革除行业壁垒，突破地区封锁，建立现代企业制度，打造拥有真正现代公司治理结构的现代企业，释放长期被压抑的生产潜能。

（二）电视台

电视台对百姓的影响是巨大的，一个综艺节目可以引起全国范围内的讨论，一部热播的电视剧会成为人们茶余饭后的谈资，其新闻节目带来的真实感、现场感、深度感也是吸引大众的魔力之一，它通俗易懂地向大众传递着社会信息。

1. 技术发展的趋势是“4 个 3”

电视的技术趋势表现在四个方面：一是 3D，北美市场 2010 年 3D 的电视节目发行了 600 万个小时，这给我国的节目制作带来了巨大冲击。二是 3G，手机多媒体让每个人都能感觉到它的速度和便捷程度。三是 3N（三网融合），2011 年 5 月，武汉率先实现三网融合，这标志着我国的三网融合之路正在实质性推进。四是 3S（屏幕），指电视屏幕、网络屏幕和手机屏幕，三屏融合的趋势已经成为现实。

2. 市场发展的趋势是融合

媒体的融合趋势越来越明显，中国电视媒体将出现三种类型：第一种是纯电视业务的媒体，第二种是以电视业务为主的电视媒体，第三种是涉及电视业务的媒体。中国现在的电视台大多是纯电视业务的媒体，未来收入呈多元化趋势；传统媒体在条件具备资本到位的情况下也可以涉足电视业务。电视台可以构成同盟，引进其他业界的资源、资本，平台化会成为电视市场的大趋势。

3. 电视行业格局是“马太效应”

目前全国有 2000 多个频道、50 多家上星卫视，电视台之间竞争博弈非常激烈，呈现出强者愈强、弱者愈弱的“马太效应”：中央电视台一家独大的局面将持续；省级卫视面临严峻的考验，湖南卫视凭借抢先出击的优势，以娱乐为特色，遥遥领先于其他省级卫视；华东地区如上海、江苏、浙江也扩大了自己的市场份额，西部地区电视台则相对较弱。

（三）互联网

互联网让世界几乎每一天都是新的，它带来的革新发展常常出其不意，甚至让媒体人感到恐惧和无所适从，但在总体上，它依然有一些可循的规律和趋势。

1. 三网融合进一步推动网络媒体产业的延伸

2010 年 1 月 13 日，国务院决定加快推进电信网、广播电视网和互联网的三网融合。三网融合是业务的整合，将使互联网媒体进一步突破地点的限制，将媒体终端延伸向手机屏幕和电视屏幕，同时也将大大丰富互联网媒体的内容。另外，三网融合还将衍生出更加丰富的业务类型，图书电视、视频邮件都可能实现。这种融合还打破了行业的垄断性经营，进一步降低了业务使用成本，而费用的降低将促使市场的进一步扩大，业务的打包消

费也将为互联网媒体提供新的盈利契机。

2. 传统媒体进一步向网络媒体市场进军

继纸质媒体纷纷推出自己的网络版后，电视媒体也开始瞄准网络媒体市场，2009 年 12 月 28 日，依托于中央电视台的中央网络正式上线，上海文广集团、湖南卫视、浙江广电集团也相继宣布推出自己的网络电视。

3. 网络游戏走红

网络游戏因具有简单、互动性强、能与网络社区融合等特征而被普遍看好，发展迅速。网络社区化是当今互联网的一大趋势，网络社区的蓬勃发展会促使网页游戏随之发展下去，而植入式营销模式也随之兴起。

4. 微博快速兴起

微博正日渐流行，早期的饭否网、嘀咕网、叽歪网、腾讯滔滔等未能达到预期效果；随着新浪、搜狐等门户网站也开辟了自己的微博，中国移动推出了“139 说客服务”、人民网开始试水微博，一度引发“围脖”热潮。但就目前来看，微博的盈利模式仍然在探索之中。

5. 移动互联网发展迅速

根据 Enfodesk 易观智库产业数据库发布数据显示，截至 2011 年第 4 季度，中国移动互联网用户规模已经突破 4 亿，达 4. 3 亿，第 4 季度市场规模达到 253 亿元，全年市场规模达到 864 亿元①。以年轻人为主的手机用户对移动互联网表示了极大的兴起，而国家也做了大量投入来进行 3G 等基础性建设，相信在今后几年，只要内容和营销跟得上，移动互联网将会发展得更快。

（四）传媒集团

集团化发展已渗透到新闻传媒领域，国际上不乏成功的传媒巨人，中国本土也出现了一些拥有多种技能的传媒英雄，在它成为不可阻挡的潮流之时，我们欣然接受，改变自身，走集团化之路。

1. 传媒集团化跨区域与跨媒介将成为趋势

为应对国际传媒的挑战与竞争，我国传媒集团急需进一步发展壮大，传媒行业的集团化、跨区域与跨媒介将成为趋势，但目前囿于政策限制、传媒业的区域化分割和行业化分割以及传媒企业自身能力等原因，我国尚没有真正的跨区域和跨媒介的大型传媒集团，目前出现的一些以行政关系为骨架组建起来的多媒体集团，与理想的目标尚有一定的距离。

2. 以走出去为发展目标，提升世界舆论力量

我国传媒集团“走出去”不仅是国家提升软实力和抢占国际舆论高地的要求，更是传媒企业自身做大做强做优的客观需要。与国际著名传媒集团相比，我们在收入、规模、实力、影响力等方面差距悬殊，要尽快克服文化和语言差异，去挖掘国际巨大的市场潜力。

---

① 易观智库：《2011 年中国移动互联网用户数破 4 亿》，腾讯科技，http://tech. qq. com/a/20120222/000260. htm，访问日期，2012-02-21。

3. 警惕盲目“集团化”弊端，做大更要做强

盲目“集团化”会带来诸多弊端，如管理层次增多、决策慢、效率低；被“兼并”的小公司自主权丧失或削弱，导致人才流失；“政企不分”导致产权关系无法明晰，等等。要对现有资源做更合理的配置，降低成本，增强市场竞争力；从制度和体制上入手，明晰产权和管理者的责权利，建立现代的企业制度；集中力量办好主业，生产出受众欢迎的传媒产品，树立可信度与权威性；充分运用自身的人才资源、信息资源、设备资源等优势，创造最大的经济效益，从而达到“做强”的目的。

第二节 报纸类文化项目典型案例分析

在电视网络新媒体的冲击下，报纸处于十分尴尬的境地。然而，老骥伏枥，志在千里，报纸在传媒业仍具有很大的话语权，它们在不断革新，不断适应新的时代，不断注入新鲜的血液，也不断获得新的发展与成功。

【案例1】 《北京青年报》：与改革开放同行

当全国上下掀起改革开放的大潮时，《北京青年报》勇敢地驶入时代的大潮中，成为时代的弄潮儿。

一、《北京青年报》品牌的形成过程

《北京青年报》创刊于1949年3月，是共青团北京市委机关报，曾三次停刊、三次复刊。作为北京地区最受欢迎的都市类报纸，《北京青年报》抓住了历史发展的契机，以改革创新为办报思路，积极探索了市场经济条件下报业经营运作的新模式，以社会为焦点，引起了强烈的社会反响。报纸的影响力逐步扩大，取得了长足的发展，取得了社会效益与经济效益的双赢。该报订阅量在北京地区位居第一，连续多年广告收入位居全国前列，还拥有北青传媒股份有限公司、小红帽发行股份有限公司、北京青年报现代物流有限公司、北京儿童艺术剧院股份有限公司等多家企业，形成了自身完善的报刊发行和物流配送网络以及新型的报业产业链条。2004年12月22日，北青传媒股份有限公司在香港H股挂牌上市，成为中国内地首家在境外上市的主流媒体。

（一）20世纪80年代——蓄势阶段

《北京青年报》创刊于解放之初，伴随着新中国的风风雨雨，经历了三起三落的复杂历程。1981年7月3日第三次复刊后的《北京青年报》，以贴近青年、与时代同步、用青年人乐于接受的形式，来宣传党的方针和政策，还只是一张以宣传为主的地方党报，这一时期的办报历程为今后的发展储备了人才和经验。

（二）20世纪90年代初期——起飞阶段

1992年邓小平“南方谈话”发表之后，《北京青年报》迎来了第一次机遇，在逐步尝试各种市场运作方式后，报社先后成功创办了《青年周末》和《新闻周刊》。《青年周末》对新闻人物做“封面化”处理，带来了强烈的视觉冲击，吸引了众多读者，3个月迅速占据了京城报纸零售市场一席之地。《新闻周刊》以“新闻纸”的面孔，满足了新闻

的市场化需求，用新闻价值确立了《北京青年报》的品牌核心，完成了向市场化报纸的转变，实现了《北京青年报》的第一次飞跃，在京城地区崭露头角。

（三）20世纪90年代后期——品牌形成

90年代后期，《北京青年报》敏锐捕捉到房地产、IT等新兴产业商机，率先推出“广厦时代”、“汽车时代”、“电脑时代”等专刊，在新兴产业与消费者之间架起桥梁，从以社会新闻见长的单一型报纸向综合性日报转变。这种转变也标志着北青品牌的形成，其房地产、汽车广告在京城报业市场中的优势地位不可动摇。

《北京青年报》为了完善自己的品牌价值体系，逐步把眼光投向服务业。2004年8月，北京青年报社与天津今晚报社、重庆日报报业集团等四家单位联合成立小红帽发行股份有限公司，取得了图书、报纸、期刊、电子出版物的全国总发行权和出版物全国连锁经营权，在全国12个重点城市设立分公司，“小红帽”走向全国，成为继《北京青年报》之后的又一知名品牌。今日的“小红帽”已经形成了以报刊发行为主，信息直投、增值服务和仓储物流为辅的四维发展格局，成为全国最具影响力的报刊发行及物流服务企业之一。

（四）21世纪初期——品牌发展

21世纪全球进入互联网时代，《北京青年报》提出“有新闻的地方就有我们”的办报理念，对影响中国和世界的事件进行全面报道，“厚报”理念逐步成为发展思路。2000年时，该报每周已拥有280多个版面，逐渐形成“每日新闻+深度报道+天天副刊+产经资讯”的都市报纸模式，成为北方地区最厚的综合性日报之一。深挖新闻事件的背后价值、对新闻工作精益求精的追求，使《北京青年报》出色的报道能力得到了社会的认可，其品牌价值得到进一步发展，广告收入连年创造佳绩。

二、《北京青年报》与时俱进的改革经验

改革意味着对旧的秩序的改变，必然也会遇到一些困难，一些阻隔，但《北京青年报》很好地把握住了机会，通过正确的战略战术，应时而变，成为成功的改革者。

（一）独特创新的采编机制，凸显竞争优势

以凸显“新闻价值”作为品牌核心的《北京青年报》，采用一套独特的采编机制来提高新闻质量，增强创新能力和竞争实力。首先，报社支持编采人员勇于创新，每个人的想法都可能在现实操作中实现，记者提出的意见也可能左右编委会的决策；其次，建立在对读者阅读心理的了解、把握和引导基础上的编采机制，使正面报道、解释性报道具备可读性；再次，不断进行规模化制作，全方位展示策划成果，让采访足迹逐渐扩大，让编辑思路进一步拓宽，长期保证新闻制作的高水平，在遇到重大新闻事件时，规模化制作更能体现出自身优势；最后，跨部门协作使运用集体智慧由理论变成了现实，培养了一种团结协作的风气。

（二）贴近客户的广告开发模式，增强办报实力

《北京青年报》广告经营在实行代理制的同时，广告人员也直接面对客户开展全面细致的广告营销活动，提供更加具体的服务，当两家报纸广告竞争异常激烈时，推出广告代理公司不可能实施的措施。打破“大锅饭”分配模式，实行绩效考核机制也是《北京青

年报》广告部又一成功的法宝。

（三）锁定集团化的发展思路，提升品牌影响力

2003 年 6 月北京青年报社被中央确定为 35 个文化体制改革试点单位之一，确定了跨媒体、跨地区、跨行业的集团化发展道路。2004 年 12 月 22 日北青传媒股份有限公司在香港联交所正式挂牌交易，融资 10.4 亿港元，成为中国内地主流传媒企业境外上市的第一只股票①。北青传媒通过上市融资开始了多维互补的发展模式，自身品牌得到了进一步提高。

创办于 2004 年的《法制晚报》与已经占据早报订阅市场的《北京青年报》形成互补，成为北京青年报社旗下下午市场的强势产品；2005 年与上海文广新闻传媒集团、广州日报报业集团合作创办了《第一财经日报》；2006 年注资《河北青年报》，打造环北京的城市日报群；2007 年与中国民航报社合作改扩版《中国民航报——TOP 时空》，覆盖了 1100 多条国内航线及主要空港候机楼；2008 年与韩国最大的女性杂志合作，创办了国内第一本韩系女性时尚杂志——《CeCi 姐妹》。这些措施，有力地提升了该报社的品牌价值，传播了其办报理念。

三、《北京青年报》危机乍现

北青传媒的上市，虽然为其带来无限的发展，但作为改革先锋的《北京青年报》与北青传媒之间割裂的传媒产业链条开始逐步暴露问题。当今报业竞争空间激烈，加之新媒体的高速发展，更是加速了这种态势的发展。

近年来，《北京青年报》遇到竞争对手的巨大压力，在需要北青传媒的财力物力支持时，由于公司意见无法完全由大股东说了算，所以无法为《北京青年报》提供第一时间的支持，造成事态进一步严重。另一方面，北青传媒上市后，对企业的管理水平有了一个更高的要求，北青集团由于骨干人员老龄化严重，新老交替问题亟待解决，上市后开始暴露出管理能力不足的问题。能否顺利地解决这些危机，成为《北京青年报》今后能否突破瓶颈、继续提升品牌实力的关键所在。

四、案例点评

随着中国市场经济的建立，社会加速全面转型，以前我们所习惯的、传统的办报方式已经变得越来越不适合报纸的发展。当读者开始以“挑剔”的眼光阅读、选择报纸时，报社感受到了越来越大的压力。改革成为报纸发展的必经之路。计划体制的废除把发展机遇平等地给予了每一位先行者。《北京青年报》正是抓住了改革先机，顺应市场经济的社会大环境，不断与时俱进，不断改革创新，成就了今天的《北京青年报》，有了人们所称谓的“北京青年报现象”。如今的《北京青年报》不但拥有花甲之龄的成熟、稳重与睿智，也拥有青年人的无限生机、活力与开拓精神。

《北京青年报》的成功之处在于：伴随着中国报业体制和采编机制的改革，打破了中国报业传统的“大锅饭”机制，以人为本创新采编机制，极大地激发了报业人员的工作

① 张延平：《〈北京青年报〉：与改革开放同路》，载《传媒》2009 年 10 月 15 日。

热情；抓住了中国服务业大发展的大环境，顺应了市场经济的社会大需求，成功转型为综合性大报纸，扩大了自身的影响力和广告市场；伴随着互联网等新媒体的发展，发展出了“十报四刊二网”的多维经营发展模式。《北京青年报》与时俱进，不断开拓进取的精神，铸就了《北京青年报》60年来的巨大成就。

【案例2】《南方周末》：中国第一周报

众多知识分子读者最爱读的是《南方周末》，它帮助人们认识了改革创新的中国社会，了解更广阔的天地，让人们学会思考。

一、《南方周末》品牌的形成过程

改革开放伊始的1984年，中国报界兴起了一股以娱乐信息为主要特征的“周报”热潮。1984年1月21日，《南方周末》创刊，此时的《南方周末》是一份拼凑娱乐八卦新闻的娱乐小报。1988年9月2日，《南方周末》头版刊登的《一位女研究生被拐卖始末》，引起社会的广泛关注，从此《南方周末》开始介入对社会问题的解剖。1991年，《南方周末》由对开4版扩为对开8版，至此告别了娱乐小报模式的发展，向大特写转型，开始以写实的报告文学记录中国的现状。《南方周末》的销量开始有了巨大的飞跃，销量达到百万份以上。

改革开放进入90年代后，社会群体开始分化，社会矛盾逐步显现，社会问题逐渐增多。《南方周末》看准时机，以“正义、爱心、良知为诉求，坚持讲真话，坚持公信力”为办报理念，专注于深刻反映社会问题的调查性、揭露性报道，扛起舆论监督大旗，报道中体现人道主义精神，帮助处在困境中的弱势群体，成为人们对社会种种不公现象的代言人，公信力进一步提高，影响力进一步扩大。

21世纪，中国经济进入高速发展阶段，旧的部分问题得到解决与沟通，许多新问题、新矛盾也逐步出现，《南方周末》单一的揭露性报道已经不能满足人们多元化的需要。在不丢掉揭露性报道这一传统的情况下，《南方周末》在2001年下半年开始向“综合性、高品位的严肃周报”转型，锁定知识型读者群，以一种内涵更成熟、形式更现代的面孔出现，着力加强时政报道的策划与经营，强调报道的宏观背景解读、前瞻性分析。2007年4月，《南方周末》新的品牌口号“在这里，读懂中国”正式启用。这种办报理念的不断改变也是南方人顺应时代的必要选择。

如今的《南方周末》，是南方报业传媒集团旗下一份享誉海内外的综合类周报。报纸以“在这里，读懂中国”为办报宗旨，以“正义、良知、爱心、理性”为基本理念，主要面向知识型读者，确立了大新闻的办报理念和“积极、正向、均衡、稳健”的编辑方针，成为中国发行量最大、影响力最广、公信力强的新闻周报。《南方周末》每期32版，内容主要分新闻、经济、文化三大方面，通过全面、深入、生动地反映和报道人民最关注的重大事件，向广大读者提供更完整、真实的中国社会图景。《南方周末》荣获“2003艾菲广告实效奖”，成为第一个获得国际营销大奖的中国报纸；2006年以20亿元的品牌价值位居“中国500最具价值品牌”周报第一名；2008年，在由中国商务广告协会和中国传媒大学主办的“2008中国消费者理想品牌大调查”中，位列报纸类“理想品牌”第一位①。

二、《南方周末》品牌成功的原因

它是一个瞭望者，反映着社会的巨大变迁，作为一份有深度、公正专业的报纸，它有着独特的成功之路。

（一）以新闻专业主义为核心，专注深刻与独特

《南方周末》的深刻反映社会问题的调查性、揭露性报道是新闻专业主义的最佳表现。要深刻、全面地反映新闻事件，就必须获得第一手可信的材料，需要记者凭借过人的勇气、坚韧的努力以及出色的开掘能力，把那些被遮蔽、埋藏在幽暗处的信息发掘出来。

为了规避新闻报道中常有的集体偏见，《南方周末》从不一味跟风，它有自己观察事件的逻辑和独特的角度，更多地关注事件背后非常复杂的社会及人性因素，使人们对新闻事件的关注和理解多了一个视角，对每个新闻事件有一个更深层次的理解，所以《南方周末》能够表达出自己的观点。

（二）宽容、平等、自由、独特的企业文化

良好的企业文化创造出良好的工作环境，良好的工作氛围是带动企业发展的必要条件。《南方周末》宽容、平等、自由的工作环境，使一群有才华有个性有能力的知名记者、编辑在一起认真地做一件事，成为一件非常容易的事。《南方周末》的报训“有可以不说的真话，但是绝不说假话”和“认稿不认人，认报不认钱”的发稿做法一直是《南方周末》工作展开的基本原则，这既防止了主编的权力被滥用也保护了记者编辑的权利，使办报理念和编辑方针得以实现。这种平等、自由、宽松的工作氛围，使记者编辑能够自由地发挥，成为《南方周末》成功的关键。

（三）与新媒体开展广泛的合作

在新时期报网融合过程中，《南方周末》没有简单地把印刷版放到网上，而是对印刷版和网络版进行了系统整合，使两者内容和形式互为补充。《南方周末》的官方网络平台有信息丰富、互动性强等特点，内容包括《南方周末》报系下属报纸的电子版、南周论坛、南周评报等。在南周的记者博客中，记者凭借个人和报纸品牌本身的影响力，就新近新闻现象发表的评论，吸引了大批粉丝。《南方周末》的报网融合产生了良好的互动效果，使《南方周末》适应数字化的潮流，使网络版真正成为读者自己的舞台，进一步扩大了影响力。

三、《南方周末》品牌发展面临的问题

近年新媒体的快速发展使整个报业面对着空前的危机，《南方周末》在走向新媒体的战略上选择了保守路线。《南方周末》把自己在新媒体的发展嫁接在传统媒体的基础上，将进军广电媒体作为进军互联网的中间跳板，期望中短期内最大限度地通过传统媒体获得收益，长远则要靠媒体形态的创新来盈利。这种不彻底的发展模式是不是能够成功，还需

---

① 百度百科：《南方周末》：http：//baike. baidu. com/view/28478. htm。

要时间的检验。

另一方面，《南方周末》的采编业务采取的是编辑主导制，这一制度虽然保证了单一版面的整体性，却隐藏了相当大的问题。编辑不仅负责选题策划、统稿，还要全程跟踪记者的采访，帮助记者解决在采访中遇到的问题和困惑。当编辑过于注重自己的思路或在某些知识领域有欠缺，就容易出现纰漏。

随着报业市场化竞争的激化，做深度报道也正成为市场化日报的一个重要发展方向。由于市场化日报在中国报业市场越来越主流的地位，这将给原有的深度报道以周报、杂志为主的格局以巨大冲击。《南方周末》重视深度报道、视野国际化、采编整体水准高等这些优势也很容易被复制。能否继续保持自身的优势，对于南方人来说既是机遇，也是挑战。

四、案例点评

诞生在中国改革开放前沿的《南方周末》，历经了中国社会的各种变迁，总是走在时代的最前沿。纵观《南方周末》的发展历程，从注重文化娱乐到坚持舆论监督再到注重建设性理性报道，这三次内容上的调整在整个中国报纸的发展历程来说算不上频繁，但由于其特殊的地位，《南方周末》一直处于被关注与争议的中心。尤其是第三次艰难的转型，对于《南方周末》的意义远远不只是内容定位调整那么简单，而是对报业传统商业模式的变革。

作为一直在中国社会变革前沿地带探路的纸质媒体，《南方周末》总是希望尽可能地把社会允许的新闻报道空间撑满，使自己的新闻话语表达达到一个极限边界，在社会现有时间、空间的最大区间里，扛起舆论监督大旗。如何掌握这种极限边界就成为了一种挑战，《南方周末》在外部条件与内部专业律令之间寻求微妙平衡就做得很好，记者的“平衡的价值观与方法论”使他们的这种愿望得以实现。记者在采访中保持中立、冷静、克制，多信源地寻找受访者，在写作中保持平和与中性的色彩，更重要的是，注意事件与述评观点间足够的平衡，使真相的锋芒不致看起来过于耀眼。这种独特而有力道的新闻话语表达成就了“中国第一周报”。

【案例3】　《环球时报》：中国国际报道的先行者

20世纪80年代末90年代初的中国处于改革开放初期，社会日新月异，市场经济改革带来巨大的冲击，人们求知的目光转向国外，在这个时候，《环球时报》顺势而生。

一、《环球时报》不断壮大的发展历程

创刊于1993年1月3日的《环球时报》（原名《环球文萃》）是人民日报社主办的国际新闻报纸，在世界75个国家和地区驻有350多位特派、特约记者，单期发行量最高超过200万份，平均单期发行量180万份，是被海外媒体转载最多的中国媒体之一，被评为“全国被转载率最高的十佳报纸”；2004年被世界品牌实验室和世界经济论坛评为“2004年中国500最具价值品牌”，被中国国际航空公司评为“飞机上最受读者欢迎的报纸第一名”；2005年4月被“2005中国传媒投资年会”评为“第二届中国最具投资价值媒体报

纸类第二名"①。随着改革开放的逐渐深入，人民的眼界逐渐扩大，急切得到全球最新、最全的动态。人民日报国际部创办的以国内外热点人物为报道内容的《环球文萃》（《环球时报》前身），迅速抢占了报业市场。一年内，发行量迅速上升至十几万份。

1997年报刊界竞争白热化，通过调查研究，《环球文萃》的形式以及版面大小已远远不能满足广大读者的需求。1997年1月，以报道国际新闻为主的《环球时报》应运而生，版面由原有的8版扩展为16版，它凭借独特的视角、翔实的内容在国内外引起很大反响。1999年，《环球时报》为了扩大影响力再度扩版为24版，并增加了彩页，这一变化吸引了更多读者的注意，改版后，《环球时报》的发行量突破了44万份。

《环球时报》以中青年读者为主，公务员、公司中高层管理人员、白领人群和专业人士占读者总数的89%，呈现出高学历、高收入、高消费能力的特征。进入21世纪，《环球时报》看到民航业的快速发展带来的新机遇，2001年5月开始在飞机上发行，发行量逐年提高，影响力逐步扩大。随后几年，《环球时报》还加强与互联网等新媒体合作，建立了环球网与手机环球网，自身影响力得到了进一步扩大。2009年4月《环球时报》英文版正式创刊，英文环球网同时开通，成为中国第二份面向全国发行的英语综合性报纸。

二、《环球时报》成功的办报经验

独家信息、独特角度、平实语言、创新发行，这些是《环球时报》的成功之道，它让普通大众更好地了解到外边的世界。

（一）坚定不移做好"独家"新闻

新闻源是新闻媒体的生命，是其生存的基础。《环球时报》之所以能成为中国权威的国际新闻报纸，最重要的原因是抓好国际题材的独家新闻，它依靠在70余个国家的常驻记者，大量采写一线的独家现场报道，选稿和约稿的标准首先是"独家"，该报内容有4/5是独家新闻，1/3被其他不同类型的报刊转载。

（二）立足独特视角的国际报道

1993年国际形势变化莫测，我国国内正处于改革开放深入时期，对世界局势的信息需求空前增长。《环球时报》开辟专门报道国际新闻这一领域，以《人民日报》国际部为新闻来源和背景，使其具有得天独厚的信息渠道和权威性，运用新的思路、新的眼光创作出一批独具特色的作品，比如《阿富汗毛驴成了稀罕物》等文章，以独特视角展现了阿富汗战争背后不为人知的故事，获得了国内外读者的一致好评。它以其新闻的独家性、背景的翔实深入，使得销量一路飙升。

（三）增强文章的可读性易懂性

为了使文章通俗易懂，提高文章的可读性，《环球时报》首先要求有一个吸引人的标题，必须让读者一见倾心；其次是追求语言风格的平民化，努力把国际新闻写得像国内新闻一样好懂，让文化程度不高的读者看懂，帮助他们深刻理解国际新闻；最后，为了让读者全方面了解新闻事件，注意介绍新闻的来龙去脉和背景知识，借此扩大读者群。《环球时报》注重每个细节，在读者心中取得了极高的威望。

---

① 百度百科《环球时报》：http：//baike. baidu. com/view/17854. htm。

（四）创新改革的发行机制

在报业竞争白热化的今天，好的内容并不能保证报纸的发行量，发行机制越来越凸显重要性。《环球时报》秉承“双管齐下”的发行理念，普通发行与邮发相结合的方式，在全国各地建立分印点，帮助全国读者以最快的速度读到最新发行的报纸。其独特的发行管理机制解决了全国各大报业都面临着发行中的呆账、死账、报款回收率低的问题；根据销售情况，严格进行了退报控制，通过严格细致的管理，使报纸发行量一直处于良性发展中。

三、《环球时报》发展面临的问题

作为被海外媒体转载最多的中国媒体，《环球时报》一度陷入侵权的泥潭中。大量报刊转载不注明出处，有的甚至把作者名字改掉，变成自家新闻；有的虽然注明转载出处，但从不按照规定支付相应稿费。对于《环球时报》来说，驻外记者站的运转费用颇高，一个记者站一年的支出至少要几万美元，该报所刊登的报道成本很高，大量的侵权转载行为损害了《环球时报》的利益。

《环球时报》根据我国相关法律的规定，总结了一套维护自身权益的方法，获得全部驻海外特派记者书面授权，代管其作品的著作权。发表声明：任何报纸都不得随意转载《环球日报》上的驻外记者文章，如需转载，必须事先征得报社的同意。《环球时报》由被动变为主动，解决了大规模的侵权问题。但伴随着新媒体时代的到来，网络媒体、手机媒体等新兴媒体的崛起，新的著作权问题再次困扰着《环球时报》，如何打好新时期的“反侵权之战”，成为《环球时报》接下来需要进一步解决的问题。

四、案例点评

《环球时报》从创刊之初的7万份发展为目前平均每期发行180万份，旗下拥有环球网、环球手机报等多种经营模式的国际性大报，其成功的发展经验值得我们借鉴。

《环球时报》利用人民日报社旗下众多驻海外记者的资源优势，结合当时中国国际性新闻报道方面不足的现状，准确定位于“紧抓国际性新闻”这一办刊宗旨，既弥补了中国报业在国际性报道方面的不足，又给自身带来了丰厚的经济回报。针对新闻本身，《环球时报》做到了独家性新闻多、可读性强，争取到了众多的受众。《环球时报》看准中国航空业在2000年后快速发展之商机，抢先与中国各大航空公司合作，成功登上中国各大航空公司的飞机，成为“中国第一飞机报”。

在新兴媒体纷纷崛起之时，《环球时报》充分发挥自身资源优势，积极开创新的发展路子，接连创办了环球网、环球手机报等新媒体，做到了与时俱进，进一步扩大了自身影响力。

《环球时报》作为一张主流的、在国际传播中富有影响力的中国报纸，其对重大新闻事件的连续报道，在国际社会上发出了我们的声音，争取了国际话语权，同时也让更多外国人全面深入地了解中国的发展态势。该报良好地利用了媒体外交，极大地提高了我国在国际社会中的话语传播力度，进而从我国与世界的相互审视中来提升我国的国家形象。

思考题

1. 比较分析《纽约时报》和《北京青年报》是如何建立品牌优势的。
2. 谈谈《南方周末》成为中国第一周报的诀窍。
3. 请分析《环球时报》是如何进行国际新闻报道的。
4. 谈谈报纸应该如何减少“假新闻”的出现。

第三节　广电机构类文化项目案例

在网络传播的冲击下，广电机构面临发展的新课题，它们如何改变自己，在新时期新环境下保持自身的创新发展，一些出色的广电机构告诉了我们答案。

【案例1】　中央电视台：争做世界一流电视台

中央电视台在中国的地位无可撼动，它已成为中国广电的一面旗帜。

中央电视台是中国人看世界的一个窗口，也是世界人看中国的一面镜子，它充分利用优势，发展自身，打造了中国第一，并开始向国际迈进。

一、中央电视台的发展历程

1958年5月1日，中华人民共和国第一座电视台——北京电视台（中央电视台前身）试验播出，标志着中国电视事业由此开始了。

1978年5月1日，北京电视台正式改称中央电视台，英语缩写为“CCTV”，对外称“中国中央电视台”。从此，中央电视台进入了新的发展阶段。

1995年中央电视台进行了电视媒体体制改革，为了实现全台频道专业化，提出了“频道专业化、栏目个性化、节目精品化”的发展战略，并随着影响力的不断扩大，加快了自身专业频道品牌化的发展，使频道化建设规模逐年扩大。2000年有9个专业频道开播，9套（英语频道）成为我国第一个以非母语播出的电视频道；2001—2002年增设了10套（科教频道）、11套（戏曲频道）和12套（西部频道）；2003年开播13套（新闻频道）和14套（少儿频道）；2004年又开通了1个常规开路频道、10个数字付费频道和3个北美长城平台外宣落地频道，使频道总数一举达到29个。2004年10月1日，16套（西法语频道）节目成为继4套和9套之后开办的第三个国际频道，标志着中国电视对外宣传又跃上了一个新台阶；2007年，通过对中文国际频道扩版和增加西班牙语国际频道、法语国际频道，极大地满足了全球受众收看中央电视台节目的需求，受到了海外观众的广泛好评。

2008年，伴随着北京奥运会的宣传，中国电视步入了高清时代，使北京奥运会成为历史上第一届通过高清电视转播的奥运会。2009年7月25日，中央电视台阿拉伯语频道正式开播，为我国在阿语地区提高影响力起到了极大的作用。截至2010年，中央电视台已经建成50个海外记者站，形成了以欧洲、北美、亚太、非洲、拉美、中东、俄罗斯7

大中心站为核心，43个记者站、近200名海外记者为辐射点的全球新闻报道网络，初步形成与西方主流媒体争夺话语权的战略格局。

目前中央电视台已形成以电视传播为主业，电影、互联网、报刊、音像出版等相互支撑的多媒体宣传、广告经营和产业拓展的多元化经营格局。全台栏目总数近400个，日播出量达270小时，其中自制节目量约占总播出量的75.31%，使用中、英、法、西班牙、阿拉伯、俄六种语言和粤语、闽南话等方言向国内外播出。其中中文国际频道、英语新闻频道通过卫星传送覆盖全球，西班牙语国际频道、法语国际频道、阿拉伯语国际频道也已覆盖欧洲、南美、中东、北非等众多国家和地区。

二、中央电视台不断发展的秘诀

（一）依托政府，谋求发展

我国的报刊、电视一直以来都是党和政府的喉舌，其自身发展从未离开过党和政府的管理与扶持，这对主流媒体中央电视台来说是极大的机遇。胡锦涛在《致中央电视台建台50周年的贺信》中，指出要努力把中央电视台建成技术先进、信息量大、覆盖广泛、影响力强的国际一流媒体。2009年，中央下发了未来10年我国重点媒体国际传播能力建设总体规划。中央电视台在此基础上提出国际传播能力建设实施方案，提出用5至10年时间，把中央电视台建设成为国际一流媒体。随着新媒体的发展，党中央要求中央电视台尽快实现由传统媒体到传统媒体与新兴媒体融合发展的转变。2009年12月28日，中央电视台在央视网的基础上，创办了以视听互动为核心，融合网络和电视特色为一体的多语种、多终端的公共服务平台——国家网络电视台。

（二）改革走在时代最前沿

中央电视台伴随新中国一起成长壮大，在几十年的发展历程中，它时刻走在改革的最前沿，成为我国电视台体制改革的风向标。中央电视台根据中国电视产业环境和现状，确定了新的经营发展战略。在以市场经济为主体的大环境下，把进一步巩固其广告经营的地位放在首位；在世界传媒产业掀起“大文化产业”趋势时，通过跨媒体、跨行业的传媒扩张，将电影、电视、报纸、刊物、广播、网络等传媒产业与广告业、娱乐业、旅游业等整合起来，有效提升了各种资源（包括信息资源、客户资源、受众资源、品牌资源等）的利用效率，提升了电视台的品牌及社会影响力。

（三）频道品牌化打造品牌形象

2005年，央视提出“频道品牌化”战略口号，把品牌建设正式列为自身发展规划的重要部分。通过科学决策、持续执行和整合传播，如今的央视多个专业频道优势互补，形成了一个整合的电视台著名品牌形象。在此基础上推出广告与节目的“联合营销”，取得了非常好的效果。公益广告作为中央电视台广告品牌的一个重要组成部分，为央视的品牌提升也作出了不小的贡献。在世界品牌实验室发布的《世界品牌500强》报告中，2006年CCTV品牌价值达到622.9亿元，在世界500强中排第299位；2011年，CCTV品牌价值上升至第50位。

三、中央电视台发展中碰到的问题

在新媒体时代，央视借助较早的起步和一系列举措成为国际、国内重要的新媒体力量。但作为国内电视媒体的老大，央视在新媒体的发展方面仍存在不足，集中表现在其网络新媒体四大领域（交流、信息、消费、娱乐）没有强项，这与中央电视台现有的媒体地位不符。其主要原因有三：第一，中央电视台新媒体的战略目标是建立视频内容集成运营平台，这种传统工业生产的思维模式是不适合现代社会的信息需求的；第二，没有能够建立新媒体充分利用传统电视媒体优势的有效机制，传统媒体与新媒体没有形成互动；第三，只是把网络新媒体当成传统电视媒体的补充，没有挖掘网络媒体带来的巨大潜力。

四、案例点评

中国的电视媒体在进入21世纪以后加快了改革的步伐，中央电视台率先做出了改革举措，在宣传管理、干部人事制度、财务制度、频道制管理、制播分离等方面的成功改革，帮助央视进一步增强了实力、扩大了影响力。这些改革的成功，离不开中央文化体制改革总体思路的正确指导。按照政府的要求，将事业与产业分开、经营性资产与非经营性资产分开，媒体努力实行跨行业、跨地区经营，集中精力进行专业化、品牌化建设，这对中央电视台的产业发展是十分有利的。

从中国电视媒体的实际情况来看，完全意义上地执行国际通行的电视节目制作和播出模式——制播分离还需要时间。制播分离要根据不同类型的节目加以区分，比如纯娱乐性或服务性节目，在经过严格监管、严格审查的前提下，可以选择影视机构或政府企事业单位，作为节目生产合作伙伴。因此，在中国制播分离体制需要有计划、有区别、有步骤地推行，逐步建立一套适合中国电视媒体具体情况的制播新机制。

依托政府政策的支持帮助，结合媒体的实际情况，进行与时俱进的改革，是中央电视台获得成功的重要经验。

【案例2】　凤凰卫视：凤凰的传奇

在香江之畔这片神奇的土地上，诞生了无数的奇迹。凤凰卫视关心时事，针砭时弊，赢得了大众的尊重。

一、凤凰卫视品牌的形成过程

1996年3月31日凤凰卫视中文台正式开播。凤凰卫视是一家总部位于香港、主要服务大中华地区观众的华语电视台。它借助香港成熟的娱乐环境，定位于“城市青年台”，以“娱乐性”为首要功能。在创办初期，主要以转播大型颁奖礼和晚会来提高影响力，只是一个以娱乐为主、辅以时事资讯的电视台，尚没有形成独特的竞争优势。

1997年的香港回归与邓小平去世两件大事彻底改变了凤凰卫视的定位和发展方向，确立了凤凰卫视以时事新闻为主的理念。在邓小平病危之际，凤凰卫视在香港及亚太地区首播了12集大型文献纪录片《邓小平》，让人们深刻了解这位伟人的一生。在邓小平去世后，中文台更是连续七天用直播的方式报道了内地及香港人士悼念邓小平的情况，这次大规模的时事报道，帮助凤凰卫视锻炼了队伍、积累了对重大新闻事件全方位报道的宝贵经验，凤凰卫视也凭借其客观真实的立场，在众多新闻媒体中脱颖而出。此后，凤凰卫视又多次对重大新闻事件进行了大规模报道，一举确立了自己新闻资讯台的地位，其新闻节目的影响力越发明显。如今凤凰卫视中文台已形成了常态新闻节目、标题新闻节目，以及新闻专题和时事评论节目相结合的全方位新闻节目体系。2001年，凤凰卫视资讯台成为当时世界上唯一全天候24小时滚动播出时事、财经新闻的华语卫星频道，凭借其对新闻事件的全面客观报道，被外界称为“华语的CNN”。

1999年8月21日，凤凰卫视与香港卫星电视有限公司、欧洲东方卫视等联合开通了欧洲台，标志着凤凰卫视开始向国际化媒体转变，该台是目前欧洲覆盖面最广、人口最多的海外华人卫星电视频道。2001年1月1日，以香港为运作基地的美洲台正式开播，美洲台与在美国拥有最大的卫星电视直播平台的DIRECTV合作，通过其网络向北美洲超过百万的华人观众提供24小时全普通话综合节目。

目前，凤凰卫视已经拥有5个频道，覆盖亚太54个国家和地区、欧洲及北美40多个国家的电视平台，以及杂志、网络等跨媒体公司，打造并形成了独特的品牌核心竞争力。凤凰卫视在世界范围内都拥有一定的美誉度和知名度。在由《经济观察报》和北京大学管理案例研究中心共同主办的“中国最受尊敬企业评选”中，凤凰卫视连续五届蝉联“中国最受尊敬企业”，并成为唯一连续五年上榜的电视媒体。

二、凤凰卫视的成功之道

凤凰卫视经过凤凰涅槃，在社会大环境的促进下，在香港特色的发展理念中持续走向成功。

（一）基于市场发展的品牌定位

品牌定位指的是寻找在市场消费者心目中的最佳位置。凤凰卫视准确把握住了市场需求的转变，在恰当时期，抓住有利契机，由娱乐台向新闻台进行转变，取得了惊人的成绩。建台初期的凤凰卫视是以娱乐节目为主、以时事资讯为辅，这是基于当时的大环境和自身情况。而后凤凰卫视依托香港的有利地理条件和文化背景，抓住了香港回归祖国、邓小平去世等历史性机遇，将内地不易传播或不可能大规模传播的各类新闻信息予以全方位的报道，一举确立了观众心目中的权威地位。

（二）唯才是举的人才战略

现今媒体竞争的核心就是人才的竞争。凤凰卫视的用人机制是“唯才是举”，为每一名员工提供一个发挥才气的巨大舞台。凤凰卫视为青云之志者搭建高度平台，给怀才不遇者宽松环境和宽广的发展空间，成就了一批有特色的名主持人、名评论员、名记者；而且他们拥有独特的见解和精彩的点评，展示了极为迷人的个人魅力，吸引了全球华人的眼球。

（三）多元化的品牌发展战略

凤凰卫视的品牌扩张从单一电视频道开始，逐步扩张到互联网、杂志等，形成了立体化的发展空间。于1998年创办的凤凰网依托电视媒体，开辟了电视和观众之间的另一条沟通渠道，为电视栏目的市场化服务；而于2000年创办的《凤凰周刊》，更是拥有一个叫做“凤凰频道”的固定栏目来专门刊载凤凰卫视的台前幕后消息、主持人手记节目等最新资讯。“凤凰网”、《凤凰周刊》与凤凰卫视的良性互动，为凤凰卫视品牌塑造和扩张作出了极大的贡献。

（四）海纳百川的大中华理念

当今世界，英语媒体占世界媒体的80%，拥有对全球传播体系第一解释权；凤凰卫视要借助其在世界华人圈的影响力，打破西方媒体信息霸权；通过“弘扬中华传统文化，拉近全世界华人距离”的理念，使全球华人找到认同感和归属感。凤凰卫视对新闻尺度的把握靠的是泛中华的文化概念，利用“求同存异”的原则，把“大中华”的理念深入到海内外每个炎黄子孙的心中。

三、凤凰卫视如何把握报道的“平衡”

媒体要想生存，就必须处理好与政府之间的关系，对于一个国际化媒体，这方面的能力尤为重要。凤凰卫视向来以其把握平衡点的能力著称，在新闻报道中语言犀利而不触及底线。凤凰卫视是如何把握平衡的？原来凤凰卫视有一个非常好的编辑系统，通过这个系统可以了解最近一个时期各地政府的政策动态，判断哪些是敏感话题。由于凤凰卫视所覆盖的空间里，存在文化、政治上的差异，因此凤凰卫视增设了专门的人员负责研究全世界的电视审查制度，借此了解什么是敏感话题，然后去研究用什么样的表述方式可以回避。凤凰卫视虽然拥有打界外球的资本，但凤凰卫视还是着力打好界限球。

四、案例点评

在全球化的浪潮中，文化既有可能借助机会成长，也有可能在竞争中衰落。如果一种文化不注重与外界的交流，总是蜷缩在自己定义的文化包围中，再优秀的文化最终只会走向消亡。这种交流会带给文化新鲜血液，使其能够不断地吸收新的养分。凤凰为观众带来的清新气息，对许多观众而言既熟悉也陌生，而更多的却是新鲜。经历10多年发展的凤凰卫视，已经摆脱了当年单一的品牌形象，成为朝多元化发展的传媒集团。凤凰卫视正是保持了自己的根底，又不断汲取了外界养分的文化。因此，凤凰带给了我们向上、向善、阳光的朝气。正是因为有了独特的品牌文化，凤凰才拥有一种难以被复制的气质。多年成功的经验，使得凤凰卫视的模仿者多如雨后春笋，但是缺少了“凤凰魂”的这些模仿者，只能在残酷的传媒业竞争中消失。

【案例3】　湖南卫视：娱乐为王

湖南卫视的《快乐大本营》和《天天向上》拥有一群铁杆粉丝，即使有《非诚勿扰》强有力的冲击，湖南卫视“娱乐之王”的地位依然不可撼动。

一、湖南卫视娱乐品牌的形成过程

1997年1月1日，湖南电视台第一套节目正式通过亚洲2号卫星传送，频道简称“湖南卫视”。在1999年辞旧迎新之际，湖南卫视的《聚艺堂》节目播出，巧妙融合戏剧、歌舞、相声、小品、民间绝技绝活等多种艺术形式为一体，以欣赏性、趣味性、知识性、参与性吸引观众，成为戏曲类综艺节目的奇葩。2000年5月1日，娱乐资讯节目《娱乐无极限》在湖南卫视以直播方式正式播出，以快乐为本，笑看娱乐圈的潮起潮落，打造了国内娱乐市场一面光彩夺目的旗帜。

2002年，湖南卫视启动第二轮创新，正式确立了“锁定娱乐、锁定年轻、锁定全国”的战略定位，突出“青春、靓丽、时尚”的频道特色。2004年，湖南卫视提出“快乐中国”的频道核心理念，将打造“最具活力的中国电视娱乐品牌”作为湖南卫视新的目标，以栏目、大型活动、电视剧为节目内容的骨架，并持续不断地创新。《快乐大本营》、《音乐不断歌友会》、《真情》、《晚间新闻》、《乡村发现》等老品牌不断求变创新，《背后的故事》、《谁是英雄》、《超级歌会》、《爱情魔方》等新栏目横空出世，共同打造湖南卫视这个品牌频道，形成了一直火爆全国的“湖南电视现象”。

湖南卫视的主打品牌栏目《快乐大本营》，被公认为“国内电视综艺节目的先行者”和“综艺娱乐节目的第一品牌”，改变了国内许多电视从业者与电视观众的思维。2002年3月30日，针对各地克隆之风和观众的审美疲劳，《快乐大本营》全新改版，首次引入了“主持群”概念，陆续推出了《快乐播报》环节和一系列大型游戏，2005年又推出甄选主持人的“真人秀”活动——《闪亮新主播》。常变常新的《快乐大本营》一直长盛不衰。

2009年5月20日，湖南卫视国际频道（专属英文名 HuNan TV World，官方别称“芒果台”）在香港落地开播，成为中国首家获批取得开播“国际频道”资格的省级电视台。其定位也由此前的“快乐中国”衍变升华为“快乐全球华人”。

湖南卫视上星之后，推出了《快乐大本营》、《玫瑰之约》、《新青年》、《音乐不断》等一系列名牌栏目，在国内外产生了广泛影响，确立了娱乐传媒的强势品牌地位。湖南卫视收视率连续几年居中国地方卫视第一、全国总收视第四的成绩。2009年6月，湖南卫视第五次入选《中国500最具价值品牌排行榜》，湖南卫视以品牌价值63.31亿元排名第126位。2010年，凭借日益扩大的品牌影响力以及层出不穷的创新节目，湖南卫视全年收视和广告创收在全国所有频道中排名第二（仅次于CCTV-1），继续稳居全国省级卫视收视、创收“双冠王”。

二、湖南卫视娱乐品牌成功的关键

当社会发展到一定阶段，当温饱已不是问题的时候，精神文化消费就显得异常重要。电视综艺娱乐成了广大群众喜爱的东西。湖南卫视以娱乐为主，围绕娱乐进行的各种创新也开启了它的成功模式。

（一）注重创新

湖南卫视把创新作为立台之本，围绕自办栏目不断创新做活品牌，取得了可喜的成绩。在国内综艺节目竞争激烈之时，湖南卫视凭借《快乐大本营》的不断改版、不断创新，迅速在全国地方卫视中脱颖而出。《超级女声》是湖南卫视追求创新的又一经典范例，这种大众狂欢式的真人秀开国内娱乐之先河。其结合自身优势资源和国人收视习惯对竞赛规则、环节设置、现场气氛的改造就是创新精神的精彩演绎。《新周刊》将其评为2005年度唯一的“创意TV秀”。

（二）“四轮驱动”的整合营销模式

“四轮驱动”是指湖南卫视广告部、覆盖办、总编室以及节目生产部门相互合作，相互配合，共同对频道栏目进行营销的模式。湖南卫视的整合营销模式除充分整合自身资源外，还将其合作赞助商、合作媒体等相关资源的作用发挥到了极致，充分利用各种有效媒体及途径进行整合宣传，将产品栏目的声音放大，再放大，最终树立品牌形象。“2005 快乐中国蒙牛酸酸乳超级女声”的巨大成功便是得益于这种整合营销模式，实现了多品牌的互利共赢，被业内誉为“整合营销传播的经典”。

（三）大型活动是品牌提升的利器

常规自办品牌节目是湖南卫视频道品牌成长的基石，大型晚会、大型活动则是湖南卫视品牌提升的利器。《春节联欢晚会》、《元宵喜乐会》是湖南卫视综艺晚会类节目的代表，创下了极高的收视率纪录；《超级女声》使湖南卫视的全国性品牌影响提升到了一个新的历史高度，其创新型大型活动引领全国娱乐风尚。

（四）主持人与品牌风格统一

主持人是电视媒体的品牌元素之一，主持人的风格体现出频道的风格，其影响力也体现出频道的影响力。湖南卫视作为定位于“快乐中国”的频道，其主持人的风格自然也是年轻、时尚、有活力和快乐的。湖南卫视着力培养的主持人汪涵、李湘、何炅、谢娜、大兵等，都体现出前卫、时尚的造型和灵活、快乐的主持风格，他们在台上灵活的作业方式也比较符合“快乐中国”的定位理念。

三、湖南卫视发展中存在的问题

尽管湖南卫视“以娱乐为王”的发展战略取得了自身长达 15 年的辉煌，但是，目前湖南卫视在发展中也面临一些问题。首先，如何把握好资源的开发与利用程度，不能过度利用，甚至“滥用”，要很好地把握“以娱乐为王”的度。例如“超女”的过度推广，在某些观众中产生了“审美疲劳”；在湖南卫视整合营销模式下，“超女”的知名度已经足够，但美誉度还远远不够，如何提高美誉度、新鲜度这是一个问题。其次，尽管近几年湖南卫视的广告收入连年飞速增长，但仍然欠缺一个完整的可以持续盈利的价值链，这直接导致了湖南卫视一直不能很好地解决投入、产出和盈利的问题。

四、案例点评

湖南卫视创办之初凭借其敏锐的嗅觉，开创了中国电视台娱乐化的先河，并且取得了 15 年长盛不衰的成绩，牢牢坐稳了中国地方台老大的位置。湖南卫视“以娱乐为王”的发展战略经过栏目不断的调整与改进创新得以实现，而开办之初火爆的《玫瑰之约》等栏目后来因为新奇力不足而消失就告诉我们，一个电视台要想成功地发展下去，就必须不断进行改良创新。《快乐大本营》经过多年的改版，时至今日仍然是中国广大青年受众群体最喜欢看的栏目，就是一个很好的例子。

面对其他电视台纷纷效仿、娱乐市场蛋糕越分越少、节目雷同性越来越高的困境，湖南卫视应积极发掘新的栏目，不断开发新创意、新精品，才能在激烈竞争中立于不败之地。

营销一直是中国文化产业的软肋，湖南卫视“四轮驱动”的整合营销模式，能充分利用各种有效媒体及途径进行整合宣传，成功树立品牌形象。这种从实际出发，认真分析自身的优劣势，量身定做一套营销计划，走营销专业化道路，已经成为中国文化产业打造文化品牌的必然选择。

【案例4】 旅游卫视：中国第一个专业化经营频道

受众细分后，广播有了交通台、音乐台；报纸有了体育报、妇女报、儿童报；杂志有了财经、地理之分；电视台也开始寻找自己的特色之路，做专做强。旅游卫视找到了这个契机，中国外出旅行的人越来越多，旅游卫视也拥有更加广阔有潜力的市场。

一、旅游卫视发展之路

旅游卫视是以旅游资讯为主线，时尚、娱乐并重，为海南省唯一的省级卫星频道。作为全国第一家由民营资本注资合作的电视，旅游卫视可谓在中国电视行业上走的是一条非主流的发展路线。

2001 年 12 月，海南广播电视台和另外两家民营公司组建了新公司，该公司成立后与海南广播电视台就旅游卫视的广告经营签订了合同。2002 年 1 月 28 日，海南电视台更名为旅游卫视，打开了中国省级卫视专业化发展的新局面。2003 年 12 月 1 日，北大华亿与保利文化艺术有限公司（以下简称“保利文化”）组建了合资公司——中国保利华亿文化传媒有限公司，公司股份由双方各占 50%。

2004 年，保利华亿入主后的旅游卫视进行了大规模改版，并统一了广告经营权。为了突出旅游品牌专业化风格，改版后的旅游卫视摒弃了其他卫视在黄金时段播出连续剧的普遍做法和原有频道 90% 的栏目，在新节目中力图树立资讯为主、时尚娱乐并重的频道特色。新频道实行全天 24 小时播出制，其中直播资讯节目总量达 3 小时，而自制的旅游时尚节目日首播总量达 6 小时。凭借栏目独特的风格，旅游卫视在 2004 年大获成功，一举荣获多项大奖，一跃成为全国观众的焦点。在保利华亿接手后，统一广告经营权的旅游卫视广告收入大幅上涨，从 2003 年的 3000 万元上升到 2004 年的 8000 万元人民币。2005 年，再次经过重组成立的保利华亿公司在香港联交所借壳友利控股上市，改名“华亿新媒体”。据华亿新媒体年报显示，2006 年旅游卫视广告收入为 2.18 亿港元，占公司收入的 71%①。

为了适应新环境，2006 年，旅游卫视再次全新改版。改版后的旅游卫视保留了《新闻联播》和《海南新闻》两个资讯节目，放弃原来所有栏目，形成了从晚上八点钟到十点半是以娱乐时尚为主线，十点半以后以旅游时尚为主线的全新编排形式。旅游卫视创造出新的新闻资讯栏目占据了早、中、晚三个标志性时段，分别命名为《今天》、《现在》和《明天》，形成频道资讯节目的核心框架。这些节目全部采用直播方式，以两个或三个主持人聊天的方式报道全国各大城市的公路干线交通情况、车次、航班的最新情况。

为了节约成本，旅游卫视也引进一些国外机构制作的优秀节目如《玩转地球》、《真实电视》和《整点看世界》等收视率很高的栏目。旅游卫视对外购节目不是一味地引进

① 孙班：《田溯宁首次接手传统媒体 掌控旅游卫视经营权》，载《第一财经日报》2007 年 11 月 16 日。

播放，而是为我所用，学习国外优秀节目的理念，经过改良整合创造出自己的特色栏目。比如《整点看世界》使用从地球电视机构采购的24小时传输的全球60个城市实时画面，进行最新资讯直播。凤凰卫视资讯台同类型的节目为《地球这一刻》，但旅游卫视在配乐和字幕的基础上增加了一个主播，形成了自己的风格。

2006年、2007年，海南广播电视台旅游卫视频道连续两年获得“中国最具投资价值媒体”奖。

二、旅游卫视成功的经验

专业是其根本，走别人没走过的路，抓住时机，满足大众，强大自己，自然水到渠成。

（一）以“聚合效应”实现对市场的垄断

中国的旅游产业近年飞速发展，旅游卫视依托于旅游市场巨大的需求，以旅游为内容主题，尽可能地发掘旅游主题本身蕴涵着的极大的经济潜力。旅游卫视作为全国唯一以旅游为主题的专业化频道，实现了其他卫视的旅游类栏目无法比拟的“聚合效应”，达到在了某种程度上对市场的垄断。旅游卫视将目标受众定位于各省市区旅游行业、海内外旅游者和旅游爱好者，解决了原海南卫视受众资源不足的问题，成为在全国有一定影响的旅游专业频道。

（二）以品牌栏目为核心的节目编排

旅游卫视选择了专业化频道的路线，这条路线既有优势，也承担着巨大的风险。与一般省级卫视相比，旅游卫视的节目更丰富，时间更长，这充分体现了旅游卫视作业专业频道的巨大优势。旅游卫视的节目不但具有独创性，而且呈现出动感的专业特色。旅游卫视对待《BAZZAR绝对时尚》和《有多远走多远》这些主打品牌节目可谓是倾尽全力，以整个频道投入产出的最优化原则来组织频道的栏目和节目。随着受众进一步分化，旅游卫视以品牌栏目为核心，辅助其他栏目的思路，可以有效地强化频道特色与品牌效应，使自己在与其他卫视的竞争中具有更大的优势。

（三）注重推广宣传，扩大影响面

作为一个省级电视频道，旅游卫视不具备央视那样与生俱来的知名度，因此对频道的宣传显得尤为重要。旅游卫视对品牌的宣传主要包括节目宣传片、节目预告片和频道形象宣传片三个方面。宣传片具有提前、面广、密集、常新等特点，在节目中采取大密度插播方式。节目预告、节目宣传、频道形象宣传、公益广告，都是与广告捆绑播出的。另外，有创意、有轰动效应的大型活动也是旅游卫视推广的关键举措。通过大型活动扩大知名度，增强影响力，带来了巨大的经济效益的同时，也赢得了良好的社会声誉。

（四）建立良好的外部联系

我国电视媒体都离不开政府政策的扶持和帮助，旅游卫视不但得到了当地政府和广电总局的扶持，还获得了国家旅游局及各省市旅游局的大力支持。旅游卫视与旅游局、民航铁路、交通、气象以及旅行社、酒店等相关行业建立了长期友好的合作关系，还非常注重与其他公司建立战略伙伴关系，从而形成资源共享、优势互补的良好局面。旅游卫视不只满足做一个提供简单的旅游休闲信息的媒体，而是希望能为广大消费者提供旅游方面新鲜、实用消费信息，使消费者能够得到实实在在的全方位、立体式服务，并实现消费者与各种有效资源之间互动交流的立体式传播平台。

三、旅游卫视发展中面临的问题

对于电视频道来说，品牌栏目是频道的生命，是不易再生的稀缺性资源。随着旅游卫视知名度和效益的逐年上升，旅游卫视的品牌栏目和精品节目反而越来越少，优秀的特色栏目组合更是几乎绝迹。旅游卫视目前只能依靠以前的品牌栏目，创新能力不足，核心竞争力得不到发挥。旅游卫视近年重点推出的一个旅游栏目组合——《旅游气象站》、《环球播报》、《畅游天下》三位一体，虽然收视率相对理想，但却没有很好地进行整合形象包装，没能在受众中树立起品牌栏目形象。而旅游卫视收视率最高的节目，却是一档综合数字娱乐节目《游戏东西》。本应成为旅游卫视核心竞争力的旅游节目，在频道中却影响力不大，造成了频道核心竞争力的缺失。

四、案例点评

随着经济全球化的深入，经过逐步改革的中国电视传媒业已基本形成了市场运作的模式。电视传媒市场的专业化分工、受众的成熟度和细分度成为旅游卫视走向专业化道路必不可少的前提和条件。旅游卫视在中国媒介市场日渐激烈的竞争态势下，开辟出的这条专业化市场化道路并非一帆风顺，其最大特点是引进了保利华亿等社会资金，突出旅游品牌专业化的风格。事实证明，在目前的传媒环境下，建立多样化、个性化的专业频道才能达到最佳的传播效果。随着国家经济不断深入的发展和媒介体制的改革，省级卫视走向专业化道路的趋势是明确的。即使在民营保利华亿入主后，海南广播电视台也牢牢把握着节目的终审权，因而旅游卫视的前景是乐观的，它也给其他各省级卫视带来了新的发展思路。

旅游卫视非常重视区域性元素的开发，反映本区域自然风光和人文景观的栏目就有《中国有个海南岛》、《椰岛任我游》、《南国行》和《景区气象》等十几档，在形态上有百姓参与的演播室谈话节目、纪实体的纪录片、益智类的竞猜节目、娱乐性的真人秀等，但缺乏具有核心竞争力的面向全国乃至全世界的特色中国旅游节目，叫得响的优秀特色栏目组合还没有形成。旅游卫视在今后的发展中应该找准问题的所在，将重点放在打造精品旅游节目、塑造品牌栏目和品牌频道形象上来。

思考题

1. 分析中央电视台是如何发挥其品牌影响力的。
2. 谈谈凤凰卫视是如何把握报道的“平衡”的。
3. 湖南卫视“娱乐霸主”的地位是怎么形成的？
4. 中国其他省市电视台是否都能走旅游卫视的专业化道路？为什么？

第四节　网络传媒类文化项目案例

网络与社会，与社会中的人，发生着千丝万缕、不可割裂的联系。网络江湖也是气象万千，有的异军突起、风生水起，有的平平庸庸、默默无闻，更多的则是大浪淘沙、优胜劣汰。看其中的成败得失，可引以为鉴。

【案例1】　　***新华网：新闻网站的领头羊***

“新华”这个词源自新中华，如新华字典、新华书店，代表着高级、权威的知识享受，代表着官方和正宗。即便是在网络大潮中，我们看到新华网，也自然知道它与其他网站有所不同。

一、新华网的发展史

新华网是由国家通讯社——新华社主办、新华通讯社网站改版而来的中央重点新闻网站。作为党和国家重要的网上舆论阵地，它每天通过中（简、繁体）、英、法、西、俄、阿、日等语言，24 小时不间断地发布全球新闻，独家报道世界各地热点消息，第一时间追踪突发事件，深度分析评论焦点话题；每日发布的中外文最新新闻信息超过 180 万字，在海内外有重大影响力。

1997 年 11 月 7 日，新华通讯社与电信部门合作，建立了新华社网站（网址：http：//www. xinhua. org)，这个中国最大的通讯社，从传统媒体向新媒体跨出了第一步。在这个阶段，新华社网站的建设观念还很落后，内容基本与报纸的电子版相同。

2000 年中央开始对中国五大新闻网站——新华网、人民网、中国网、中国国际广播电台网站和中国日报网站进行扶持。在资金和政策支持下，新华社网站开始了向专业新闻网站的大踏步迈进之路。2000 年 3 月 10 日，新华通讯社网站正式更名为“新华网”，实行 24 小时滚动发稿，从内容到形式上进一步突出新华社新闻信息的特色与优势，增加大量栏目和内容。2000 年 7 月新华网再次全面改版，启用新域名 www. xinhuanet. com，并成立了新华网络有限公司。2000 年 8 月 30 日，新华社将现网络办从新闻信息中心分离出来，成立新华社网络中心（简称新华网)。2001 年新华网接入互联网带宽从 2M 拓宽到 100M。在这一阶段，新华网实现了国内新闻网站中新闻信息原创量、新闻图片上网量、国内外重大新闻事件首播率的三个第一，但依然无法撼动门户网站的领先地位。

为了进一步增快流通速度，新华网于 2002 年 1 月将互联网带宽拓展到 1000 兆光线和 100M 专线网。2002 年 11 月，新华网以中、英、法、西、阿、俄 6 种语言全面报道十六大，网站最高日点击量超过 1. 2 亿人次，页面浏览量超过 3000 万人次，实现了历史性突破①。

2004 年 6 月 26 日，新华网单日全球排名跃升至第 33 位，成为当时中国网站的最高纪录。同年 10 月，在 2004 年中国网站百强颁奖典礼上，新华网荣获百强“综合类网站奖”

---

① 新华网：《新华网足迹》，http://news. xinhuanet. com/ziliao/2004-02/06/content_1302431. htm。

和中国“最具影响力5佳网站奖”两项大奖。

2005年1月23日，在中国品牌系列评奖活动中，新华网被评为“中国网站最具影响力品牌”（全国网站唯一一家）。艾瑞市场咨询的数据也显示，2007年6月，新华网的网民月度覆盖人数比例达到41.49%，在中国新闻网站中排名第一，高于第二位10个百分点①。

二、新华网的成功经验

新华网的成功有众多的原因，有发展的共性也有其自身的特性。

（一）依托国家政策扶植

与其他新闻网站相比，新华网最大的优势是依托新华社这一国家通讯社，它承担着中国向国内外统一发布重大新闻、把中国的声音传递到世界的责任，拥有国务院新闻办授权的许多独家新闻的发布、直播权，带来了其新闻的权威性和准确性。依托于新华社的新华网拥有了巨大的资源优势和政治优势，正是凭借对国家重大事件成功的独家报道，新华网多次成为媒体和网民关注的焦点，赢得了中国最权威的新闻网站地位。

（二）借助新华社的品牌优势

品牌是指长期在消费者心目中印象的总和，由知名度和美誉度构成。新华社70年来经历我国每一次重大事件，长期以来在人们生活中扮演着权威新闻发布者的重要角色，新华社记者在采访时往往拥有别的媒体望尘莫及的优先权或独占权，总能冲破重重困难发出独家的内容，形成新华社的权威性和准确性。借助新华社的品牌效应，新华网新闻点击率居高不下。

（三）视速度为生命的理念

网络媒体对新闻速度作为第一要素体现得格外深刻。新华网实行24小时滚动发稿，非常重视对突发事件特别是国际突发事件的报道。新华网拥有新华社网络稿的优先发布权，帮助新华网在发稿的速度上战胜了其他网络媒体，总能在第一时间将新闻事件的最新信息传递给受众。新华网另一个“快速”的秘密是依靠新华短信（后改名为新华无线），利用短信这一快捷的新闻发布渠道，与新闻渠道一起双双领先国内各大网站。新华网对国内外重大突发事件的快速报道和大量内容丰富多彩的后续报道，奠定了新华网作为重大新闻网站的地位。

三、新华网面临发展瓶颈

新华网经历了创办初期短暂的低迷后，在国家资金和政策的大力支持下，近十年来一直处于高速发展之中，目前已成为国内头号专业新闻网站。但目前新华网却出现了发展瓶颈，在全球网站排名中甚至有了一些倒退。造成这种情况的原因主要有几个：第一，同样拥有政府支持的人民日报社、中国日报社、中央电视台等传统中央媒体的网站，凭借其传统媒体强有力的品牌和资源优势，形成了很强的竞争力。第二，以雅虎为代表的全球著名新闻网站，以及CNN、BBC、《纽约时报》等国际著名新闻媒体在互联网上的快速发展对

① 新华网:《走过十年 影响十年》，http://news.xinhuanet.com/misc/2007-11/22/content_7127673.htm。

新华网的发展产生了制约。这些网站起步早，内容质量高，影响力强，拥有世界范围内的最多受众，主宰着国际舆论。第三，以腾讯、新浪为代表的中国传统商业门户网站，越来越重视新闻传播，依托强大的经济实力、高水平的市场化运作和强大的信息整合能力，赢得了很多受众，也成为新华网最强劲的对手。

四、案例点评

随着互联网的发展，国内外著名传媒大鳄和商业门户网站都涉足网络新闻传播领域，给国内新闻和信息传播格局带来了巨大的冲击，如何在竞争激烈的网络新闻传播领域中占据领先地位，新华网做了很多努力并取得了显著的成效。

新华社拥有国内最丰富的新闻信息资源，将这一优势与最先进的互联网技术相结合，短短几年内，新华网依托新华社的综合优势，从无到有、从小到大、从弱到强、从单媒体到多媒体、从单语种到多语种、从有线到无线，从单一新闻发布到多方位拓展，连年取得跨越式发展。新华网的巨大成功源于创新。新华网自创办以来已进行300多次改版，其中重大改版就有8次。如今，新华网仍运用新技术、新理念，积极创新报道形式。如凭借首页通栏报道、英文同声翻译上传、国际连线联动、重大活动现场报道等形式进一步突出了自身特色，吸引了更多受众。又如新华网看准移动新媒体兴起的商机，全面发展新媒体，现已形成包括中文短信、小灵通短信、英文短信、移动电视滚屏、WAP、无线网站、彩信、手机画报、手机视频、手机报等较为完整的手机新闻信息产品链，成为中国最大的中文新闻短信内容提供者。新华网先后推出的手机短信、彩信、手机报、网络视频等都获得了成功。

随着近年网络竞争的加剧，新媒体发展局势变幻莫测，新华网要想立于不败之地，必须时刻具备危机意识，创新意识，不断做大做强。

【案例2】　腾讯网：小企鹅大创意

现在中国的网络中人有谁没有自己的“企鹅”呢？腾讯创造了中国最大的社区，改变了中国人与人之间的交往方式。这个世界因为一个“小企鹅”而疯狂。

一、腾讯网的成长历程

腾讯网是中国最大的中文门户网站，是腾讯公司推出的集新闻信息、互动社区、娱乐产品和基础服务为一体的大型综合门户网站。腾讯网服务于全球华人用户，致力于成为最具传播力和互动性，权威、主流、时尚的互联网媒体平台。通过强大的实时新闻和全面深入的信息资讯服务，为中国数以亿计的互联网用户提供富有创意的网上新生活。

1998年11月成立的腾讯公司，目前已是中国最大的互联网综合服务提供商之一，它为网络用户提供多元化的服务，包括门户网站腾讯网、QQ即时通信工具、QQ邮箱以及SOSO搜索等。其中QQ空间（Qzone）与论坛、聊天室、QQ群相互协同，已成为中国最大的个人空间展示基地。

1999年，马化腾团队研制出了QQ历史上第一个版本OICQ 99A Beta1，自此开启了“企鹅帝国”的成长之路。1999年2月10日腾讯公司即时通信服务开通，正式推出QQ99 b0210，改变了国人的沟通方式。同年11月QQ用户注册数突破100万。2000年4月，QQ用户注册数达500万。同年，腾讯公司与深圳联通公司合作，在深圳联通公司“移动新生活”服务中嵌入“移动QQ”菜单，使该服务使用起来更方便快捷，开启了腾讯“移动化”之路。

2001年2月，腾讯QQ注册用户数增至5000万。2002年3月，QQ注册用户数突破1亿大关。2003年8月，腾讯推出“QQ游戏”服务，开创了网络娱乐的先河。同年9月9日，腾讯宣布推出企业级实时通信产品“腾讯通”（RTX），标志着腾讯公司作为中国第一家企业实时通信服务商进军中国企业市场。

2003年6月，腾讯公司在香港正式上市，标志着腾讯的发展步入了新的阶段。10月22日，在“2004中国商业网站100强”大型调查中，腾讯网得票率名列第一，领先于新浪、搜狐、网易等门户网站，被评为中国“市值最大5佳网站”之一。同年12月，腾讯公司推出的QQ游戏最高同时在线突破100万人次，创造了休闲游戏平台在线玩家的新高。

2004年1月，腾讯获得中国移动梦网“2003年度移动梦网合作伙伴最佳进步奖”、“2003年度移动梦网音信互动业务合作伙伴最佳业绩奖”和“2003年度移动梦网短信业务合作伙伴最佳业绩奖”三个大奖。几年来，腾讯公司多次入选“深圳民营企业50强”，被评为“深圳市重点软件企业”、“深圳市知识产权先进单位”。腾讯在中国最早推出即时通信软件QQ，成功运营多年，打造出QQ企鹅卡通这一卡通品牌形象，影响非常之大，已成为中国互联网公司在版权保护和利用方面的代表。

2010年3月5日19时52分58秒，腾讯公司宣布QQ同时在线用户数首次突破1亿，实现了历史的新突破。腾讯网已成为中国浏览量第一的综合门户网站，电子商务平台拍拍网也已成为中国第二大的电子商务交易平台。2010年1月初，腾讯市值折合约400亿美元，超过雅虎和eBay的市值，跃居全球网络股亚军。2010年7月5日，腾讯在2010胡润品牌榜发布中以460亿元人民币品牌价值位列民企榜首。

二、企鹅王朝的成长秘诀

企鹅的标识已经深刻地印到每个人的内心，它让人产生持续的爱和依赖，它的成功给人们以启示。

（一）师夷长技以制夷的理念

相对于西方发达国家，我国的互联网发展相对较晚，网络公司的成长多借鉴外国的成功经验。腾讯公司CEO马化腾曾公开表示，QQ是作为ICQ的模仿者出现在中国用户面前的。但腾讯公司并未一味地模仿，而是进行借鉴创新，如离线消息、QQ群、魔法表情、移动QQ、炫铃等。腾讯公司在创新机制上也借鉴了国外的先进经验，腾讯研究院、QQ网实验室，就同Google和微软等跨国公司的研发创新机制类似。要想长盛不衰，一个健全的创新体系和机制是必不可少的，腾讯学习模仿的真正目的在于此。

（二）独特个性的QQ网络文化

当今的社会，人们已不再拘泥于一成不变的生活，而是希望更多自由展示个性的空间。以年轻人为主要用户的QQ的成功之处，正是因为它给了年轻人一个自由发挥的平台。腾讯的定位是“在线生活的一站式平台”，聊天、传输文件、游戏、博客、网络浏览器等多种功能，用户可以根据需要自由切换。作为一种高度个人化的媒介，QQ 的操作非常简单，只要有号码就可登录使用；QQ 拥有强大的增值服务功能，可以满足用户不同的需要；聊天时用户可以在不同状态间自由切换，充分展现个性，更加体贴，也更加人性化。QQ 通过这种以我为主的理念，给了用户贴心的服务和展示自我的空间，形成了独特的 QQ 网络文化，风靡全国。

（三）注重对人才的培养

21 世纪的网络竞争很大程度上是人才的竞争。腾讯公司向来注重对人才的培养和储备，与国内多所高校建立了联合实验室及博士后研究基地。多年来，腾讯一直致力于加强校园招聘，专门设立总裁特殊 OFFER（薪酬不封顶），吸引最顶尖的大学毕业生加盟。在吸引公司外部顶尖人才加盟的同时，公司专门成立了“腾讯大学”，为员工提供丰富的培训与学习机会，帮助员工持续成长。在腾讯，每位员工每半年都会进行绩效考核，根据考核排定培训计划，并按计划实施。腾讯内部的培训体系主要基于能力素质模型建立，体系完善，效果明显。

三、腾讯与奇虎的“3Q”之争

2010 年，一场“3Q”之争吸引了全世界的目光，这场被称为互联网历史上最惨烈的竞争，涉及技术冲突、商业伦理、法律规制等诸多层面。2010 年 9 月，奇虎 360 推出“隐私保护器”，拉开了与腾讯 QQ 的大战序幕。10 月，腾讯联合多家公司发布联合声明声讨 360。360 随即推出“扣扣保镖”屏蔽 QQ 广告，进行反击。11 月 3 日晚，腾讯发布公告称：在装有 360 软件的电脑上停止运行 QQ 软件，将腾讯和 360 的纷争推向顶峰，也将用户推向选择的十字路口。2010 年 11 月 10 日，在工信部等部门的积极干预下，腾讯与 360 已经兼容。11 月 21 日，腾讯网和 360 公司分别发布了道歉信，宣告了腾讯与 360 的网络大战结束。这次大战引发了人们对互联网行业竞争、自主版权和法律监管等方面更多的思考，如果一味使用政府手段来进行反垄断，那么一个维护公平竞争的法治市场就难以建立。网民们希望在正常的企业发展过程中，开展良性竞争、公平竞争，而不要绑架消费者，损害消费者的利益。

四、案例点评

腾讯公司的成功绝非偶然。依托他人成功的经验，创造出自己的独特概念、特色服务，一直秉承一切以用户价值为中心的经营理念，是这只小企鹅成为网络帝国的主因。腾讯是个富有活力的公司，公司员工平均年龄不到 30 岁，在轻松的工作环境中自由发挥，创造出了无数个经典的创意；腾讯是个积极创新的公司，投资过亿在京、沪、深三地设立腾讯研究院，进行互联网核心基础技术的自主研发；腾讯是个注重人本的公司，不断满足用户各种高度个性化的需求，形成独特的 QQ 网络文化，始终处于稳健、高速发展的状态。

腾讯虽然发展迅速，但其在发展过程中也遇到了一些问题。比如随着腾讯用户量急剧增加，QQ 新用户 ID 申请变得异常困难；腾讯聊天工具查找和添加好友异常方便，导致用户的隐私泄露，QQ 上广告或垃圾信息无端增多；QQ 网络安全没有得到很好地解决，各种网络病毒入侵导致 QQ 号码被盗，甚至出现网络诈骗的危险。腾讯 QQ 应该不断克服这些缺点，不断开拓创新，带领中国的互联网行业走向新的阶段。

【案例 3】 阿里巴巴：创造中国的当代神话

阿里巴巴开辟了电子商务的新时代，创造了一个传奇，也改变了中国大众的消费购物习惯，它让人们足不出户就能阅尽广大店铺，轻轻一点就能在几天后收到自己的商品。

一、阿里巴巴的传奇历程

1999 年，马云辞去公职，创办阿里巴巴网站，开拓电子商务应用，尤其是 B2B 业务。

2002 年首次推出了中国互联网上的诚信认证方式——诚信通。

2003 年创立淘宝网，这是目前国内最大 C2C 购物平台。

2004 年创立独立的第三方电子支付平台“支付宝”，目前在全球用户数排名第一。

2005 年和当时全球最大门户网站雅虎战略合作，兼并其在华所有资产，阿里巴巴因此成为中国最大互联网公司。

2006 年至今成为央视二套《赢在中国》最有特色、最具影响力的评委，用雅虎中国和阿里巴巴为《赢在中国》官方网站提供平台，为千百万创业者提供平台。

2009 年收购中国万网。

2010 年建立 1688 网络批发大市场。

如今的阿里巴巴是中国最大的网络公司和世界第二大网络公司。阿里巴巴在香港成立公司总部，在杭州成立中国总部，并设立美国硅谷、伦敦等分支机构、合资企业 3 家，在中国北京、上海、浙江、山东、江苏、福建、广东等地区设立分公司、办事处 10 多家。被传媒界誉为“真正的世界级品牌”。全球著名检测权威网站 Alexa. com 针对全球商务及贸易类网站进行排名调查，阿里巴巴网站位列第一。

阿里巴巴融合了 B2B、C2C 市场、搜索引擎和门户等多种交易模式和网络搜索技术，创造出一种全新的网络交易模式，从帮助国内外客户和合作伙伴取得成功。阿里巴巴的成功并不是偶然，是在市场定位的基础上创造出的独特的经营模式。它首先根据中国的电子商务的发展状况，在充分调研企业市场需求的基础上，把企业的注册信息进行分类整合，使其能够为来自国内外的多家企业和商家提供网上信息服务，从而快速抢先占领了网上 B2B 交易市场，这一阶段的阿里巴巴并没有取得收益，而是为今后的发展打下了基础。在经济高速发展的中国，刚刚兴起的电子商务受到来自信用的制约。马云看准了商机，率先推出互联网诚信认证方式——诚信通，一举解决了中国电子商务交易市场上的关键问题。阿里巴巴利用此前打下的基础开展企业的信用认证，诱导企业缴费加入诚信通，为盈利打好基础。

阿里巴巴不但掌握了大部分国内企业的信息，还掌握了近 1000 万家海外商户的信息。它看到了这些信息背后所蕴藏的价值，通过建立“中国供应商”平台，让全球 220 个国家近 42 万家专业买家可以在线浏览企业，为企业创造了极大的商机。为了建立强大电子商务搜索功能，阿里巴巴并购了“雅虎”，创新了一种可以延伸发展的电子商务搜索。经过短暂的尝试，阿里巴巴最终形成了以“雅虎”为平台、大型网络购物平台“淘宝网”为依托的交易信息搜索系统。这个交易信息搜索系统不但为来自全球的商人提供更广阔的交流空间和交易平台，也为人们的购物开辟了一条新的道路。

阿里巴巴在复杂多变的经济社会中，凭借准确定位和稳定的经营模式，找到了属于自己的一片天空。经过多年的发展，“淘宝网”已发展成拥有2000万个人会员的C2C网站，拥有巨大的消费能力，成为中国网络交易的第一品牌。阿里巴巴的四大业务群和三大相连网站，互相依托、互相融合，组成了全球领先的网上贸易市场和商人社区，成为世界网络贸易市场的一颗明星。

二、阿里巴巴是如何缔造传奇的

领导的魅力与能力在一个企业中不可或缺，马云远见卓识，在适当的时间做了适当的决定，秉承了自己创业的独特理念，形成了阿里巴巴独特的企业文化。

（一）以市场为导向，建立独特的运营模式

马云认为中国电子商务要经历三个阶段——信息流、资金流和物流阶段，当前中国的电子商务还停留在信息流阶段。阿里巴巴在充分调研企业需求的基础上，通过免费的网络平台，将企业登录汇聚的信息整合分类，使企业用户获得有效的信息和服务，构成了网上交易市场的主体。为了将各国市场有机地融为一体，阿里巴巴采用本土化的网站建设方式，根据不同类型的语言，建立运作多个面向全球各地、为全球商人提供专业的服务的网站。这些网站汇集了全球178个国家（地区）的商业信息，内容相互交融，为会员提供了一个整合一体的国际贸易平台和个性化的商人社区。

为了聚集足够多的商业信息，网站以免费会员制吸引企业登录平台注册用户，会员在浏览信息的同时也带来了源源不断的信息流和创造了无限商机。阿里巴巴通过增值服务不但加强了这个网上交易市场的服务项目功能，而且使网站能有多种方式实现直接盈利。阿里巴巴的盈利栏目主要是：中国供应商、委托设计公司网站、网上推广项目和诚信通。

阿里巴巴正是凭借这些独特的经营模式，一步一个脚印地在创办后的第四年开始盈利，实现了今日的辉煌。

（二）以传统渠道和优秀的服务拉动增长

阿里巴巴作为一个新兴的电子商务网站，它的成功也离不开传统渠道在开办之初的拉动作用。WTO首任总干事萨瑟兰出任阿里巴巴顾问，使得阿里巴巴成为万众瞩目的新星。借助各种关系，阿里巴巴说服美国商务部、日本经济产业省、欧洲中小企业联合会等政府和民间机构向本地企业推荐自己，极大地提高了自己的知名度，取得了不小的成绩。作为一个以服务为核心的公司，阿里巴巴公司为中国优秀的出口型生产企业提供在全球市场的中国供应商专业推广服务，帮助企业获取更多更有价值的国际订单。

阿里巴巴积极倡导诚信电子商务，与邓白氏、ACP、华夏、新华信等国内外著名的企业资信调查机构合作推出电子商务信用服务，帮助企业建立网上诚信档案，通过认证、评价、记录、检索、反馈等信用体系，提高网上交易的效率。

三、深陷"欺诈门"的阿里巴巴

据阿里巴巴 B2B 2010 年三季报，该季度阿里巴巴公司总营业收入约 14.49 亿元，同比增长 40.4%，其付费会员已经超过了 100 万名，注册会员超过 5670 万名①。在阿里巴巴的业绩蒸蒸日上的时候，一个不和谐声音传了出来。作为以买卖"诚信"起家的阿里巴巴却传出了欺诈丑闻。在 2009 年和 2010 年分别有 1219 名和 1107 名签约的中国供应商涉及诈骗全球买家，占中国金牌供应商会员总数约 1.1% 及 0.8%，他们以极低的价钱和较低的购货量来诱使客户以不安全方式付款。阿里巴巴 B2B 公司员工协助客户实施欺诈消息一传出就让整个阿里巴巴集团陷入了前所未有的尴尬境地。其 CEO 和 COO 便引咎辞职，市值也缩水约 10 亿美元。虽然阿里巴巴积极地处理善后工作，表示要拿出 170 万美元来做赔付，然而整个事件难免让现有用户和广大关注者内心蒙上一层阴影。企业客户真正需要的是一个公平、透明、安全的电子商务平台，是一种能够真正最大限度规避侵害的商业模式。

四、案例点评

阿里巴巴网站的成功，揭示了一个真正开放的、内容具有本土化特色、信息全球性并且协同性强的电子商务是具有强大的生命力的。中国人做电子商务，不能一味模仿，而应该有所借、亦有所成。我们不仅要学习阿里巴巴网站的成功经验，更应该找到适合中国不同阶段具体国情的电子商务发展道路。

阿里巴巴作为当前最成功的互联网络商务平台，其未来发展前景是光明的。当然，阿里巴巴也面临诸多问题。例如淘宝网面临着来自腾讯和百度的竞争；支付宝需要面对来自财付通的压力；由于商业模式的限制，底层销售人员及上市公司业绩增长的需求，全部压在收入增长上，在这种利益的驱动下，能否杜绝内外勾结的欺诈事件？

阿里巴巴经过多年的发展，虽然有了趋于成熟的业务模式，但其资源管理功能和 B2B 商业模式还不是最优的。阿里巴巴还不是一个客户在线工作的完整平台，客户还无法通过该平台实现管理自己的信息和资源。阿里巴巴应挖掘现有业务的潜力，进一步完善其平台的管理功能，提供供应链管理、财务管理等系统，有效整合信息流、资金流和物流。同时阿里巴巴应该拓展新的商业模式，比如借鉴同行的先进经验，如马可波罗采购网"竞价排名"的订单通、来电通服务、敦煌网"按销售成单抽成"的 CPS 模式等，这些已被理论界和企业界公认的未来最有发展前途的 B2B 商业模式，才能保持其更大的发展空间，铸造一个庞大的网络商务帝国。

【案例 4】　优酷网：中国网络视频行业的第一品牌

互联网上视频网站异军突起，百花齐放，而被广大受众记住最多、使用最多的，就是优酷了。在新军不断崛起的激烈竞争中，优酷依然强大。

---

① 谭璐：《"欺诈门"揭示阿里巴巴内审漏洞》，载《21 世纪经济报道》2011 年 2 月 23 日。

一、优酷网的发展历史

优酷网以“快者为王”为产品理念，注重用户体验，不断完善服务策略，其卓尔不群的“快速播放、快速发布、快速搜索”的产品特性，充分满足了用户日益增长的多元化互动需求，使之成为中国网络视频行业的第一品牌。

作为搜狐的前任总裁和首席运营，古永锵拥有敏锐的市场分析能力。2006 年，YouTube 网站的崛起让他看到了视频分享网站巨大的市场潜力。古永锵用 300 万美元的初始资金，创立了视频分享网站——优酷网，当年凭借张钰事件的数百万点击量打开了优酷网成功之路。

当时中国的视频分享网站市场极不成熟，多数内容来源是电影电视剧视频剪辑，但却牵涉到敏感的版权问题。一些网友自制的内容也是主要的内容来源之一，由于受到技术水平限制，整体质量并不高。这一时期视频网站普遍呈现出内容同质化问题，网站只能依靠恶搞电影和涉黄视频吸引眼球，结果无法获得广告主的信任。至 2007 年 3 月时，国内视频网站已发展到 300 多家，呈现出饱和状态，竞争进入到白热化阶段。

2007 年 4 月，一起事件彻底改变了优酷网的命运。网民上传优酷网的直击沈阳大雪的视频登上了中央电视台的新闻播报，成为优酷网第一个成功与媒体互动的拍客事件。凭借此次事件，优酷网走出了困境，逐步成为行业的老大，在品牌认知度、用户喜好度领域位居行业第一。为了进一步推广拍客文化，从 8 月份开始，优酷网先后发起了多个拍客主题征集活动，如“中国一日 24 小时拍客主题接力”、“中国・年”等。2007 年 12 月，优酷日视频播放量率先突破 1 亿人次，位居行业之首。

2008 年 6 月，优酷网发布了媒体联盟“合计划”，促使一百多家知名品牌的官方网站相互合作，共同构建了一个互动营销平台。随后，优酷网顺利拿到国家广电总局颁发的“信息网络传播视听节目许可证”和“广播电视节目制作经营许可证”，成为视频行业中唯一合法的视频节目传播和营销平台。北京奥运会前，优酷网获得了 CCTV 奥运视频公益性传播授权。

2009 年 3 月份，优酷网继“拍客文化”、“合计划”后，正式启动“牛计划”。这个贯穿整年的民间“状元”搜索行动由多个活动主题和才艺展现领域组成，包括时尚、音乐、体育、美食牛人、独门手艺等。优酷网在影视方面大胆创新，优酷陆续推出韩剧剧场、星剧场、硬汉剧场等热播剧场模式，开创了网络视频与卫星电视同步播出、共谋营销的先河。

优酷网推出“优酷直播”，以“全互动”的技术手段充分满足广大网友在登台明星、现场歌单、粉丝献礼等各个互动环节的自主选择权。突出高品质内容的“优”与形式别具一格的“酷”，成为优酷网品牌形象不断优化的源源动力。

2007 年，优酷网入选“2007 年度 Red Herring 最具潜力科技创投公司亚洲百强”称号，成为唯一获此殊荣的视频网站。美国东部时间 2010 年 12 月 8 日，优酷网成功在纽约证券交易所正式挂牌上市。

二、优酷成功的秘密

优酷尊重原创，给许多独创性的网民原创作品提供展示、发展的空间。优酷也通过良好的运作，一步步走向成功。

（一）以原创性、独特性作为核心竞争力

视频分享网站由于牵扯到版权问题，发展一直受到限制。优酷网把原创性、独特性的自制网络剧作为其核心竞争力进行建设。2008 年年底，优酷推出的第一部网络剧《嘻哈四重奏》，创下了 2000 万站内浏览的播放量①；2010 年又推出网络剧《非常爱情狂》，取得了极大的成功。优酷联合 SMG 艺术人文频道《创意天下》栏目举办“2009 一分钟创意影像大赛”；与深圳卫视、中国音乐家协会合作第五届《中国音乐金钟奖》，成为该音乐赛事独家官方网络征集入口和视频展示平台；不遗余力地推广拍客文化，推出自己的选秀计划——“牛计划”等，优酷网把原创性、独特性发挥得淋漓尽致。现在的优酷网已经逐渐形成一个从制作、发行到开播的网络剧产业价值链。

（二）创新广告的营销模式

优酷作为新兴的新媒体企业，广告仍然是其最主要的收入来源。优酷现有的广告类型有：视频内广告（前贴、IVB、暂停、后贴等形式）、页面广告（首页 Banner、摩天楼、视频种子、推荐官方下载 Banner 等）、首页广告（首屏 Banner、焦点视频、视频种子、通栏、Banner、Mini Banner、文字链）等。由于广告市场竞争激烈，优酷网探索新型盈利方式，开拓出一种创新品牌广告的形式。比如 2009 年，优酷网凭借着与诺基亚合作的直播演唱会、同康师傅合作的“嘻哈四重奏”等为代表的创新营销，收入达到 2 亿元。随着 3G 时代到来，手机媒体功越来越强大，2010 年优酷网与中国联通展开合作，通过登录手机电视进入“优酷剧场”、“优酷娱乐”、“优酷原创”和“优酷生活”频道收看视频节目。同时“优酷精品生活”、“优酷高清电视剧”也已落户中国移动无线平台移动梦网。正是凭借创新营销的方式，优酷摆脱了对传统广告形式的依赖，在广告市场抢到了属于自己的地盘。

（三）通过公益活动提高影响力

在优酷的发展历程中，公益活动始终作为其发展规划的一部分，它与绿色和平组织、西部发展基金会、联合国开发计划署等公益机构联合打造优酷网公益爱心平台，以生动的视频案例诠释公益理念、爱心举动以及志愿者文化。优酷网将每年 11 月份设为公益月，用视频的力量传播公益慈善文化。随着这些公益活动的成功举行，优酷网的品牌知名度和美誉度得到了极大的提升。

（四）大牌伙伴策略的巨大成功

优酷网在发展过程中一直秉承品牌联想的理念，推行大牌伙伴的发展策略，积极进行品牌合作，与近 500 家国内外一线品牌开展营销推广，取得了非常不错的双赢效果。如 2009 年 3 月与雀巢成长奶粉联手打造整合型亲子互动视频第一平台，在为用户提供增值服务的同时，自身的功能性显著增强，借助大品牌发展的效应十分明显。

---

① 方非：《视频网站经营研究——以优酷网为例》，载《东南传播》2010 年 4 月 30 日。

三、深陷版权官司漩涡

世界各地视频分享网站的版权问题一直是个无法解决的问题。中国由于互联网法律法规的不完善，这些弊端表现得更加深刻。优酷作为中国视频分享网站的领军人物，不免也会陷入到版权纠纷中。

2009年12月16日，北京市海淀区法院对搜狐起诉优酷侵权一案作出判决，优酷因盗版《气喘吁吁》、《麦兜响当当》、《麦兜故事》、《麦兜菠萝油王子》四部影片被判赔偿搜狐10.5万元，并承担所有诉讼费。法院认为，搜狐提交的证据充分，并足以证明其享有涉案电影的信息网络传播权，而优酷未尽注意义务，在优酷网上提供涉案电影的在线播放，侵犯了搜狐的信息网络传播权，应依法承担停止侵权、赔偿损失等法律责任。

作为视频分享网站，优酷网只要允许用户上传，就一定会存在盗版这个问题。如何做好规避，避免上述侵权再次发生，优酷需要走的道路还很长。

四、案例点评

在中国，视频网站门类繁多，五花八门。优酷网经过几年的残酷竞争，在经历了版权大战、国家队进场、酷6借壳上市等大事件后，终于找到了适合自己的发展道路。优酷网通过以原创性、独特性网络短剧为主的自制内容，既避免了版权纠纷，也拥有了自己的固定观众，提升了自己的核心竞争力。

2010年，为了提高优酷网在影视剧版权方的话语权，优酷提出了“优酷出品”的发展战略思路，希望打通网络电影、网络电视及网络综艺活动的制作、流通环节，从而带动视频行业进入产品化时代。优酷与中国电影集团展开全面合作，联手投拍了十部短片，命名为“11度青春电影行动”，其中《老男孩》是该系列的压轴作品，引起了不小的轰动。这些自制剧不仅帮助优酷进一步提升了影响力，而且也在与广告主的合作方面多了选择余地，《老男孩》的赞助商即是以植入广告的形式嵌入短片情节中。随着优酷网新的发展战略大获成功，优酷正在逐步摆脱同质化竞争，朝着新的发展道路迈进。

思考题

1. 试比较新闻网站与门户网的异同点及发展思路。
2. 谈谈阿里巴巴该如何应对网络欺诈。
3. 试分析现在优酷网的发展模式能不能长久？为什么？
4. 门户网站如何创新发展以突出自身特点？

第三章　书刊出版类文化项目经典案例

书刊是知识的聚涵，书刊传播着文化，记载着传统，书刊在中国几千年的历史中扮演着举足轻重的地位。无论在哪一个朝代，无论社会多么浮夸，书刊都保持着自己沉稳的底蕴。书刊从作者手中，到读者手中，并不是一个简简单单的过程，有许多复杂的程序。现在，这些程序也展现出新的特点。

第一节　概论　中国书刊出版产业发展现状及趋势

书刊出版产业是指除政府相关管理部门以外的书刊出版单位以及为书刊出版提供相应产品或服务的组织、机构，主要是书刊内容生产单位和书刊印制、发行单位基于资金等纽带的联合，包括出版社、期刊社、书刊印刷厂和书刊批发零售商。

一、中国书刊出版产业发展现状

现阶段，中国书刊出版产业的改革正在集团化建设的基础上，深入地向前推进。较之改革开放初期，书刊出版产业有了巨大的发展，主要表现在产业实力增强、新技术应用水平显著提高、出版管理体制改革进一步向纵深发展、出版人才队伍稳定发展。目前我国正不断推动出版“走出去”，大力实施“中国书刊对外推广计划”和“经典中国国际出版工程”，推动出版物成品出口，加强版权贸易和合作出版，出版业实现了又好又快发展。

（一）图书

1. 产业规模

据《2010年新闻出版产业分析报告》，2010年全国新闻出版总产值达1.2698万亿元，比上年增长19%，图书出版的品种、印数保持增长的态势，图书出版内容更丰富、多样化。2010年全国图书定价总金额930.9亿元，增长9.8%。图书出版实现总产出561.9亿元，实现增加值215.1亿元，营业收入537.9亿元，利润（结余）总额77.2亿元。同时，各省市新闻出版产业和出版集团的发展，也取得了可喜的成绩。近年来，我国的图书出版品种和总印数均居世界第一位。2010年，中国出版物引进输出比缩至为2.92∶1；中国新闻出版业总产出达到1.3万亿元人民币，已经成为中国文化产业的主力军①。

2. 产业政策

2009年，中国政府为了应对金融危机带来的不利影响，推出了一系列的产业政策。

---

① 崔保国：《2012年中国传媒产业发展报告》，社会科学文献出版社2012年版，第73页。

新闻出版总署发布了《关于进一步推进新闻出版体制改革的指导意见》，指出了进一步推进新闻出版体制改革的指导意见、原则要求和目标任务，明确了进一步推进新闻出版体制改革的主要任务，鼓励和支持非公有资本以多种形式进入政策许可的领域，推动经营性新闻出版单位转制，重塑市场主体。教育部和新闻出版总署联合发布了《关于进一步推进高校出版社改革与发展的意见》、中央发布了《中共中央办公厅、国务院办公厅关于深化中央各部门各单位出版社体制改革的意见》等。这些政策的出台，一是加速了图书出版业的改革步伐，二是为图书出版业的发展提供了更多的政策支持。2012 年 1 月 9 日，我国首个新闻出版业走出去的专门文件《关于加快我国新闻出版业走出去的若干意见》出台。

3. 产业环境

产业环境的好坏，直接影响到产业发展的好坏。党的十六大以来，随着文化体制改革的持续推进和社会主义法治建设的深入，总体来看图书市场产业环境进一步好转，特别是新华书店经过改革，活力得到增强，市场的引领作用愈加明显。但产业环境仍然存在某些问题。

（1）新华书店活力凸显，民营发行业频现颓势。经过几年的改革，全国省级新华书店已完成转企改制，有的还完成了股份制改造并实现了上市融资。改革后的新华书店焕发出勃勃生机：网店数量、卖场规模稳中有升，可供图书品种不断增加，服务水平不断提高，技术水平明显改善，竞争力不断增强，“主渠道”的地位进一步凸显。与国营新华书店重现活力、形势红火的局面相比较，民营图书发行业在 2009 年却面临诸多的困境与尴尬，呈现出较明显的滑坡趋势，集个体零售网点减少，有的甚至关门转业。

（2）图书市场秩序有待进一步规范。图书市场秩序主要是两个方面的问题，一是出版业的诚信体系没有真正建立起来，出版社与书店之间、作者与出版社之间以及出版社与出版社之间缺乏相互信任，图书市场交易环境不能令人满意；二是图书盗版问题仍然很严重，仅 2009 年全国“扫黄打非”办共收缴各类非法出版物约 5133 万件，其中，侵犯盗版出版物近 4596 万件，非法出版物正在对合法出版物市场造成巨大冲击。

4. 产业主体

近年来政府打造新型市场主体的努力已初见成效，在全国 579 家图书出版社中，除保留和拟保留公益性的 4 家出版社以及 26 家军队出版社外，其他出版社的改革全面启动，高校出版社、中央各部委所属出版社、地方出版社三种类型的产业主体正在形成。

与此同时，不同类型、不同所有制、不同地区的产业主体之间的联合也已进入实质性的阶段，既有地方出版集团与中央级出版社、出版集团之间的重组与战略合作，也有中央级出版社与出版集团重组地方出版社，还有中央级出版社与出版集团之间的重组与合作，国有出版单位与民营书业之间的合作也取得了新的进展，新型的产业主体即将登上中国乃至世界出版业的舞台。

5. 产业技术

高新技术主要从技术装备、载体形式和管理水平三个方面，影响着中国图书出版产业的发展。高科技的技术装备大大节省了出版的人力与时间，数字印刷在按需出版方面的优势也开始影响到图书出版形式。电脑和互联网进一步推动了出版业的变化，图书出版业与其他行业联系更加紧密，加速了与世界市场的融合。网络出版模式的崛起，必将给图书出版产业带来新的发展机遇。计算机被广泛应用于出版社管理、编辑和发行工作中，出版机构实现办公自动化。大部分出版企业建立起自己的网站，开展了网上售书等多种业务，一部分图书发行集团已建立起自己的图书销售信息系统，为出版社及时了解市场需求，为制定图书重印数决策提供了依据。

6. 产业升级

随着数字技术、网络技术在出版业的广泛应用，图书出版业的产业升级加速：一是数字出版产业产值的增长强势，2009 年网络出版、手机出版、动漫出版、网络游戏出版和数字印刷等数字出版产业总产值比上年增长 42%；二是出版社的数字化热情高涨，全国出版社中有 90% 开展了电子书业务；三是数字阅读渐成新潮，全国有 1/4 成年人通过数字媒介来阅读；四是对新的出版形式的不断探索，如“全媒体出版”受到许多出版社的重视；五是手机出版业务增长迅速，许多出版社开始探索手机出版；六是电子书市场渐渐趋热，联想、汉王等纷纷进军该市场。电子书产业发展已成为不可阻挡的趋势，已取得了不俗的发展成果，呈现出巨大的发展潜力。而刚刚形成的市场还没有走向成熟，版权问题、山寨问题困扰着这个新兴市场。

7. 图书市场热点

一是重点图书出版取得了丰硕的成果。国家一些重大出版工程和文化工程，投入了大量的人力、物力、财力，成绩斐然，在文化建设与文化发展中具有十分重要的地位。

二是纪念重大活动、节日的重点选题成为热点书。如“辉煌历程”重点书系，确定了 52 种重点选题，包括政治类、经济类、文化类和社会类，既有历史、理论和经验的专著，也有文献、大事记和图册等。

三是畅销书形成眼球效应。众多媒体、卖场、机构纷纷发布畅销书排行榜，出版社也希望自己有更多的图书上榜；畅销书所带来巨大的销售数量，是拉动产业数据曲线上升的重要力量。

（二）期刊

改革开放 30 余年来，我国期刊业取得了长足发展，保持着持续增长的态势，一些期刊社的经营规模逐步扩大，经营手段日渐成熟，经济效益快速提高，我国期刊业已经发展成为一个特点鲜明、影响巨大、社会效益和经济效益不断提高的重要产业，在社会、经济、文化等各领域的地位日益提高，其中许多主流期刊媒体走上了品牌化、国际化生产之路。

2009 年全国共出版期刊 9549 种，平均期印数 16767 万册，总印数 31.05 亿册，总印张 157.98 亿印张①，投资风险相对较小的期刊成为新一轮的投资热点，老刊物纷纷改版，新刊物个个蓄势待发。虽然一些期刊经营状况欠佳，但期刊市场的竞争态势愈演愈烈。

2011 年，中国期刊零售发行市场呈现高度集中态势，文摘类、时尚类、汽车类排名前三，销量持续走强，引领市场。这三类期刊的市场份额都在 10% 以上，市场份额合计

① 崔保国：《2009 年全国新闻出版业基本情况》（上），载《中国新闻出版报》2010 年 9 月 7 日。

达50%以上。主流媒体在一线城市竞争激烈，已显饱和，正向二、三线城市逐步扩张①。

与其他国家期刊业相比，中国期刊业处在一个发展阶段，这种发展体现在三个方面：一是它的思想、文化内涵与制作质量将显著提高；二是它的发行前途未可限量；三是期刊的广告经营还有开发余地。中国期刊业正在走向规模化、产业化发展阶段，正在逐步形成一个优胜劣汰的严峻竞争环境。在优胜劣汰的竞争下，每一种期刊都会竭力将自己的品牌做大做强，发挥自己在资源、人才方面的优势，以便能够吸引更多的读者，巩固自己的地位。

数字互联网技术对传统期刊业带来冲击的同时，也提供了发展机遇。数字网络技术是先进生产力的载体，利用其对传统期刊业实施变革，是期刊业发展的重要途径和方法。

二、中国书刊出版产业发展趋势

随着国民知识水平的普遍提高，中国书刊出版产业蓄势待发，必将走向一个新的高度，中国书刊出版产业要善于抓住机会，把握发展趋势，如此才能在这一个历史机遇中收获成功。

（一）图书

1. 鼓励内容创新，从源头抓起

内容创新是出版业的灵魂，而我国出版业目前发展所面临的最大问题就是内容创新不足。目前，我国年出版图书近30万种，其中新书15万种，有影响力的作品很少，有国际影响力的作品更少。究其原因，是我们的内容缺乏创新，没有理论创新、知识创新，我们的出版物就缺乏穿透力、吸引力和沉淀力。提高内容创新能力是新闻出版业发展的首要战略选择。

首先，把现有政府对出版的奖励延伸至作者，会促进作者的创新行为。现有的出版物奖励对象多是出版社的编辑出版人员，对作者的奖励不够。其次，为创新创造更加宽松、和谐的舆论环境和出版支持。出版机构应该给予那些真正具有创新精神的作品以出版的机会，不能仅仅以市场的眼光、以利润的角度去看待一部作品，过分的商业化会扼杀创新。

2. 发展大型战略企业，从核心抓起

目前，我国新闻出版行业的集团不少，必须对现有的新闻出版集团进行筛选，确定3~5个国家战略出版集团，重点扶持发展，打造出版业的航空母舰，让他们能在国际市场上比其他企业承担更多的责任和义务。

3. 发展数字出版产业，从技术抓起

数字出版是未来出版业的发展方向，目前，发达国家在数字出版领域已经取得了重要的进展，我国数字出版仍处于劣势地位，我们要尽快掌握数字出版的核心技术，完成数字出版的基础性工作，如内容资源的数字化、数字出版平台的搭建以及数字内容存储技术、展示技术的应用等，形成数字出版品牌优势。为此，国家应扩大对数字出版的投入，一方面是加快数字出版领域核心技术的研发，另一方面是加大对核心企业数字出版的支持力度。

---

① 崔保国：《2012年中国传媒产业发展报告》，社会科学文献出版社2012年版，第91页。

可以预见，未来新闻出版业的国际竞争，不仅是内容上的竞争，更是技术上的竞争。没有核心技术的产业；难以成为战略产业；没有核心技术的企业，难以成为战略企业。

（二）期刊

期刊具有自身无可取代的魅力和优势，在新闻传媒发展中，我们要取其所长，避其所短，走出一条具有中国特色的期刊发展之路。

（1）期刊供给的多元化与区域化趋势。随着媒体经营体系公司化改革的进一步深入，中国大众期刊发行市场的供给主体将会拥有愈来愈多的资本背景，期刊品种和内容的多元化发展前景可期。原来发行供给明显的区域化特征，即北京、上海等一线中心城市由于政治、经济、文化以及传统等因素，已成为媒体出版发行的中心，随着资本、人才集中的优势，中国大众期刊未来的发行供给区域中心特征将会更加明显。

（2）大众期刊品种的细分化与差异化趋势。期刊品种鲜明的细分化及差异化特征在未来10年会更加突出。由于经济体制转轨和现代化进程促使中国社会民众发生了结构性的变化，逐渐形成具有不同社会学特征的社会群体。大众期刊必须反映并满足这些不同群体的社会心理、文化情趣和消费习惯，才有可能在未来比拼中抢占发展先机，赢得竞争胜利。

（3）大众期刊载体的变贵与免费两极分化趋势。未来随着中国城市化脚步的进一步加快，大众期刊在期刊印张及定价上难免出现两极分化趋势。一方面，针对拥有更多货币支配权阶层的高端期刊群体，其发展趋势是贵族化发展，越来越厚重精美，定价会越来越贵；另一方面，服务于广告商的免费DM期刊也会悄然出现。

（4）技术变革对大众期刊供需影响日趋重要。高科技的技术变革将深刻影响到大众期刊的出版、发行、营销全环节。随着互联网、物流等技术手段的进一步升级，大众期刊发行的传统生产诸环节将会在生产要素成本、流程再造上有望达到最优化。同时数字化出版的介入，更多的新型出版物传播载体和数字期刊形式的出现，也会让大众期刊发行在未来数年的发展中充满变数与希望。

第二节　图书出版类文化项目案例

很多图书的成功出版、走向世界并不如我们想象的那样简单，它们造成了世界性的轰动效应，看似信手拈来、有些偶然，实则费尽心机、精心策划，其后必然有非常成熟完整的运作体系作支撑。

【案例1】　　《达·芬奇密码》：世界图书市场的助推器

这是一本引人入胜的书，它的创作模式和《国家宝藏》系列类的美国电影如出一辙，其悬疑建立在非凡的想象力和大胆的猜想之中。历史留下了太多不可获知的秘密，后人只用猜测来填补这些空白，用无懈可击的逻辑来与真实相连，让观众分不清是真是假。或许每个人看历史的眼光都会不同，都有自己的角度，这便是密码发生奇迹的原因所在。

一、密码奇迹

《达·芬奇密码》(*The Da Vinci Code*) 是美国作家丹·布朗（Dan Brown）的一部知识性悬疑小说，2003年3月18日由兰登书屋出版，它自问世之日起，就受到广大读者的强烈欢迎，连续两年夺得美国全年图书销量冠军，以750万本的成绩打破美国小说销售纪录。该书目前已被译成近50种语言在全球范围出版发行，印数已达8000万册，成为有史以来最卖座的小说之一。这本书将宗教、科学、历史、艺术、符号学、推理学等不同领域的知识基因不留痕迹地糅合在一起，集合了侦探、惊悚和阴谋论等多种风格，激起了大众的猎奇心理和对某些宗教理论的普遍兴趣。由该书改编而成的同名电影，也于2006年5月19日在全球公映，全球票房收入达2.24亿美元。《达·芬奇密码》的畅销已成为文学批评界关注的一种文化现象，“达·芬奇密码”和“丹·布朗”也成为文化符号，代表着当今通俗小说的风向以及众多读者的审美趣味。

二、《达·芬奇密码》风靡世界的秘诀

《达·芬奇密码》能在国际上产生巨大影响，除了内容上强大的吸引力之外，在营销运作上也有自己的非凡之处。

（一）对历史进行颠覆性解读，极大地激发了读者的阅读兴趣

基督教是世界三大宗教之一，对世界历史和人们的现实生活有着巨大的影响。对基督教任何层面上的解读，都会引起关注。然而如果仅仅把小说与历史进行简单的联系，并不一定就能使小说变成畅销小说，真正吸引观众的是小说对历史的阐释策略。《达·芬奇密码》就是一部取材于并颠覆了基督教历史的传奇悬疑小说，曝光了基督教正统过去的真相，颠覆了基督教对历史的诠释，如玛利亚在《圣经》里被描述为一名妓女，而在小说里玛利亚是有皇家血统的贵族，不但是耶稣的妻子，还怀上了耶稣的骨肉。这些新颖的观点极大地震撼了读者，激发了读者强烈的阅读欲望，也招致了来自天主教和其他基督教团体、历史学家、艺术史家的批评。小说还有很多值得现代人思考的观点，比如小说揭示了基督教历史上对女性的压抑，对女性在基督教的历史地位提出了非常有现代意义的质问，对耶稣的神人二性和对苦修的质疑，也引发了人们的思考。主题的标新立异和构思敏慎严谨，以及激发读者的探奇心理，是这部小说最大的成功之处。

（二）市场化的运作方式，将文化当成实业来办

新媒体的发展给传统图书市场造成了极大的生存压力，传统的图书出版营销方式已不能适应市场的需求。图书出版必须遵从商业化运作的模式，遵循市场规律，把文化当成实业来办。《达·芬奇密码》的畅销是图书出版机构出色的市场化运作和营销之果。出版商在宣传推广时与各种商业机构合作，通过小说、网络、游戏、手机、博客、竞猜、实地寻访等多种手段，把作品的神秘性和期待欲营造得淋漓尽致，与经销商和读者进行深入的交流沟通，充分利用媒体广泛宣传，以提高图书的影响力。通过立体化营销，使小说持续拥有强大的销售热度。

（三）原出版商的有效营销，促成中国市场的火爆

由于文化背景和阅读习惯不同，中国人一向对国外的宗教或者悬疑小说没有足够的兴

趣，尽管近年来西方文化随着电影和网络的力量逐步渗透，但《达·芬奇密码》如果没有出版商有效的营销，不会在中国成为畅销书。该书在中国市场的火爆，离不开原作出版社在美国所做的一系列宣传打下的基础；而在美国的畅销在很大程度上得益于书局通过各种广告宣传手段对市场的影响和对读者的引导。中国读者在中译本面市之前就已通过各种媒体有所耳闻，并翘首期待，这为小说在中国的畅销奠定了基础。2006 年 5 月《达·芬奇密码》电影在全球上映之前，各式各样的相关产品打着绝版、限量版的旗号，沸沸扬扬炒作了许久，《达·芬奇密码》自然成为影迷们的挚爱，《达·芬奇密码》借助影视媒体的力量着实又火了一把。

三、《达·芬奇密码》遭侵权官司

就在《达·芬奇密码》在全球引发销售高潮的时候，小说作者布朗却遭遇了侵权的指控。伦敦高等法院 2006 年 2 月 27 日开庭审理英国历史学者麦克尔·贝吉特和理查德·利指控小说《达·芬奇密码》剽窃其著作一案，两位历史学者称《达·芬奇密码》在主题思想上抄袭了他俩合著的《圣血和圣杯》一书中的研究和内容，甚至有部分语言都是照抄的。而布朗则表示，他只是在《达·芬奇密码》的写作尾声才参考了《圣血和圣杯》。

英国在 1709 年就颁布了保护版权的法规，根据现今法律对版权的规定，一本著作的主题思想不受版权保护，但其实际内容受版权保护，直至最后一名作者死后 70 年。因此，布朗可以利用他们的主题思想进行自己的写作，但不能直接抄袭他们的著作。法律界人士认为，如何界定一本书的主题结构，在当今信息快速传播的时代如何证明剽窃，此类的法律技术问题是法院审理此案的难点所在。

由于双方的著作都进入欧美畅销书排行榜，在世界上有大批读者，这场官司格外引人关注，实际上这场官司都给《达·芬奇密码》和《圣血和圣杯》做了免费宣传。

四、案例点评

《达·芬奇密码》的成功不仅得益于作者对历史颠覆性的解读，还得益于作者将阴谋与惊悚巧妙地糅合到诸多精心设置的悬念当中，环环相扣，构成一个令人着迷的神话；它借助现代化的营销手段，使这部小说风靡全球。如《纽约时报》书评称《达·芬奇密码》是一本令人愉快的知识悬疑小说，自《哈利·波特》出版之后，还没有一位作者设下这样的圈套哄骗读者，诱使他们屏住呼吸来追逐情节，并罪大恶极地公然以此为乐。诸如此类的主流媒体的大力推介起到了推波助澜的作用。

布朗在《达·芬奇密码》中成功地消除了精英与通俗文化的对立，使“通俗”与“高雅”并列、融合。小说中既充满了谋杀、恐怖、侦探、解密、悬疑、追捕、言情等典型的大众文化的元素，又涵盖了艺术、文学、宗教学、社会学、符号学等这些高雅文化的因子，这正契合了当前大众特殊的文化需求，顺应了精英文化与大众文化的相互融合的趋势。当读者在阅读《达·芬奇密码》时，不但能够感受到时尚的气息，享受通俗小说的娱乐性，而且还能捕捉到些许高雅文化的味道，从而获得丰富的阅读快感。

随着中国的经济环境的变化，中国也开始走向大众文化与精英文化的融合，这种融合在中国特殊的背景下必然造就文学的新模式，而《达·芬奇密码》正好是这种模式之典范，因而小说在这种文化语境下的畅销也就成为必然。

【案例2】　《红楼梦》：掀起当代红楼文化产业热

《红楼梦》是中国古典小说的永恒经典，纵观历史，没有哪一本书能够掀起如此持久而规模巨大的图书文化研究，红学俨然已成为一门专业的学问。这一经典在当今社会，持续不断地为社会文化产业各个方面创造着新价值。

一、不朽的经典《红楼梦》

《红楼梦》中国古代四大名著之一，被誉为中国小说文学难以征服的高峰。作者曹雪芹，续作由高鹗完成，成书于1784年。《红楼梦》原名为《石头记》，又名《情僧录》、《风月宝鉴》、《金陵十二钗》等，是一部具有高度思想性和高度艺术性的伟大作品。作者具有初步的民主主义思想，他对现实社会、宫廷、官场的黑暗，封建贵族阶级及其家庭的腐朽，封建的科举、婚姻、奴婢、等级制度及社会统治思想即孔孟之道和程朱理学、社会道德观念等都进行了深刻的批判，并提出了朦胧的带有初步民主主义性质的理想和主张。《红楼梦》作为中国文学史上的一颗耀眼明珠，永远放射出灿烂的光芒。自《红楼梦》诞生的那一天起，红学研究就开始了。在当代，《红楼梦》不仅成为著名人文学科——“红学”的研究对象，其思想文化还影响到各种文化生活领域，逐渐形成了一种独特的文化现象——“红楼梦文化”。随着我国经济飞速发展，红学文化也逐步演变发展成为产业，涉及图书出版、影视演艺、游戏动漫、旅游餐饮等诸多方面，形成了极其丰富的产业链条。

二、“红楼梦文化”形成新的经济链条

相信经典，它们具有持续的创造力，它们具有永远开发不完的价值魅力。不断地发掘经典价值运用于产业之中，是实现双赢的最佳途径。

（一）依托于《红楼梦》品牌

近年来，各种解读《红楼梦》的书籍如雨后春笋般出现，这些同质化严重的书籍都取得了不错的销量，并且都引起了一定范围内的关注。无疑，这些书籍的成功都源于《红楼梦》这个百年品牌的延伸。各地在园林建筑艺术和餐饮文化方面，也大打红楼牌，推出“大观园”、“曹雪芹公园”、“红楼文化之旅”、“红楼宴”、“红楼梦酒”等。

而围绕《红楼梦》翻拍的影视剧一次次掀起了红学热潮。无独有偶，北京电视台推出的选秀栏目《红楼梦中人》，风靡大江南北，靠的也是《红楼梦》这个品牌。《红楼梦中人》使单纯的娱乐选秀节目散发出传统文化的迷人魅力，给观众一个走近名著、了解名著的契机，将不同年龄段的红学爱好者“收入麾下”。借助《红楼梦》这个具有一定文化资源优势的有力品牌，《红楼梦中人》在赚足观众眼球之余，也轻易地带来了相关产业的发展。自“红楼选秀”活动开展以来，各大书店的《红楼梦》及与红学有关的书籍开始热销，《红楼梦》原著热卖到断货；旧版电视剧《红楼梦》的拍摄地——北京大观园的客流量增长了40%~50%。

这些《红楼梦》衍生产业的大获成功使我们认识到，即使在科技高度发达的今天，传统文化品牌所具有的号召力依然是无限的。

（二）结合新媒体，运用病毒式营销策略

《红楼梦中人》节目的成功离不开出色的营销策略。北京电视台在其网站上推出了《红楼梦中人》官方网站，在营销中选择了病毒式营销策略；借助这种传播模式，《红楼梦中人》海选视频迅速传播开来，为这次活动做足了宣传，使活动形成了强大的影响力。借此活动，北京电视台网站在全世界的排名也由原来的3万名外，上升到全世界前5000名，这其中绝大部分点击量就来自于《红楼梦中人》官方网站①。

（三）红楼文化打开大观园经营路

北京大观园是以红楼文化为主题的休闲娱乐公园。随着北京电视台重拍经典名著《红楼梦》，推出“红楼梦中人”选秀活动，北京大观园的游客量迅速上升，在“红楼梦中人”选秀活动推出的第一个周末，大观园门票收入增加四成。为保证大观园拥有良好的生命力，大观园依托红楼文化，几乎每个月都推出一两项活动，其中不但有向社会各界征集红学资料、开设《红楼梦》讲坛的学术性活动，也有邀请越剧社团演出、红楼地书表演等互动活动，还有“红楼寿筵”、“古典婚庆”等独具特色的项目。这些活动的推出使大观园的游客数量和票房收入保持强劲增长，说明大观园以红楼文化为主题的服务赢得了大众的喜爱和参与。

三、案例点评

《红楼梦》作为中国古典文学的经典，充满了文化符号，可以说是传统文化的百科全书，包括了建筑、园林、器具、服饰、饮食、节日、植物、字画、语言……红楼梦文化博大精深，它已经不是一件文化商品，更是一个特殊的文化符号。传承红楼梦文化，应该充分理解其背后的文化内涵。

《红楼梦中人》选秀依托于《红楼梦》，所以这次活动就不仅仅是一次商业活动，而成为一场大众普及的文化活动，商业气息不能太重，否则就是对中国文化精粹的亵渎。网络上对《红楼梦》原著的一些行为恶搞，不加以科学地引导和适度地限制就会被无限放大，成为歪曲经典文化的温床。文化的误读和网络的滥用，会将真人秀节目引入歧途。

一直以来，书刊作品和影视节目作为大众文化的代表，能够用现代传播手段，以大众都普遍接受的行为方式，精彩地再现古典名著的精髓，使中国传统经典文化变得雅俗共赏，实现了大众文化与精英文化的无缝融合，极大地推动了文化的传承与发扬。这样的文化传承方式是值得提倡和发扬的。而其他的各种形式的文化衍生方式，诸如游戏动漫、旅游餐饮、服饰器具等，要用带有文化传承的有质感的符号来感染受众。中国文化的传承，不是一个空洞的概念，一定是落实在社会生活的很多细节里面，要赋予有价值的文化元素，为它注入理想的文化内涵；一定是真正潜移默化使娱乐性与社会责任达到文化上的平衡。

280多年前，饱经世事沧桑的一代才子曹雪芹写下了千古绝唱《红楼梦》，由此矗立

① 李亚馨、王逸凡：《红楼选秀：文化+网络=病毒式营销》，载《第一财经日报》2007年3月7日。

起中国传统文化难以企及的高峰。时至今日，红楼梦文化产业链的开拓发展要注重自身品牌建设，使《红楼梦》中蕴含的广博深厚的中华民族传统文化迸发出强劲的生命力，形成蔚为大观的中国文化现象。

【案例 3】　《受活》：创新营销打造经典价值

这一本让人啼笑皆非继而陷入深思的书，它以深刻的穿透力和完美的营销，打造了纯文学图书一个新的经典案例。

一、中国的《百年孤独》——《受活》

中国当代极具创作爆发力的以写农村苦难著称的作家阎连科在《收获》2003 年第 6 期发表了长篇小说《受活》，讲述了一个叫“受活庄”的地方，所有村民都天生残疾，他们视健全者为另类。主人公柳县长想用重金购买列宁的遗体以发展旅游经济，结果受活庄被柳县长发现了，于是，这个由残疾人组成的村庄开始了走向外部世界的道路。受活庄的村民们通过组建“绝术团”，到处巡回演出，红遍了方圆百里。该作品一经推出，立刻受到文学界的高度评价，被称为“中国当代文学狂想现实主义的奠基之作”、“中国的《百年孤独》”、“一部充满政治梦魇的小说”、“一个中国版的失乐园与复乐园的故事”。评论家认为，阎连科用他那超凡奇诡的想象、无与伦比的冷峻与深刻，刻画了一个“政治人”痴情而迷乱的人生追求，剖示了纷繁复杂的政治生活和社会生活的本质和本源。

《受活》在中国小说协会和齐鲁晚报社联合举办的 2003 年小说排行榜评选中荣登长篇小说榜榜首；在《南方周末》和《新京报》联合主办的华语传媒文学大奖提名评选中，获长篇小说首选提名。2004 年 1 月，《受活》由春风文艺出版社大张旗鼓地出版单行本。这部纯粹的成人文学图书在销售上大放异彩，其创新营销方式推动了图书的销售和影响力，首印 10 万册迅速销售一空，并连续登上了一些书城的新书销售排行榜榜首。

二、《受活》创新营销的成功之道

《受活》的独创性及其很有特色的营销是它的成功之道。

（一）依托当家品牌，扛起革命大旗

春风文艺出版社是一家以原创长篇小说、引进版图书和艺术类图书为出版特色，具有独特企业文化的中国一流的文学艺术出版社，其反映当代都市生活的长篇小说系列——“布老虎丛书”已成为国内图书著名品牌，这一品牌的影响力和市场占有份额，都是稳定和良好的。2003 年“布老虎丛书”实行大变革，要突破原有的都市爱情题材一统天下的格局，将一些有社会现实意义的经典小说纳入到“布老虎丛书”中。此时《受活》恰好列入出版计划，也十分吻合“布老虎丛书”变革之意，两者的结合可谓神来之笔。于是，“布老虎革命了，阎连科《受活》扛起大旗”的宣传与新书《受活》一起上演，《受活》借助春风社的著名当家品牌的影响之势，打造了精品形象，得到了读者的广泛认同。

（二）首创不满意即可退货服务

为了更好地为读者服务，也为了打造文学图书市场营销的创新点，春风文艺出版社借鉴了商界“不满意就可退货”的做法，首次选择了珍藏版《受活》作为尝试，在图书市

场上开展“读《受活》不满意就可退书”活动，开通了咨询热线，派专人负责具体事宜。公开承诺读者在此期间购买《受活》珍藏版后，只要认为小说质量和包装设计未能达到读者要求，即可退货，且购书费及退书邮递费皆由出版社承担。这不是一种炒作行为，而是蕴含着出版社对《受活》这部小说无比的自信。因缺乏感召力即可退货的这种惊人的创新做法，在出版行业引起了很大的反响，凭借着这种以读者为中心的做法，《受活》一书很快得到了作者的关注和信赖。

（三）从“漂流图书”开始扩大自身影响力

在国外，“漂流”网站非常流行。春风社采用图书“漂流”的方法，让更多的人一起享受阅读的乐趣，在做公益活动的同时也扩大图书的影响力。他们首先选择了30多家全国各地的“星级经销商”作为发源地，将普及版《受活》散发给他们，全国各地的读者在那可以随便取阅有“漂流图书”字样的图书，阅读后交回经销商处即可。读者可以在春风文艺出版社的网站上发表感受文章，只要文章得到100名网友的支持“献花”或100个反对的“鸡蛋”，即可得到春风文艺出版社送出的由阎连科签名的珍藏版《受活》一本。这种在国内罕见的营销做法，极大地激发了读者的热情，提高了《受活》受关注的程度。

（四）普及、珍藏两种版本满足不同读者的需要

为了迎合不同读者群的需要，将普及、珍藏两种版本同时对外出售，这一做法在中国出版界还是第一次。《受活》珍藏版极具珍藏价值，不但限量发售、永不再版，而且还有作者的亲笔签名，这些无疑增加了珍藏版的含金量。为了进一步扩大影响力，春风文艺出版社还将特殊珍藏号赠与那些在中国文学史上做出过突出贡献的作家和有代表性意义的文学馆，比如将0001号赠与鲁迅博物馆，0009号赠与巴金，0100号赠与中国文学馆……这种多层次发行的做法，不但满足了一般读者的阅读需要，也使一些喜好收藏的读者得偿所愿。

（五）多种营销方式共同打造经典

春风文艺出版社抓住一切可以利用的机会做足营销，取得了非常不错的效果。不但特别请许多著名大评论家在受众率较高的晚报、商报、日报等大众媒体和有影响的文论刊物上发表评论性文章来提高知名度，让《受活》的经典性深入读者内心；还将作者请到北京大学、苏州大学、沈阳师范大学等高校，举办专题讲座与大学生直接交流、签名售书；同时与电视台、电台、报社等主流媒体联手进行作者访谈，借助一切可以利用的媒体，不断向观众、听众灌输“阎连科”、“受活”等字眼儿，使《受活》及其内容在读者心中留下了深刻的印象。

三、案例点评

《受活》作为文艺作品，面临着巨大的竞争压力，只有在市场营销方面下足工夫，才能取得好的经营成绩。春风文艺出版社没有拘泥于原有图书的成功营销做法，看到创新对出版社、对图书出版的巨大作用，在2003年对“布老虎丛书”实行了大改版。选择评论家广泛好评的现实主义作品《受活》为“布老虎丛书”注入新的元素，与此同时，《受活》也借助这一有影响力的品牌实现了华丽上市，并成为畅销书。这种结合既是创新之

举，也是天作之合。

文学在当今的中国已经逐步边缘化，大多数年轻读者对大部头的文学作品失去了阅读兴趣，为影视传媒的强大影响和林林总总的休闲娱乐类报刊所吸引。如何培养读者尤其是年轻读者的阅读兴趣成为出版工作者最为头疼的问题。如何使有价值的文学作品有一个好的市场回报，成为出版社面临的一个困境。阎连科的《受活》是一个能够反映人类生存状态的现实主义作品，这些有深意的作品面市时需要营销创新。只有不断创新，在图书营销的各个环节上下足工夫，才能让作品有一个好的市场回报。春风文艺出版社针对《受活》一书的特点和当前读者的阅读心理，强力推广，以文本的经典性做保证，以创新、多样化的营销方式来推动，使《受活》在2004年的书市上火了一把。

【案例4】　“淘气包马小跳”：国内儿童文学第一品牌

孩子是祖国的未来，在哪个时代儿童读物都是图书市场的一个主旋律，不可否认的是，在21世纪，它成为一个新的市场，呈现出新的特点。

一、“淘气包马小跳”系列图书的发展概况

“淘气包马小跳系列”是杨红樱创作的儿童小说系列，作品通过描写一群调皮孩子的快乐生活，反映了当代儿童的生活现实与心理现实，呼吁让孩子拥有美好的童年。杨红樱的作品尊重孩子的天性，不仅受到了孩子的喜爱，也让很多老师、家长爱不释手，以期能从中寻找到通往孩子内心的密径。经过接力出版社多年的运作，“淘气包马小跳系列”、“杨红樱校园小说系列”、“杨红樱童书屋”已成为中国少儿品牌图书，共发行200多万册。其中《女生日记》、《男生日记》正由中国电影集团拍成电影；《五三班的坏小子》、《漂亮老师和坏小子》将拍成电视连续剧。此外，“淘气包马小跳”系列获第十届“五个一工程”优秀文艺类图书奖，并被中国动画协会推荐为2008年度优秀动画。

品牌的发展是个长期的过程，一个成功的品牌不仅具有专有性、文化性、溢价性，还具有扩张性。作为一个成功的图书品牌，局限于纸质出版这一市场是不够的，应该充分利用媒介互动、邻接权交易来进行产业链延伸发展，开发品牌资源，巩固品牌竞争力。借助“淘气包马小跳”系列图书衍生的儿童剧《巨人的城堡》取得了巨大的成功，获得第六届全国儿童剧优秀剧目展演优秀奖、第十三届中国人口文化奖（舞台艺术类）戏剧类作品二等奖、四川省第十届精神文明建设“五个一工程”优秀作品奖、成都市第六届精神文明建设“五个一工程”特别奖。中影动画产业有限公司于2007年面向全国进行品牌授权招商活动，招商范围涵盖：互联网/无线增值产品、音像制品及音像发行、出版物、促销、代言及冠名、动画片置入广告、所有实体化商品等，逐步走向多层次的产业化之路。

二、“淘气包马小跳”系列畅销的原因

在图书营销这个市场上，各路争锋，互不相让，“淘气包”总会有一些“鬼主意”，使出了自己的必胜手。

（一）符合孩子特点，引领孩子健康成长

书能畅销最重要的原因是这本书的内容，它直接决定着图书的营销方略。“淘气包马

小跳系列”图书内容真实生动，很容易使孩子产生共鸣。它打破了以往的国内原创少儿文学作品的写作模式、说教模式，在内容的多样性、丰富性方面做了大胆的尝试和有益的探索。图书描写孩子们当下的生活，内容包罗万象，不但有关于孩子交友、学习、成长、智慧、勇气这样的传统话题，又有环保、卡通、动漫、蹦极这样的时代话题；将平等、快乐、独立、人性关怀、情商培养等教育理念巧妙地融入故事中，用平实、有趣、符合孩子思维逻辑、符合孩子心理情感特点的故事让孩子体会、感受成长的幸福与烦恼。行文浅显易懂，语言流畅，故事精彩，直奔主题，一下子就将孩子们吸引住了，让孩子们快乐地融入其中，赢得了孩子乃至家长和老师的喜爱。

（二）以立体营销为方略，快速占领市场

随着外国儿童读物以及动画片的大量涌入，中国的儿童图书市场也进一步萎缩，“淘气包马小跳系列”图书面对着巨大的市场压力。为了让承销商打消顾虑，树立信心，接力出版社分几个阶段对图书进行了热力宣传。第一阶段是利用了各种媒体进行报道，在最短的时间内让承销商和读者认识到这本书的潜力。出版社首先利用报纸和杂志进行简单的宣传，接着利用网络、电台、电视台逐步扩大宣传面和影响力。通过这种全方位的宣传方式，“淘气包马小跳系列”经过6个多月的市场考验，开始展露逐步畅销的喜人态势。第二阶段是出版社策划和安排了新一波的宣传与推广，以求进一步提高宣传的效果。接力出版社和作者杨红樱在十几座大小城市与小读者举行各种形式的座谈、交流、签售活动，好评如潮，受到许多媒体的关注，在镇江更是创造了日签售4000册的最高纪录。第三阶段出版社与中央电视台、成都电视台等主流媒体合作，借《焦点访谈》隆重推介“淘气包马小跳系列”丛书，《东方之子》采访报道作家杨红樱，由成都电视台著名节目主持人“陈岳叔叔”讲马小跳精彩故事，并制作成VCD光盘，免费赠送给广大小读者。立体营销在全国各地掀起了小读者阅读原创少儿文学图书“马小跳”的一股新热潮，不但使“淘气包马小跳系列”图书冲出了重重包围，还给今后中国少儿图书的宣传、营销指明了新的发展方向。

（三）从独特的个性，强化图书品牌的个性

“淘气包马小跳”根据儿童爱玩的特点，塑造了一个爱玩的“淘气包”主人公形象。“马小跳”不仅爱玩，而且充满了无限的想象力和创造力。除了马小跳，书中还描写了一群性格各异的人物，在“玩”中显现出其独特个性。正是这些栩栩如生的各种人物，让“淘气包马小跳”的故事更加精彩生动。在宣传上，出版社结合了以往的经验，展示出了少儿图书营销推广手段的创造性精神。比如附赠“马小跳”形象的不干胶贴，开展作文征文活动，有机会被推荐到报刊刊登，获赠奖品。还有如集齐6个“马小跳”标志，可以获得出版社提供的奖品。这些独特的个性帮助“淘气包马小跳系列”图书成功树立了品牌形象，成为自身品牌的标志。

三、案例点评

“淘气包马小跳”系列图书的成功不是偶然的。它的成功结合了时代背景，也满足了父母、老师的要求，更是得到了孩子们的认可。杨红樱作品的大部分小读者们是“80后”、“90后”的孩子，因为时代的原因，他们大多生活在孤独的精神世界中。但是，他们却都怀揣着许许多多的梦想，只是“马小跳”们可以去实现它，而现实中的他们却不可以。“淘气包马小跳”系列图书的品牌特性体现出亲近少儿、关心少儿、体贴少儿、理解少儿的种种特质，通过接力出版社的运作，实现了从宣传到产业链完善，完成了品牌塑造到开发的全过程。对于接力出版社和“淘气包马小跳”来说，它们之间的合作不仅是双赢，更造福了我国少儿读者们，其锐意进取不断创新的改革之路，已经成为少儿图书出版界乃至整个图书出版界交口称赞的典范。

思考题

1. 谈谈《达·芬奇密码》的成功秘诀对中国的图书出版有何借鉴意义。
2. 说说古典名著能不能与真人秀栏目相结合？为什么？
3. 中国的畅销书籍有些什么特点？
4. 试比较《受活》与“淘气包马小跳系列”的营销创新有何异同。

第三节　期刊类文化项目案例

期刊和报纸同属于平面媒体，在时效性上无法和报纸相媲美；但期刊也有自己的优势，它集中报道一定时期内最重大的信息，看问题也比较深刻，比较全面和宏观，在印刷上也更加醒目和吸引人。在社会进步的大背景下，期刊业出现了春天，出现了一些很有影响力的名品。

【案例1】　《新周刊》：中国最新锐的时事生活周刊

《新周刊》享有传媒界“话题发源地”的美誉，它时尚、尖锐，是舆论界不可忽视的一股力量。

一、《新周刊》的发展历程

创刊于1996年8月18日的《新周刊》是由广东出版集团、三九企业集团联合主办的时事生活类杂志，它始终站在社会潮流的最前沿，以其无情解构的犀利风格成为中国社会变迁敏锐的观察者与记录者，是中国期刊市场上最具舆论影响力的杂志之一。它观点鲜明，能够带给读者思想上的冲击，引导读者关注正在发生和将要发生的趋势；它的众多经典专题以及一年一度的“大盘点”、“特辑”，成为人人推崇的热点栏目；它每年发布的“四大榜”——“中国年度新锐榜”、“生活方式创意榜”、“中国电视节目榜”和“中国城市魅力榜”，也已经成为中国现代生活的风向标。

创办初期的《新周刊》特点鲜明、报道视角独特刁钻，凭借其创新的报道模式和叙事方式，开始引起国内读者和传媒的关注。

1996年在全国传媒业进行经济体制改革的大环境下，三九集团对《新周刊》的投资彻底改变了杂志的命运。从1997年9月5日起，《新周刊》定位为“中国最新锐的生活时事周刊”，确定以敏锐视角捕捉新闻事件，确立了自己犀利的传媒风格。《新周刊》开始偏离严肃新闻时事类期刊，逐步向文化生活类新闻周刊转型。在三九集团资金注入下，一个遍及全国22个城市的发行部使《新周刊》的发行机制走在了全国报刊前列。至此，《新周刊》完成了从文人办刊向按市场观念经营刊物的转变。风格的确立、内容的创新、发行机制的完善使《新周刊》的影响力进一步扩大，开始在中国期刊中崭露头角。

进入21世纪，中国期刊业的竞争步入白热化阶段。为了适应新的发展趋势，《新周刊》于2001年9月15日进行了第二次全面改版，全面接轨国际形态，这次改版首先体现在版面上，《新周刊》扩版为16P充粉纸全彩印胶装，强调视觉冲击，在视觉效果上的优势开始成为一大特色。在内容和定位上，保持原有犀利文风的同时，注意选择与时代更贴近的主题。在不断地创新和完善下，《新周刊》终于形成了属于自己的刊物风格，确立了情绪、概念和趋势三大重点，将目光投到全球化、传媒、城市、阶层、代际、生活方式和男女关系七个方面。

二、《新周刊》成为黑马的秘诀

黑马腾飞，当我们惊叹于它的一鸣惊人的时候，也在探索这背后的原因。

（一）准确的市场定位

中国经济高速发展，以白领阶层为代表的中产阶级开始占据社会的主流。这些人受过良好教育、收入稳定丰厚、生活节奏较为紧张，并且不满足于简简单单的获取新闻，而是对新生事物比较敏感，努力追逐新的生活方式。《新周刊》准确捕捉到了这一新的市场，把自己定位于城市白领阶层的时事生活周刊。《新周刊》的选题和文风，无不流露着时尚、新锐与另类，其文风犀利，颇具煽动力和诱惑力，能够一针见血地揭示出事物的本质。《新周刊》将当前人们关注的时事与绚丽多姿的生活结合起来，以个性化的见解、与众不同的视角来报道、追踪社会生活热点和时尚文化信息，充分满足了都市白领阶层文化生活的需要。

（二）强调视觉冲击

如何使杂志脱颖而出，第一时间吸引读者的目光，封面显得尤为重要，这一点《新周刊》做得相当成功。《2000年大盘点》的封面设计获国际期刊设计奖——奥齐奖，是对向来注重封面设计的《新周刊》最大的奖励，国际期刊界颁奖典礼上首次出现了中国期刊的影子。《新周刊》由出血版图片和色彩浓重的大字体专题构成的封面，形成了简洁干练、有极强的视觉冲击力和穿透力的独特风格。

（三）出色的商业化运作

《新周刊》十分注重自身的商业化运作，体现在广告策略、榜单和多元化经营三个方面。由于其市场定位是白领阶层，所以杂志广告主要针对手机、电脑、香水、汽车等高档消费品，广告制作精良，深有意味，高品质的广告无形中提高了期刊的品位，与全国超过300家大客户及广告公司都有长期的业务往来。《新周刊》从1998年在其一年一度的“大盘点”中创立了“年度榜”，得到了社会广泛的关注；2001年《新周刊》、阳光卫视和新浪网三家强势媒体联手，将“年度榜”改版为“中国年度新锐榜”，代表了社会的发展趋势，影响力得到进一步扩大。《新周刊》组织各种活动、商业演出、电影、电视节目等都成为其商业化运作的成功典范，形成了多元化的经营方式，为品牌建设打下了坚实的基础。

三、边缘化之痛

创刊初期剑走偏锋的《新周刊》选择了一条边缘化的非主流路线，正是这种边缘化的路线帮助《新周刊》迅速在读者心中站稳了脚跟。但长期甘居边缘就意味着不会有太多的主流掌声，与《新周刊》一语惊天下的意图相违背。虽然《新周刊》的宣传口号仍然是“中国最新锐的时事生活周刊”，但近年的《新周刊》过多关注时尚新潮，对社会民生重大问题有意无意地忽视，无疑会拉大与多数读者的距离，走上边缘化之路。在读者自身权利意识、社会责任意识日益觉醒并对此高度关注的今天，《新周刊》的表现已经与当年那个“社会观察者”越来越远了。

四、案例分析

从文人办刊到走市场化道路，《新周刊》的发展轨迹也代表了中国新闻类期刊的发展路径。在市场经济下，媒体间的竞争非常激烈，依托于传媒集团或者引入大企业的资金支持，整合各方面的资源，提高自身竞争力，成为近年中国期刊的发展趋势。

根据2003年的数据，我国进入市场实现商业化运作的期刊约有2000种，其中传统杂志，如《读者》、《知音》、《家庭》等走的是低成本、高发行的平民路线；重物质享受为主的时尚类杂志，如《时尚》、《瑞丽》、《世界时尚之苑》等，走的是高成本、高广告、高消费读者的“三高”路线；而新闻类周刊则占据了中间的位置，虽然拥有自己的固定读者群，市场经营状况良好，但仍面临着产业实力单薄、结构不合理等亟待解决的问题。对于读者来说，最看重的无疑是期刊的内容。当《新周刊》率先以专题策划为自己赢得良好声誉后，大多新闻类周刊纷纷开始效仿，抛弃了时事中较为呆板、严肃的内容，选择软性话题进行专题策划，配以“噱头”式的专题名称，以达到吸引读者的目的。

但是，一个只重视内容而忽视经营的期刊，在当前激烈的市场竞争中是无法生存的。走向品牌建设的《新周刊》恰恰证明了这点，当其他媒体效仿成功媒体的做法时，不但应该看到对方一方面的成功，而应该全方位地观察对方的生存之道，这样才有可能一步步形成自己的品牌，在市场中寻找到属于自己的一片天空。

【案例2】　《读者》：中国人的心灵读本

最受中国人欢迎的杂志《读者》可以反复阅读很多次，其精致的内容、严肃的内含，使之成为人们的心灵鸡汤、精神支柱。

一、《读者》三十年风雨历程

《读者》（原名《读者文摘》）是由甘肃人民出版社主办、读者杂志社编辑出版的综合类期刊。自1981年创刊迄今，历经33年的发展，月发行量由最初的3万册，达到2006年月平均发行量898万册，发行量中国期刊排名第一，亚洲期刊排名第一，世界综合性期刊排名第四，走出了一条中国期刊发展的成功之路①。《读者》多次获中国期刊界最高奖——“国家期刊奖”，被认定为“双高”（高知名度、高学术水平）期刊，被列为知名品牌，成为“多彩甘肃、精品陇原”的重要标志。

1981年，改革开放的春风使中国整个社会渴望新知识、新文化，《读者》根据当时的社会需要率先介绍西方的优秀文化、先进的思想和科学知识，很快形成了巨大的影响力，为杂志的发展打下了良好的基础。

进入90年代，中国进入经济发展的高速时期，人们开始把目光投到自己的生活上面。《读者》果断进行了内容上的调整，提出“贴近时代，贴近生活，贴近读者”的办刊理念，杂志的发行量开始突破瓶颈，稳居全国第一大刊。

进入21世纪以后，杂志利用自身的品牌效应，进行了一系列扩张，如扩版、改刊期、创办子刊等。2010年12月24日，被誉为“中国人的心灵读本”的《读者》杂志推出网络版，读者网正式上线，标志着《读者》进入数字化时代。

二、《读者》运作的灵魂

以情感人，一次次带给人心灵的震撼，这是一本很有灵魂的杂志，它与最广大的大众沟通，雅俗共赏，建立了良好的群众基础，每个人都有一段“《读者》情”。

（一）一本实现与大众沟通的读物

《读者》创办之初就有一为读者摘文、二由读者自己摘文的办刊理念，这种理念最大限度地拉近了广大读者与编辑部的距离，使《读者》拥有了平民化的气质，也决定了《读者》肩负着宣传、教化功能。其内容讲述的大多是社会普通成员的故事，用朴素无华的语言，在谈心式的氛围中，实现了与大众读者的心灵沟通。在《读者》营造的精神天地中，与普通读者心贴心、甚至完全融合的内容，使《读者》赢得了成千上万的读者。

（二）一本雅俗共赏的读物

《读者》在30年的历程中始终如一，在“俗”与“雅”中找到平衡。健康的内容、丰富的知识、耐人寻味的可读性始终是《读者》一贯的风格。而《读者》在努力追求思想、格调、风骨的同时没有忘记将高雅格调和通俗的表现形式和谐地统一起来。这种统一，使《读者》做到了雅俗共融，并且为不同文化程度的读者所接受。

（三）一本紧握市场的读物

《读者》应对市场主要遵循了出版精品和服务读者这两条原则，一方面极力保持杂志的高品质；另一方面为读者提供最完善的服务，采用短信、网络等与时俱进的现代化通信手段，从各个方面体现了读者本位的思想。《读者》还根据中国特点，准确把握市场规律，提出了适合市场规律的广告推广策略和营销策略；以市场为导向，切合《读者》自身定位，刊登符合读者对象消费水平的广告，广告篇幅适当；把期刊广告经营也纳入为读者服务的目标体系中，而不是简单地把读者资源出售给广告客户，满足了读者的消费、娱乐和阅读需求。

《读者》创造的分销机制，为中国期刊领域带来了一场分销革命，彭长城主编首创的

① 百度百科：《读者》，http://baike.baidu.com/view/52892.htm#sub5064085，访问日期，2012-10-2。

期刊数据营销无疑是期刊营销史上的一次飞跃。把握市场、大胆创新使《读者》在长达30年的历史长河中经久不衰，愈发强大，如何在创新机制上与新媒体更加完善的结合，成为杂志社需要下一步思考的问题。

三、两个《读者文摘》之争

1982年初，中国出版工作者协会收到一封海外来信。美国《读者文摘》远东公司请求禁止甘肃人民出版社停止使用《读者文摘》中文名。创办于1922年的美国《读者文摘》当时每期发行两千多万册，年收入超过20亿美元，是世界发行量最大的一家杂志。美国读者文摘公司总部于1965年创办了《读者文摘》中文版本，在内地有上千册的发行量。他们希望利用法律手段将中国的《读者文摘》消灭在成长期。但由于当时的中国刚刚结束“文革”的十年动乱，各项法律法规还没有完善，也由于报刊同名是一个世界性的现象，如何进行处理在中国还没有找到一个妥善处理的方法。

1982年8月，第五届全国人民代表大会常务委员会第24次会议通过了《中华人民共和国商标法》，这是中国历史上第一次以法律的形式确认和保护商标。中国的《读者文摘》并没有意识到这个新颁布法律的重要性，而远在大洋彼岸的美国读者文摘协会率先采取行动，为其中文版杂志《读者文摘》的注册向中国提出了申请。1982年12月30日，中国工商总局把美国的中文版《读者文摘》，作为第63类使用商品（期刊、书籍），给予注册，同时发给商标注册证。根据商标法的规定，中国的《读者文摘》为了避免侵权必须改名换姓。

《读者文摘》于1993年7月更名为《读者》。这次更名事件标志着中国期刊正式开始参与国际竞争。由于这次更名带来的影响力非比寻常，杂志社抓住了这个契机，展开了缜密的宣传策划。借助中央电视台《观察与思考》栏目等各大媒体向社会告知更名的真相和社会意义，使读者认识到这次期刊名之争其实是中美期刊业的较量，希望唤起广大读者的爱国主义情感。事实证明，这次缜密的更名宣传策划是成功的，《读者》发行量快速上升到350万份，影响力也进一步得到扩大。

四、案例点评

创始人胡亚权先生曾在《解读读者》的序文中提出“读者精髓”的命题：当你阅读《读者》时，能够深深体会到里面的人文内涵。在这个时代，不被世俗的潮流所吞没，而独善其身30年从未改变自己的努力方向的，唯《读者》一家。《读者》30年如一日，将“雅”与“俗”完美契合，让老百姓在朴素的故事中感受到真真切切的人生意义。

《读者》的成功与品牌的建设是分不开的。品牌是建立产品差异化竞争优势的手段，产品可以被竞争者模仿，但品牌却无法被复制；产品极易过时落伍，但成功的品牌却能长久不衰。这些都是品牌独一无二的优势，这些特征在《读者》30年的成长历程中得到了集中体现。《读者》的核心竞争力由多种因素构成，这些因素不但包括《读者》独特的风格和文体样式，也包括《读者》诸如“亲情订阅”“公益活动”，将月刊变为半月刊、设立乡村版等一系列出色的营销策划，而最最重要之处在于，人们选择这份杂志，是因为它的内容。

【案例3】 《时尚》：引领潮流，倡导时尚

当中国的奢侈品市场刚刚开发的时候，当中国高消费人群去国外扫货的时候，《时尚》就像一个前瞻者，在20年前就已经嗅到了这一趋势，虽然因开辟先河而饱受争议，而它却用事实证明了自己。

一、《时尚》的发展历程

1993年8月8日，一本售价10元的贵族杂志横空出世于京城一处仓房小院中。这本由国家旅游局主管、中国旅游协会主办的中央级大刊凭借精致养眼的封面模特、独具匠心的双封面、正反面倒翻的形式，成为中国杂志中的贵族，其高定价和所倡导的消费文化引来了不少非议。但《时尚》创办者的执着与坚持很快得到了市场的回报。创刊一年后迅速摆脱了经济危机，在杂志市场上站住了脚跟，取得了鼓舞人心的成绩。由于资金有限，最初的《时尚》杂志只有一半内容是胶版纸彩色印刷，为了提高《时尚》的品质，杂志改为全彩印刷。这次成功改版，也为《时尚》杂志迈上成功之路打下了坚实的基础。

在经营贵族期刊方面，外国公司具有世界上最先进的经营理念。处于成长期的《时尚》为了学习国际先进的办刊理念、经营策略、品牌行销及管理经验，开始了自身的版权合作之路。1997年9月，时尚杂志社与美国国际数据集团（IDG）合资成立了时之尚广告公司。1998年，《时尚》购买了美国赫斯特公司旗下《大都市》（*Cosmopolitan*）的版权，拉开了与国际著名杂志集团合作的序幕。版权合作使《时尚》拥有了得天独厚的资源优势，可以分享全球38个国家的编辑、记者的出色成果。

版权合作不但帮助《时尚》走向了国际化之路，还帮助其学到了先进的品牌发展战略。《时尚》创办者利用已有的品牌优势拓展延伸更多的刊物。1997年，《时尚》分为“伊人”和“先生”两个版本出版；2000年5月，《时尚旅游》全新改版，6、7月份《时尚家居》、《时尚健康》先后创刊；2002年11月《娇点·Cosmo Girl》创刊，12月《时尚时间》创刊；2003年1月，推出了与赫斯特集团合作的《好管家》，同年创办《时尚健康男士》；2004年，《时尚家居置业》成为国内第一本真正引导房地产品牌消费潮流的杂志。

在《时尚》及其期刊衍生品大获成功后，随着广告公司、发行公司、图书公司以及时尚网站等的建立，时尚杂志社摆脱了以杂志为生的单一发展模式，走向拥有立体的发展模式、国际化视野和自身推广平台的集团化的发展道路。如今的《时尚》已成为中国最具实力的高档期刊出版集团，旗下拥有14本刊物，拥有北京时之尚广告有限责任公司、北京时尚方向广告有限公司、北京时尚书刊发行有限公司、北京时尚兴裕制版有限公司等企业，并在上海、深圳设有办事处。2004年，《时尚》入选了（由全球五大品牌价值评估机构之一的世界品牌实验室（WBL）和被誉为“经济联合国”的世界经济论坛（WEF）共同编制的）2004年“中国500最具价值品牌”，品牌价值6亿元，是时尚类杂志中唯一的入选者。

二、《时尚》成功的经验

《时尚》市场定位准确，它抓住了社会发展的特质，建立了良好的发展基础，规划好了路，快速发展就顺理成章了。

（一）贵族化的路线

随着中国经济的发展，人们的生活水平和思维方式已经发生了重大改变。走向现代化的中国，需要一本真正的高档文化期刊来满足人们现代化生活诸多方面的需求。定位在宣传商品知识、传播消费文化、树立现代化生活观念的《时尚》杂志之所以大获成功，正是因为它顺应了社会的发展趋势，反映了时代的特点，能够充分地满足广大人民群众根本的文化需求和生活需求，成功填补了市场上的空白。

（二）以我为主的合作原则

从世界品牌发展的历史来看，合作不一定就代表成功。与国外企业合作的关键是要清醒地了解自己的需要，拥有学习和消化的能力。《时尚》在与外国企业合作中一直遵循“国际视野，本土意识”的理念，不百分之百照搬外刊，坚持以自创内容为主；在管理上不允许外方人员干扰企业的经营决策。这使得《时尚》既保持了自身明确的发展方向和特点，又拥有了国际化的起点和视野，契合了中国的文化需要；杂志也因此取得了辉煌的成绩。

（三）积极进行自主品牌建设

出色的版权合作、积极的开拓精神使《时尚》迅速成为中国乃至世界高端杂志的一颗新星。为了提升《时尚》的品牌价值，《时尚》杂志在更广阔的领域，进行产品多元化的尝试。其品牌建设之路始终没有离开杂志的一贯方针，始终是面向高端读者，走贵族化路线。《时尚伊人》和《时尚先生》这两本根据读者性别而划分的杂志形成了各自的风格，取得了很大的成功。接着又推出家居、健康、旅游、时装、汽车、钟表、科学、地理、美食等不同版本，其中由《时尚》完全独立创办的《时尚家居》、《时尚健康》、《座驾》、《钟表》等刊物都已经成为期刊界的成功品牌，获得了国内外读者和广告商的高度认可。

三、《时尚》杂志发展遭遇瓶颈

《时尚》取得了令世界瞩目的成绩，但其目前的品牌实力，与国外同类期刊相比还有很大的差距，如美国著名的COSMO，发行量达200多万份，一年的广告额更是高达2亿美元。虽然美国的高端消费市场规模比中国要大得多，但《时尚》必须认识到自身的不足，使自己获得新的提高。在目前国内这种发行模式下，《时尚》遭遇到了发展瓶颈，要建立自己的消费类期刊发行网络，提高市场占有率。美国的赫斯特就和自己最大的竞争对手联合组建了全美最大的消费类期刊发行网络，从而使双方都得到了发展。这需要决策者具有远见、勇气和魄力。《时尚》需要这样的魄力，要想成为国际化的大品牌，必须打破目前发展中的这个瓶颈，进一步扩大自己的市场份额。

四、案例点评

《时尚》凭借准确的市场定位和出色的版权合作成为中国最具实力的高档期刊、著名杂志品牌。风风雨雨十余载，从创业之初小小的四合院，到CBD高耸的“时尚大厦”，从单一的杂志品牌成为一个多元化产业的传媒集团，时尚已经发展成为拥有十几本刊物的综合杂志社，下属时之尚广告、时尚在线、迅达发行、博闻图书、兴裕制版等多家子公司的现代传媒集团。

随着全球化趋势日益明显，越来越多的国际传媒集团瞄上中国这个巨大的市场，纷纷开始进军中国市场的行动，国际传媒巨头与时尚这个中国期刊品牌的争夺战将越来越激烈。时尚杂志社在新时期如果不开拓新的发展思路，是无法面对外国知名品牌的竞争的，国际化的合作可以帮助自己的杂志提高知名度扩大发行量，但是如果做不到以我为主，就有可能丧失自己的特点，失去自己的特色和竞争力。从目前来看，《时尚》是成功的，但如何进一步开拓新的发展道路，尤其是发行网络，提高自身的国际竞争力，仍然是一个严峻的问题。

【案例4】　《第一财经周刊》：解读中国经济的新闻周刊

受众市场的细分，市场经济发展的必然趋势，使反映中国经济发展、把握经济潮流的《第一财经周刊》适时出现了。

一、《第一财经周刊》的形成过程

“第一财经”（China Business Network）成立于2003年7月，是中国唯一跨媒体、跨地域、跨行业的专业财经资讯供应商。《第一财经周刊》是由上海文广新闻传媒集团主办、“第一财经”倾力推出的中国目前唯一一家每周出版的商业新闻杂志，为中国经济转型提供详细而深入的报道，以生动的方式洞悉商业世界，帮助读者进行优秀的职业生涯规划，为企业发展提供最佳建言、启发企业管理方法、帮助发掘商业创新。《第一财经周刊》立志成为新时代中国知识青年的商业读本，成为发行量最大的商业读物。根据第三方调查机构对全国零售市场的监测数据显示，《第一财经周刊》在全国经管类期刊中零售量排名第二。

进入21世纪以来，随着中国加入WTO，中国经济开始了飞速增长，中国社会经济现象呈现出极其复杂的态势，中国缺少对当今中国经济走势做出解读的专业性传媒机构。2003年7月7日，由上海电视台原经济频道、上海电台原经济频率揭牌的“第一财经”正式成立。第一财经以成为中国最大最强的专业财经资讯供应商为目标，针对全球对华投资进入热潮这个契机，致力于为中国广大的投资者和全球华人经济圈提供实时、严谨、优质的财经新闻和深度分析，经过进一步的发展，成为具有国际影响力的华语财经资讯平台。

2004年底，由上海文广新闻传媒集团、广州日报报业集团、北京青年报社联合主办，中国第一张跨地区、跨媒体合作的《第一财经日报》面世。2005年12月，第一财经网站上线。2007年成立了第一财经研究院。这时，“第一财经”已经拥有了一个非常好的基础，成立中国第一份商业资讯杂志的时机已经成熟。

2008年2月21日，《第一财经周刊》陆续在北京、上海、广州、深圳等全国20多个城市正式发售，发售当天各地销售情况火爆，销售数量持续增长。随着《第一财经周刊》

的知名度的进一步扩大，销售量也是逐期攀升。

二、《第一财经周刊》一鸣惊人的原因

“第一财经”的成功在于它的一鸣惊人，但当分析其中的原因后，我们则感觉一切都在情理之中，而非意料之外。

（一）全面依托“第一财经”品牌

当今社会，品牌成为一个企业的核心竞争力所在。品牌不仅仅可以帮助企业带来销量，也可以帮助衍生产品的销售。“第一财经”的成立依托于上海电视台以及上海电台，可以说具备很好的资源优势，“第一财经”很好地利用了资源优势，从强势的电视频道到广播频率，再到跨地域的日报，加上网站、研究院，形成了非常强的商业机构。多年培育的“第一财经”此时已经形成自己的品牌，在读者心中具备很强的影响力。因此《第一财经周刊》一问世，借助“第一财经”的品牌影响力就一鸣惊人。报刊亭（摊）主会主动把《第一财经周刊》摆放在前排。此外，电视广告的预热造势，也极大激起了消费者的购买欲望。可以说“第一财经”品牌成为《第一财经周刊》成功起飞的关键。

（二）市场定位准确

如何定位自身的读者群，是媒体成功的关键。准确把握住市场，选择合适读者群，填补市场空白，就能得到很好的发展。《第一财经周刊》经过充分的市场调研后提出“办给最广泛的公司人看”的理念，改变以前财经类媒体故作高深的财经报道方式，提倡有趣并且易懂。使《第一财经周刊》从开始就凭借定位准确、风格鲜明而迅速在杂志市场占据了一席之地。

（三）出色的发行机制

作为一本面向全国的商业杂志来说，建立一个灵活有效的发行机制和选择代理商非常关键。《第一财经周刊》的发行机制是在传统发行方式上的一次革新，主要包括零售、订阅、特殊渠道赠阅等的组合发行方式。零售包含以报亭、报摊、机场、地铁、超市等为主要网点的渠道；订阅则针对金融机构、IT 企业、商学院等进行集体订阅销售；赠阅主要在机场、公寓、写字楼、咖啡厅等赠阅展示。在《三联生活周刊》（同为新闻类周刊）、《财经》、《中国企业家》（同为财经类杂志）的全国代理商中寻找合作伙伴；运用快速消费品行业的经验，要求代理商交付合同预订金，以实销率而不以常规的实销数给予代理商费率激励。这种创新的发行机制保证了杂志实际的销售量，避免了不必要的退刊，降低了印刷成本，实现了有效销售的最大化，保障了自身的收益。在这种创新而出色的发行机制下，全国各地代理商销售量稳步攀升，《第一财经周刊》的影响力和经济效益进一步扩大。

（四）一本人人都能读懂的财经杂志

在中国，财经类报刊的文章常常是晦涩难懂，一般读者接受起来相当的困难。只有与读者进行良好的互动沟通，受到读者的拥趸，才能保证杂志的良性发展。《第一财经周刊》以生动的方式来剖析展示商业世界，使商业报道更加轻松、好看、有用、时尚，使普通公司员工都能读懂，都喜欢上它。除此之外，《第一财经周刊》在各方面注意迎合读者的阅读需求。比如在发行时间的安排上，《第一财经周刊》作为一个周末产品，上市时间定在周四到周六，这样可以帮助读者避开繁琐忙碌的工作时间，拥有更轻松的阅读环境

和更适宜的阅读时机，既可以在咖啡厅、候机楼等闲暇时间看，也可以在周末聚会、居家休息的时候看。

三、案例点评

《第一财经周刊》借助“第一财经”的品牌与资源优势，成立几年就发展成为国内财经杂志中的佼佼者。在统一的品牌支撑下，在灵活有效的发行机制推动下，《第一财经周刊》快速覆盖国内中高端公司人群，扩大了影响力；在保证资讯平台内容供给的前提下，开发独立的财经资讯产品以实现盈利手段的多样化。但要注意的是，品牌影响力脱离了杂志实质性的内容是无法维持长期成功的。目前中国财经杂志整体上呈现出一种数量众多、同质化倾向严重、专业化性不强的特点。《第一财经周刊》要持续打造品牌就必须有高品质的内容支持。

《第一财经周刊》准确定位自己未来的发展方向，形成了自己的独特风格特点。在时效性方面，周刊相对于旬刊、月刊，新闻时效性更强，《第一财经周刊》通过“一周速递”等栏目报道每周全球政经焦点、商业大事记等重要消息，为读者第一时间提供丰富的阅读内容。《第一财经周刊》确立了跨媒体财经品牌战略的运营思路，充分借助电视、广播、报纸以及第一财经网站等立体平台，形成了“第一财经”这一独特的品牌价值的有效拓展，并形成了自己的产业价值链。

中国财经媒介市场发展目前还不是很成熟，《第一财经周刊》的成功也只是暂时的，如何进一步扩大自身的发行量和影响力，成为像美国《商业周刊》一样的国际品牌，“财经人”需要付出更大的努力。

思考题

1. 谈谈期刊在新媒体时代的发展战略。
2. 在市场经济下，《读者》的大众化定位是不是过时了？
3. 分析《时尚》开展国际合作的现状及发展趋势。
4. 分析《第一财经周刊》品牌形成的秘诀。

第四章　动漫游戏类文化项目经典案例

动漫游戏是当今社会生活在巨大压力下的人们释放压力的有效途径，是人们闲暇时间休闲娱乐的重要方式，是满足人民群众精神文化需求的重要渠道。漫画、动画、游戏是一个前后贯穿的产业链上的不同环节，原创生产→在动漫期刊上连载→选择读者反馈好的出版发行单行本→改编成动画片→在电视台播出或发行音像制品→游戏产品→衍生产品，这些环节共同构筑了动漫游戏产业链。动漫是动画和漫画的合称，随着现代传媒技术的发展，动画和漫画（特别是故事性漫画）之间联系日趋紧密，电脑游戏也大多建立在动漫构建的虚拟界面中，因此动漫游戏作为一个整体，既是创意产业，又是娱乐产业，成为现代文化的重要组成部分。2009 年 9 月，国务院发布《文化产业振兴规划》，动漫产业被列入重点发展的八大文化产业之一，成为产业政策扶持的新亮点。

第一节　概论　中国动漫游戏产业发展现状及趋势

我国是动漫游戏的消费大国，长期以来，美国、日本、韩国的动漫游戏产品占据市场主导，中国的原创动漫占比很小。近几年来，随着中国经济的快速发展和政府对动漫产业发展的重视，动漫游戏产业成为中国文化产业的重要组成部分，政府出台了一系列重要政策文件，中国的动漫游戏产业飞速发展，动漫产量大幅上升，动漫展会与论坛等交流活动有效展开，金融业大力扶持动漫产业，各地动漫游戏城的建设如火如荼，动漫企业实力显著增强。目前中国已有动漫企业近 6000 家，从业人员 20 多万。动漫市场的需求在不断升温，拥有超过千亿元产值的巨大发展空间，是具有辉煌发展前景的朝阳产业。

一、中国动漫游戏产业发展现状

受社会思想观念和产业政策的制约，我国动漫游戏产业起步较晚，具有广阔的市场需求和巨大的市场潜力。2004 年，广电总局颁发了《关于发展我国影视动画产业的若干意见》后，从政府到社会各界才开始对动漫行业投注热情，短短几年内建设了大量的动漫产业基地和动漫学校。我国的游戏产业基本集中于网络游戏，它与互联网经济同时兴起，在 20 世纪末中国网络经济泡沫破灭整个网络经济大受打击的时候，网络游戏却异军突起成为整个网络经济发展的领头羊，迅猛发展起来。

（一）动漫类

近几年我国动漫产业保持着迅猛发展的良好势头，国产动漫数量大幅度增长，质量进一步得到提升，一批优秀动漫企业和动漫品牌崭露头角，动漫产业链日臻完善，动漫“走出去”步伐加快，动漫管理工作不断加强。

1. 动漫市场粗具规模，影响力逐步扩大

截至2011年12月底，我国动漫期刊品种明显增多，约有60种①，在市场规模扩大的同时，整体市场进一步细分，期刊形态、题材、内容来源和定位群体日益丰富多样，知名动漫期刊发行量也在大幅递增。在以发行为主要收入的杂志中，《幽默大师》、《漫画世界》、《知音漫客》、《小公主》、《漫画派对》、《米老鼠》、《漫友》、《乌龙院》和《吉美漫画》等出现在全国10大城市杂志零售市场单期发行量前30强中。

电视动画片产量快速增长，质量不断提高。2011年，全国国产电视动画片产量达到25万分钟②。江苏、浙江、广东、北京、上海、湖南、辽宁是我国动漫产业高速发展地。一批优秀的国产动画片走出国门，成为中国文化走向世界的重要载体。动画电影制作火热，涌现出不少创作新颖、技术精湛、形象生动的动画电影，其中，《喜羊羊与灰太郎之牛气冲天》总票房超过1亿元，刷新了国产动画片的票房纪录，国产动漫品牌影响力显著上升。

2. 政府高度重视产业发展，加大落实扶持政策

2009年国务院出台的《文化产业振兴规划》将动漫产业列入国家重点发展的八大文化产业门类之一，为动漫产业的发展提供了难得的机遇，动漫产业受到前所未有的关注，激励了各方发展动漫产业的信心。

国家出台一系列支持对动漫企业实行财税的扶持政策，鼓励金融业加大对文化产业的支持，一定程度上解决了文化创意产业融资难的问题。2009年和2010年文化部先后公布了两批通过认定的动漫企业，共269家，被认定的重点动漫企业成为我国原创动漫的龙头企业，其产品也成为我国原创动漫作品中的核心产品，将获得更多的产权保护和融资、税收各方面的支持。

3. 政府积极搭建展示平台，推动中国动漫快速发展

国家多部门持续推进国家文化出口重点企业和重点项目评选工作，进一步加大对文化出口重点企业和重点项目的支持力度，培育了一批中国文化出口品牌企业和品牌项目，提升了文化出口企业的国际竞争力，推动我国文化贸易实现了跨越式的发展。

此外，文化部多次组织中国动漫企业参加国外著名动漫节展，推动中国动漫走向世界。各地纷纷举办各种动漫展会、论坛，如北京动漫展会、大学生动漫设计竞赛、亚洲青年动漫大赛、动画艺术教育国际会议、数字动漫游戏产业交易会和投融资国际论坛等，挖掘青年动漫人才及优秀作品，探讨产业高端发展、金融支持话题，对产业发展起到了推动作用。

4. 政府加强市场监管，保护动漫产权

近几年来，政府不断加强市场监管，加大保护动漫知识产权，在全国范围内开展动漫市场专项整治行动。新闻出版总署启动了中国原创动漫作品版权保护工作项目，每年定期

---

① 崔保国：《传媒蓝皮书：2012年中国传媒产业发展报告》，社会科学文献出版社2012年版，第199页。

② 崔保国：《传媒蓝皮书：2012年中国传媒产业发展报告》，社会科学文献出版社2012年版，第195页。

举办动漫版权服务周活动，推动动漫版权价值评估工作和扩大投融资渠道，深入开展著作权登记服务工作。

（二）游戏类

游戏产业处于整个动漫游戏产业的末端，属于新兴的文化服务。作为新兴产业，中国的网络游戏几乎与世界同步发展。尤其到了21世纪初，中国网络游戏产业发展飞速，其平台建设、软件技术、市场规模、研发教育等均粗具规模。

1. 起步早，发展快，集中程度高

早在1986年，中国就出现了第一套商品化的、以APPLE2为平台的国产游戏软件。1986年以来的20多年时间里，中国网络游戏产业实现了从网络游戏的纯进口到网络游戏进口出口兼有的战略转变，从单纯的消费到政产学研金的多头并举，成为世界网络游戏行业一支生力军。

我国网络游戏行业集中度较高，进入垄断竞争时代步伐较快，2008年前十名运营商的收入之和占据了整个行业收入的九成以上，其中九个运营商已是上市公司，一个运营商正在酝酿上市。

2. 带动相关行业的发展

我国网络游戏的迅速发展不但提升了中国网络游戏产业自身的水平和层次，同时也带动了相关行业的发展。截至2011年12月底，中国网络游戏用户规模达到3.24亿，网民使用比例为63.2%①。2011年中国网络游戏市场实际销售收入达到428.5亿元，手机游戏市场实际销售收入达到17亿元②。网络游戏带动IT行业产生了更多的盈利，其主要来源是PC、网络游戏服务器、网络及存储产品、软件及服务等；而出版和媒体行业（主要是相关的杂志和书籍）产生的直接收入为网络游戏市场实际销售收入的30%。

3. 法律与监管日趋完善

为净化网络环境，推广文明上网，保护未成年人身心健康，有效解决未成年人沉迷网络游戏的社会问题，2005年6月新闻出版总署制定了《网络游戏防沉迷系统开发标准》，利用技术手段对未成年人在线游戏时间予以限制；2006年3月新闻出版总署制定了配套的《网络游戏防沉迷系统实名认证方案》。政府在市场监管方面采取疏堵结合的方式，加大保护知识产权。一方面由文化部向社会推荐适合未成年人的休闲益智的游戏产品供家长和社会参考；另一方面，开展违法游戏的查处工作，加大对“私服”、“外挂”的打击力度，取缔相关违法网站，打击内容违法、程序违法、未经文化部内容审查或备案的游戏产品，净化市场秩序。

国家通过法律和监管手段加强网络游戏产业的规范化建设，既有利于产业发展，又能保护广大青少年的身心健康。由于近几年中国网络游戏行业的低质化趋势非常突出，有的企业在游戏内怂恿玩家体验违法犯罪或低俗行为。对产生重大社会争议的网络游戏产品，将适时引入社会听证制度。

---

① 中国新闻网CNNIC：《第29次中国互联网络发展状况统计报告》，http://finance.chinanews.com/it/z/cnnic29/index.shtml，访问日期，2010-12-10。

② 崔保国：《2012年中国传媒产业发展报告》，社会科学文献出版社2012年版，第199页。

4. 发展不平衡

网络游戏作为一个产业链，国内还存在发展不平衡的情况，一方面在网络游戏上取得令人可喜的成功，另一方面单机游戏仍然是我们的弱项。2011 年，中国单机游戏市场实际销售收入仅为6100 万元人民币①。目前，网络游戏的发展已进入一个平台期，用户的时间和精力被手机、移动终端等众多形式分散，用户对网络游戏的要求和品位也越来越高，用户市场趋于饱和。这种发展不平衡的状况值得反思，并应采取有针对性的措施，加强在单机游戏上的研发、集成、营销，促进网络游戏产业和谐可持续发展。

二、中国动漫游戏产业发展趋势

我国动漫游戏产业才刚刚起步，具有光明的发展前景和广阔的市场。当今信息社会的环境下，便捷快速的网络和不断发展的计算机科技更是为动漫游戏产业的发展提供了良好的机遇。我国应抓住这难得的战略机遇期，促进动漫游戏产业的发展，开拓更广阔的文化领域，并创造更多的经济文化效益。

（一）动漫类

动漫产业是一个庞大的产业链，包括不同领域的众多群体；发展动漫产业，我们还有很长的一段路要走。由于种种原因，中国动漫产业的各个环节都较为薄弱，动漫企业原创力急需提升，动漫营销能力需要加强，动漫产品需要分级，受众定位需要进一步细化，知识产权保护和人才培养任重道远，需要我们从政策、制度、资本、市场、教育等方面多管齐下，共同出击。

1. 整合产业链条，进行流程创新

动漫产业的核心本质是通过动画、漫画或其他衍生产品的广泛传播塑造出来的动漫明星形象进行多轮商业开发，提升动漫作品的附加值。与动漫相关联的产业已涉及和延伸到出版、音像、影视、广告、旅游、教育、食品、网络、数字娱乐、通信、服饰、文具、玩具、服装等十几个行业或产业。中国动漫产业发展的受限在很大程度上源于产业链的不完整甚至断链，所以，发展中国动漫产业，产业链的流程创新是关键。优化产业链结构，重视上游创作供应和下游衍生产业，对产业链及链上各流程或业务进行模块化，从每个模块切入进行流程持续改造创新，打通漫画-动画-衍生品环节的衔接与合作，延长动漫产业链的生命周期，形成完整的模块化流程化的产业链，同时大力推进动漫产业集群创新，形成强大的动漫产业集群和辐射效应，这将是中国动漫产业发展的流程创新战略。

2. 大力开发新平台，实现民族动漫游戏发展的突破

随着 3G 时代的到来，手机正日益成为一个承载海量信息的移动娱乐终端，手机动漫以其喜闻乐见的表达方式成为手机用户的“新宠”。韩国网络游戏的成功实际是韩国宽带普及的结果。我们在动漫的创作和生产上落后美国、日本很多，但在互联网技术和无线网络技术上，我们处于同一起跑线。我们要以新技术、新平台为载体，借鉴韩国的经验，大力发展手机动漫和手机游戏，提升我国动漫游戏产业。目前，中国移动已经将手机动漫业务确立为未来重点发展的业务之一。

---

① 崔保国:《2012 年中国传媒产业发展报告》，社会科学文献出版社 2012 年版，第 201 页。

3. 动漫产业深受资本追捧，投融资案例增多

动漫产业是非常典型的资本推动型行业，生产周期长，回报时间长，风险大，但利润也高，动画片就是一次投入，多次收入，这就注定了动漫企业对于资金的庞大需求。2009年，被称为“动漫第一股”的A股首家动漫类上市公司——奥飞动漫在深圳证券交易所正式挂牌交易。在各级政府部门的推动下，包含动漫在内的文化产业投融资体制和平台不断完善，通过设立专项文化发展基金，组建国有文化产业投资控股集团公司，推进金融机构支持和服务体系建设，从而支持动漫文化产业发展，帮助企业解决融资难题。

4. 实施整合创新战略，提高中国动漫原创性

中国要发展动漫产业，原创是关键，必须实施整合创新战略，打造属于中国动漫的原创新风格。中国动漫产业具有独特的优势，拥有悠久的历史文化底蕴、低成本的劳动力市场、巨大的动漫潜在市场、先进的制造业技术。通过整合资源优势，结合中国文化的特色，中西合璧，高强度整合、配置并利用资源，集中人力、物力和财力，实现重点突破，这将是中国动漫产业的整合创新战略。从整合本土资源开始，扩展到整合全球资源，创造性地满足客户需求，充分发挥想象力和创造性，开辟具有中国特色的可持续发展的动漫产业发展道路，不断增强我国动漫产业的核心竞争力，这些是我国跻身世界先进动漫产业大国行列的必由之路。

（二）游戏类

网络游戏产业是一项新兴的朝阳产业，中国的网络游戏经过近几年的快速发展后，正逐渐走向成熟，已有了成功的盈利模式，目前已成为中国网络经济的重要组成部分。

1. 形成集聚优势，加快发展

随着中国网络游戏行业的市场不断壮大，融资、投资渠道增多，网络游戏行业资本积累迅速增加，同时集聚了人才、技术等优质资源，极大地拓展了网络游戏产业的发展空间，加快了网络游戏的发展速度。

2. 研发力增强，新型游戏崛起

在中国政府实施“中国自主研发网络游戏出版工程”等一系列鼓励和推动国产民族原创游戏出版政策推动下，中国原创网络游戏占据国内网络游戏60%以上的市场份额，“中国创造”的网络游戏已经成为中国游戏产业的支柱。网络游戏研发从业人员整体研发实力增强，各种新型游戏崛起，网络休闲市场得到了进一步的细化，形成了音乐舞蹈、体育类、竞速类、射击类等各种细分市场，具有鲜明的特色。

3. 盈利模式创新，海外市场前景美好

广告成为新的盈利增长点，网络游戏和广告巧妙地结合起来，游戏植入式广告开始崭露头角，网络游戏媒体化的商业价值，越来越受到网络游戏行业、广告业界和广告主的认同。随着网龙、金山等公司在海外市场的成功运营，一批具有自主研发实力的中国网络游戏企业将经过国内市场检验、取得成功的产品进军海外市场，使海外市场销售收入大幅提高。国内的厂商还通过加强与国际开发商的合作进行游戏开发，共享双方的技术和经验，并参与全球分成。

网络游戏作为一种全新的产业，在国际、国内正以前所未有的速度迅速发展，具有广阔的市场前景。据此，我国应进一步明确发展战略，集中力量，以更加积极的姿态迎接挑

战、抢抓机遇，使网络游戏成为推动国家经济发展的新增长点。

第二节　动漫类文化项目案例

动漫产品不仅承载传扬了特定的文化理念，更创造出庞大的经济产业链。在给人们提供丰富的精神食粮之余，还深入人们生活的方方面面，改变了人们精神消费和文化消费的方式。由于动漫的特殊性质，它与媒介的发展互相促进，带来了无法衡量的经济社会文化效益。

【案例1】　迪士尼：动漫帝国

作为一个娱乐品牌，迪士尼在2008年《商业周刊》的世界100强品牌（按照品牌价值）排名为第9位。由一个从动画电影起家的小公司，崛起成为包括娱乐节目制作、主题公园、玩具、图书、电子游戏和传媒网络的动漫帝国。

一、迪士尼品牌发展史

1923年夏天，迪士尼和哥哥凑了3200美元成立了迪士尼兄弟动画制作公司，1928年，迪士尼先后创作出三部以米老鼠为主人公的卡通片：《飞机迷》、《飞奔的高卓人》和《汽船威利号》，受到了很多人的喜爱。尤其是《汽船威利号》，作为电影史上第一部有声卡通影片，使迪士尼声名大噪。到1930年，米老鼠已成为全世界家喻户晓的角色，后来迪士尼还因为创造出米老鼠而获得奥斯卡金像奖的特别荣誉奖。

1950年，迪士尼推出动画片《仙履奇缘》，开始进入黄金时期。此后，迪士尼的动画取材日益多元化，如以王子公主为题材的《睡美人》、以动物角色为题材的《101斑点狗》、改自历史传奇故事的《石中剑》等，迪士尼成为每年奥斯卡金像奖的常客。1964年迪士尼推出一部由真人及动画合演的电影《欢乐满人间》，一举获得奥斯卡十三项提名，其中五项得奖，成为迪士尼影史上成就最高的电影。

到了20世纪80年代晚期，迪士尼电影陷入瓶颈期。直到音乐剧创作家亚伦·孟肯和霍华·爱许曼在为迪士尼制作《小美人鱼》时找到了问题所在，那就是歌曲音乐与剧情的分开作业，缺乏统整性。这一问题改进之后，公司制作的《美女与野兽》获得了巨大的成功，成为电影史上到目前为止唯一被提名奥斯卡最佳影片的动画片。

迪士尼在动画拍摄技巧方面非常灵活。《美女与野兽》、《阿拉丁》、《狮子王》、《钟楼怪人》，无论是绘制场景，还是有生命的动物、人物群众，都表现出非凡的技艺和效果。尤其在1995年推出的完全用电脑制作的电影《玩具总动员》、《重重危机》都取得了很好的成绩，稳占世界动画王国版图，更成功跨入各娱乐领域，从乐园到游轮、从电视到网站、从冰上表演到音乐剧，还有专卖店、互动式游乐场、运动球队等，迪士尼成为了娱乐界的龙头。

作为一个娱乐品牌，迪士尼在2008年《商业周刊》的世界100强品牌中位列第9位。下属公司包括皮克斯动画工作室、惊奇漫画公司、试金石电影公司、米拉麦克斯电影公司，博伟影视公司、好莱坞电影公司、ESPN体育和美国广播公司（ABC）。

二、迪士尼动漫成功的经验

迪士尼动漫是世界上的著名品牌，米老鼠和唐老鸭将欢乐带到了全世界男女老少的心中。迪士尼在全球取得了重大成功，这与它以带来欢乐为理念的企业文化和科学的经营管理是分不开的。

（一）以带来欢乐为理念

美国动画片经过长期的发展，形成了自身鲜明的特点。它以剧情片为主，情节曲折，生动有趣，人物性格鲜明，音乐优美动听、引人入胜，特别注重细节的刻画。

随着《怪物史莱克》、《海底总动员》、《料理鼠王》等一部部三维动画电影蝉联票房冠军，在获得丰厚市场回报的同时，不免让人们惊讶地感受到美国动漫科技的魅力。

据介绍，美国动画电影和好莱坞式电影一样，通常采用高投资、高回报的电影模式，在媒体宣传、档期选择上无不考虑票房因素。动漫技术的更新不断地提升动画片的质量，美国的动画更追求写实，其动作连贯性强，流畅真实，我们很难在美国的电影中找到粗糙不连贯的电影画面，观看的人仿佛置身于一个真实存在的动漫世界里面，动漫人物的一颦一笑、一喜一悲，无不生动地表现着美国的文化积淀及其庞大的动画制作科技力量。

在动漫衍生产品这个主题上，我们可以看到其科学的商业模式和高盈利的营销手法。动画片《变形金刚》，在20世纪90年代以免费的方式在中国各电视台播出，但其衍生品却从中国获得了数以亿计的收益。美国动漫产业巨头迪士尼的盈利模式更是创造了一个又一个神话：世界各地迪士尼乐园的建立、迪士尼网站、迪士尼音像制品、迪士尼数码产品等在带给人们欢愉的同时获得了令人咋舌的利润。

（二）特许经营为公司创造财富

米老鼠的形象得到了很多人的喜爱，不少厂商请求允许他们使用米老鼠的形象。由此，迪士尼认识到“出卖”米老鼠的使用权也是一笔大买卖，如今，全球有4000个拥有迪士尼特许经营权的商家。通过这些商家，迪士尼产品越来越多样化，如从最普通的一块橡皮，到价值2万美元的手表。

迪士尼公司视品牌如生命，它不仅要求被授权者生产的产品符合迪士尼的质量标准，而且要求被授权者了解当地市场的行情。为了保持迪士尼“人物”的独特形象，迪士尼公司有4个人专门研究消费者眼中的迪士尼“人物”。此外，他们还要确保迪士尼“人物”的形象，不被过度的商业化所冲淡。

（三）独特的用人之道

迪士尼公司有一个宽松闲散的环境，公司鼓励所有员工都能自由表达意见，所有员工每周一次聚集到会议室，给公司提出建议。CEO艾斯纳经常带着他的管理团队在全球的迪士尼主题公园四处走动，并且要求这些领导也能和他们手下员工随时保持接触。

在一个大公司里，有些好主意经常因为稍有瑕疵、或因为组织的官僚习气而无法实现，这时候，作为一个领导人，艾斯纳会提醒手下的员工去完成工作。“我的团队是一个超级提醒人，”艾斯纳不无自豪地说。

另外，为更好地激励员工，公司还在各类节日期间，以各种方式感谢卡通人物及其亲属。例如，在圣诞节期间，园区为其开放，上司则穿上各种角色的服装，取代卡通人物的工作。

三、案例点评

米老鼠问世之初，就有许多厂商同迪士尼联系，请求允许使用米老鼠形象。当时，迪士尼考虑到商人的使用可扩大迪士尼系列影片的知名度，借厂商的商品做免费广告，因此没收费。后来，一是迪士尼公司缺钱，二是发现使用米老鼠形象者越来越多，于是开始收费。随着公司的发展壮大，特许经营产品越来越多，迪士尼品牌的影响力和商业价值越来越大。

迪士尼传媒集团以动漫影视为龙头，将相关业务扩展到其他几个主要领域，构成了集团的链身部分。但其产业链模式并非单一的直线结构，各部分发挥着“交叉促销”的效用：一部动画影视剧生产的同时，相关的玩具、书刊、音乐唱碟、纪念品和游戏等产品也被生产并推向市场，媒体网络也可能进行“轰炸式”的宣传，广告及主题公园都可能会同时启动，共同进行市场推广，整个集团形成了立体交叉式的产业链经营模式。

【案例2】 日本动漫产业：日本的国民经济支柱

日本动漫产业是日本的国民经济支柱之一。以日本庞大的漫画产业为依托，日本动漫有着快速的批量生产能力和庞大的市场需求。虽然很多作品不如美国极少数动画电影特效那么炫目，但是凭着其独特的艺术创造力、引人入胜的故事情节、极具魅力的人物等因素，在全球拥有广大的收视人群。

一、日本动漫产业的发展历程

日本动漫历史悠久，创作实力非常强，很多红遍全球的影视力作如《骇客帝国》、《狮子王》，都出自日本动画片创作原型。日本的动漫产业构成从期刊图书出版到相关音像制品、电子游戏、教育软件的开发与传播，再到玩具、文具、包装、服装等衍生产品的开发、经营与销售，具有完整的产业链。日本动漫产业已经成为日本排名第六的国民经济支柱产业，在国际上也占领了世界动漫市场的60%，亚洲市场的70%。其中日本的动漫明星皮卡丘，其衍生产品已有1122家，在短短四年内的利润就已超过7000亿日元①。

对于多数中国人来说，与日本动漫的初次接触是著名的动画片《铁臂阿童木》，这部由日本动漫之父冢治虫创造的新型动画作品以剧情发展和人物塑造为主，具有题材多元化、故事经典化的特点，对正处在对科技的向往和探索阶段的中国，开启了一扇科学幻想的门窗。20世纪70年代日本经济飞速发展，一批技术成熟的动漫作家，如宫崎骏、永井豪、鸟山明、藤子不二雄等，创作出了一个又一个经典的动漫人物。其中中国观众熟悉的《机器猫》就是该时期的佳作，该作品故事奇妙、齐满想象力；1979年制成动画后，至今已被译成数十种语言在全世界发行。该片于20世纪80年代初期进入中国，迅速掀起了一阵“机器猫”热潮，影响了中国一代人的成长。

进入90年代，长篇连载的动漫逐渐成为主流，《忍者神龟》、《龙珠》等优秀作品，

① 胡旻：《日本动漫产业的发展及其启示》，吉林大学2006年硕士论文，第1页。

每一部都有独立的系列和庞大的支持群体。这一时期日本动漫走出了单一的发展模式，开始注重开发与走红的动漫形象相关的玩具、画册、服装、游戏及装饰品等，带来了巨大经济效益。宫崎骏的《千与千寻的神隐》成了这个时期最经典的漫画，在他的这部作品中展现了人类共存意义和挖掘本民族个性化特征，不但刷新了日本动画片的卖座纪录，而且获得了第52届柏林电影节最高荣誉奖“金熊奖”。

二、日本动漫发展的原因

动漫是日本的第一产业链，加之日本政府将动漫作为独立的文化产业来培养，更是以动漫为载体将日本文化推向了全世界。日本动漫极具特色，制作精良。在成熟的产业运营下，日本动漫在全球取得了巨大的成功。

（一）以成熟的漫画市场为基础，用低成本战略作为原则

经过多年的成熟运作，日本动漫已经拥有了非常完善的漫画产业，消费者更是从幼儿到成人，群众基础广泛，甚至出现了很多针对特定年龄和特定观众群体的作品。日本动画常常由漫画题材改编而来，这样不仅投资小见效快，而且以漫画市场的人气为基础，使动画市场的风险大大降低。日本动画能够迅速占据市场的另外一个主要原因在于日本动画的制作成本低廉。为降低成本，一方面日本动画普遍采用分包加工的方式，将动画绘画之后的加工工作大多承包给中国、韩国、菲律宾、越南这些劳动力资源丰富的国家；另一方面日本动漫业也通过技术革新来降低成本。目前日本动漫已经迈进了数字化阶段，既节省了人力资源又降低了成本。日本435家动画制作公司中359家集中在日本首都东京，特别是在JR中央线、西武新宿线及西武池袋线等几条主要铁路沿线，这些有利于动画加工素材的传递，大幅度降低了运营的成本。

（二）紧跟媒体革命，带动产业发展

日本动漫的成长与媒体技术的发展是紧密联系的。日本发达的电子工业推动了电视机的制造和普及，为日本动画的发展打下了坚实的基础。电视的普及不但为动画节目营造出巨大的需求量，空前繁荣的电视广告业对动画也提供了巨大的资金支持。家用录像机问世使日本动画又多出了一条新的发行渠道。OVA（原创录像动画）动画由于不依赖于电视播出系统，发行成本更低，面向特定市场，特别是成年人市场，这条发行渠道也滋长了日本动画色情和暴力的作品开发。随着新媒体和DVD的发展，OVA动画近年失去了往日的辉煌，开始逐步退出历史舞台。这时移动媒体的内容需求逐渐成为动画产业下一个新的热点，手机动画、手机漫画的应用和技术开发都走在世界的前列。在动画技术发展方面，日本动画企业开始适应以互联网技术为核心的全球协作加工方法。动画师在电脑上进行创作和制作，彼此以互联网相连成一个生产线。通过这种方式不仅大幅度提高动画制作的效率，在大大降低升本的同时，质量控制却保持很高的水平。日本动漫的发展伴随着日本的每一次媒体革命，在每一次机会来临时，日本动漫都准确找到了新的发展道路，使自己的发展走在了世界前列。

（三）无尽的创意与政府的扶持

在日本，动漫产业已经不再是专属于儿童的娱乐产品，而已成为一种日本文化的代表。日本政府对日本动漫产业的扶持由来已久，一开始就把动漫当做一项重要的出口产

业，把它作为一种独立的文化形式来培养。日本政府为了加快、加大日本文化在海外的传播和影响，从政策、资金、组织、人才上都给予日本动漫产业支持与帮助。为了与动漫产生积极的呼应效果，日本政府还多次举行以动漫为主题的活动，如每年一届的“东京国际动画节”、“日本媒体艺术节”等。日本动漫的成功不仅仅靠政府相关政策的支持，更多的是得益于日本动漫独树一帜的特点。人物形象个性化强，要么极具夸张，充满喜剧效果，要么稀奇古怪，充满神秘色彩。无限的创意使得日本动漫充满了竞争力，而政府通过相关政策的扶持将日本动漫推向了世界的巅峰。

三、案例点评

日本动漫产业历经多年的发展，取得了举世瞩目的成就。作为日本国民经济的支柱之一，日本动漫的成功不仅仅来源于行业本身的不断努力，更是日本政府大力推动的结果。根据有关部门调查，作为文化产业组成部分之一的动漫产业，其投资回报率为2～50倍。日本动漫业取得的成功表明，动漫产业及其所属的文化产业可以成为推动经济发展的重要力量。日本政府通过在发展战略、发展模式、法律法规、中介组织、地方文化等几个方面的举措，来促进日本文化产业的发展，同时在出口、激励机制、知识产权保护等几个方面着重保护本国日本动漫产业的利益，使日本动漫产业拥有了一个非常好的发展环境。日本政府将动漫产业作为一种文化来运转，不但取得了巨大的经济效益，更是将日本的文化传播到了世界上的每个角落，极大地提高了日本在世界上的影响力。

【案例3】 《功夫熊猫》：中国电影产业的一面镜子

《功夫熊猫》是美国梦工厂于2008年推出的以中国功夫为主题的动作喜剧电影，讲述了一只笨拙的熊猫从一个普通的小人物成为武林高手的故事。《功夫熊猫》以中国古代为背景，其景观、布景、服装甚至每个小细节均充满着浓浓的中国元素。《功夫熊猫》在世界取得了巨大成功，在全球掀起了一股中国文化热。

一、《功夫熊猫》风靡全球

《功夫熊猫》是美国梦工厂精心打造的一部喜剧动作电影，主角熊猫阿波由影星杰克·布莱克配音，是个爱吃面条的梦想家，整天活在白日梦里。然而，为了成为传奇的龙战士，他必须首先学会面对真实的自我，接受自己的庸庸碌碌和平凡无奇。影片将中国元素作为主要卖点，渲染异国情调来吸引世界观众，梦工厂这种商业上的“拿来主义”是好莱坞最擅长的手段。这是一部流淌着美国式精神血液的中国熊猫，处处彰显美国的个人英雄主义色彩。

制作出《埃及王子》、《怪物史莱克》、《马达加斯加》等动画电影的梦工厂，幕后制作班底强大。《功夫熊猫》运用先进的3D动画技术，通过电影宽银幕呈现了独一无二的视觉效果。山河秀丽的美景和刻画得细致入微的古代建筑，让观众叹为观止，和平村则以丽江的山谷和桂林为原型，夸张壮观的桂林石柱有着让人震撼的美感，而一切都以圆形为设计根据的和平村则有着欢乐和悦目的效果。

《功夫熊猫》以16项提名领跑“动漫奥斯卡”，加上其巨额的票房收益，可以说是名利双收。派拉蒙与梦工厂成功地借用中国元素搭乘奥运中国热的契机，原汁原味地展现了“中国功夫风”。其中西合璧的创意元素、价值观的珠联璧合以及内外兼修的营销“功夫”都是中国电影产业应当学习和借鉴的地方。

《功夫熊猫》是一件用中国元素精美包装的西方文化艺术品，映射出东方外衣下的西方精神内核，美国梦工厂凭自己的经济实力和文化软实力，在保持本国观众趣味和价值观的同时，潜意识中也在向其他国家宣扬自己的本国文化。

二、《功夫熊猫》的真功夫

《功夫熊猫》有趣又深刻的人物和剧情，在最先进的计算机特技，以及精心设计的角色、场景和美术配合下，让《功夫熊猫》一举获得了票房和口碑的双丰收。

（一）跨地区合作的制作阵容

这部影片的幕后制作团队多达 448 人，分别来自美国、中国、加拿大、法国、意大利、西班牙、爱尔兰、英国、墨西哥、菲律宾、日本、瑞典、比利时、以色列等国。无论是人物造型、动作设计还是电影配乐都承袭了中国古典风格，充分挖掘了中国文化的精髓，原汁原味地展现了中国文化。该片还吸引了一大批明星配音，如杰克·布莱克、达斯汀·霍夫曼、安吉丽娜·茱莉、成龙、刘玉玲等。在跨文化传播中勇敢走出去，寻求更多的外援，使得中国文化被越来越多的人所理解和认同。

（二）“好奇害死猫”的全球市场攻略

《功夫熊猫》在全球上映前就在北美以及我国台湾和香港地区同步有计划阶段性地曝光角色造型，6 个月首轮电影院放映精华预告，并在 2 个月前铺天盖地地在各大媒体做文章。电影尚未放映，其外围商品如彩绘手机、手机游戏等已与商家结盟，在全社会发动一场对“功夫熊猫”的好奇情绪运动；等到影片上映的时候，仅美国市场 3 天就达到了 6 千万美元的票房，排名北美第一。

（三）无限的想象空间

《功夫熊猫》无论是在前期推广还是在内容制作方面，都给人留下了足够的想象空间。前期的无限猜测吊足了人的胃口，而随后影片的全球播映，则满足了观众的好奇心。在内容的制作方面，影片并没有回答人们所有的疑问，这就为故事进一步发展和续集的拍摄创造了一个良好的条件。例如，鸭子是熊猫的父亲、忠义五侠的学艺之路，都让人疑惑而产生无限的猜想。因而，当《功夫熊猫》在全球热播赚足票房之时，《功夫熊猫之盖世武侠的秘密》被人传至网上，再次以讲故事的方式揭秘功夫的秘密，借助于网络等新兴媒体的力量为其创意产业的发展推波助澜。

三、案例点评

在这部风靡全球的影片中，熊猫是中国的，功夫也是中国的，为什么我们就拍不出《功夫熊猫》？我们如何在世界大舞台上演绎中国的文化，而不是“中为洋用”？究其原因，在于我们没有用发现的眼光审视中国文化的深刻内涵。

我国影视制作人在选材中华文化时，往往局限于题材浅表化和内容同质化，大量优秀的题材不能得到深层次的挖掘，局限于几种题材，观众容易审美疲劳。应该不断提高社会洞察力和艺术创造力，充分利用和深层挖掘中国文化潜在资源，用发现的眼光，创新意识的创作手段与方式，来发展中国电影事业。

国产动画片缺乏文化自信和竞争意识，往往将观众定位为少年儿童，从而丧失了大量成人观众群。一些思想性和艺术性平庸、充满说教色彩的国产动画片，与引进动画片尤其是美国动画大片相比，缺乏竞争力，无法得到广大青少年的青睐。

《功夫熊猫》让我们看到了中国文化在跨文化传播中已得到广泛认同，我国动漫不应该仅满足于本土市场的盈利模式，要放眼世界，融入全球，增强对中国文化的理解力，寻找中国本土文化与世界文化的对接点，不断吸收别人的优秀成果并加以消化利用，转化为我们自己的东西，勇敢地走出去，使中国的电影文化产业可以更好地输出和传达中国形象和中国的价值，让世界更好地了解中国。

【案例4】 《蓝猫淘气3000问》：中国动漫第一品牌

《蓝猫淘气3000问》是中国第一部大型科普动画系列动画片。它以“知识卡通”的艺术创意走出了自己的道路。它通过主角“蓝猫”和伙伴们的历险过程，向小朋友提供宇宙星空、生态环境、人文历史、生物百观等方面的知识，被誉为“知识经济时代电子版的青少年百科全书”。

一、中国动漫第一品牌的形成

1999年，目标受众定位于儿童的《蓝猫淘气3000问》系列卡通片在湖南长沙诞生。《蓝猫淘气3000问》共计3000多集，共包括“幽默系列”、“恐龙时代”、“海洋世界”等7大系列，累计节目量7万多分钟，于1999年12月在北京电视台首播。在巨大的经济压力下，三辰卡通借鉴迪士尼的成功经验，把《蓝猫淘气3000问》免费送给北京电视台播出，换回每集数秒钟的贴片广告时间，借广告收入来弥补市场价格的不足。三辰卡通利用电视台给的跟片广告时间，逐步与多家投资者展开合作，与娃哈哈、招商银行等结成战略合作伙伴，业务逐渐走向正轨。2000年6月开始全国大规模播出，被誉为“知识经济时代电子版的青少年百科全书”，而《蓝猫淘气3000问》图书也被列入新闻出版总署向青少年推荐的优秀图书。2001年，经上海吉尼斯总部确认，已完成730集的《蓝猫淘气3000问》成为全世界最长的动画片。这时，“蓝猫”品牌已经开始显山露水，截至2002年8月，“蓝猫”系列动画片在包括香港亚洲电视在内的全国1020家电视台播放，蓝猫产业销售渠道网点达到了2400余家①。2003年3月，《蓝猫淘气3000问》在台湾版基础上完成国际版，并在2004年9月与美中贸易发展协会展开合作，将蓝猫卡通国际版输出到米老鼠的故乡——美国。这次成功的海外拓展，不但帮助蓝猫卡通规模化迈入国际市场，也给企业带来了可观的经济效益。

《蓝猫淘气3000问》连续三届获金鹰奖少儿类金奖，并获得世界最长优秀科普动画片吉尼斯纪录；三辰卡通凭借《蓝猫淘气3000问》陆续获得中国电视“金鹰奖”、“金童奖”、“优秀动画奖”和电影“童牛奖”在内的40多项国家级奖项。

---

① 《东方企业文化》封面文章：《三辰卡通整合进行时》，载《东方企业文化》2005年第6期。

经过十余年的历练，三辰卡通不但有着超出其他本土卡通制造商数倍的“曝光率”，而且“蓝猫”品牌的含金量已达20亿元，儿童受众达8000万。2003年8月，北京汇源饮料食品集团与三辰卡通签约，合作成立北京蓝猫淘气饮品营销有限责任公司，标志着三辰卡通的“蓝猫”品牌进入了一个产业整合和专业化经营期。蓝猫创造了国内音像制品单品销售的最高纪录，截至2010年年底，三辰卡通的规模达到年产动画片10万分钟，年销售收入50亿元，利税10亿元，产业集群销售额1000亿元①。

二、成为中国动漫第一品牌的秘诀

《蓝猫淘气3000问》取得了成功，归根到底，是由于它填补了中国科普类动画片的空白，以及它对其动画和衍生产品的商业运作十分成功，在中国的动漫产业中实属先驱。

（一）商业化制作，规模化经营

不同于西方卡通业的商业化运作，我国卡通业的制作方式大多停留在人工的手绘方式，追求艺术上的完美。如近年比较成功的动画片《宝莲灯》，仅手绘用纸就有30吨，一张张连接起来有30公里长。手绘方式存在着大量的重复劳动，其实完全可以在电脑中运用基本图像素材进行组合完成。湖南三辰影库卡通节目发展有限公司敏锐地发现了这一弊端，放弃了传统的手绘方式，制作人员通过电脑进行创作。先进的制作方法不但节省了大量的时间和资源，而且使动画片效果更加的出色。三辰卡通还把规模化经营的模式运用在了蓝猫的贴片广告上，这与三辰卡通的规模化的制作是分不开的。对于科普性质的卡通片来说，要想形成一定的规模，必需做到200集以上。三辰卡通以3000集的规模，1000多家电视台滚动播放的覆盖面，大力打造“蓝猫”品牌。当电视台播放到240集时，这部规模化制作的动画片引起了部分企业的注意，这时娃哈哈集团、招商银行与“蓝猫”结成战略合作伙伴。随着蓝猫影响力的日益扩大，越来越多的企业看中了“蓝猫”无限庞大的广告资源与其合作，蓝猫的规模效应日趋明显。利用当代最先进的制作方式，以规模化经营为手段，三辰卡通突破了中国传统的运作方式，将我国的动画产业提高到了一个新的高度。

（二）多元化的经营方式，以卡通形象带动衍生产业的发展

《蓝猫淘气3000问》的热播不但为三辰卡通带来了非常高的人气，也为三辰卡通带来了可观的利润。但“蓝猫”品牌只靠卡通片的播放是无法形成强大竞争力的，因此三辰卡通把目光放到了衍生产品的开发上，希望利用《蓝猫淘气3000问》所聚起的超高人气拉动“蓝猫”系列衍生产品的开发。三辰卡通首先着重对图书、VCD等直接衍生产品开发，其中仅《蓝猫淘气3000问》VCD便已售出500万张。此外，三辰公司配合电视播出出版配套图书“星际大战”等四大类图书系列。另一方面，采用形象授权这一国外较为成功的品牌延伸战略，在迪士尼成功的基础上做了大胆创新，把授权收取版权费与产品生产和销售渠道的建设结合的方式，使所有关于“蓝猫”品牌的产品必须通过蓝猫专卖店进行销售。这样，三辰公司通过以上下游整合的力量增强了自己的竞争力，取得了经济效益与社会效益的双赢。

---

① 《东方企业文化》封面文章：《三辰卡通整合进行时》，载《东方企业文化》2005年第6期。

（三）独具特色的蓝猫卡通连锁经营体系

蓝猫卡通连锁店打破了以往的经营模式，结合迪士尼卡通形象授权产品的系统化加沃尔玛商场的小型化，辅以耐克的采购制度创新，形成了独具特色的蓝猫卡通连锁经营体系：迪士尼通过卡通不断播放使广告宣传成本最低，沃尔玛通过连锁经营使交易“管理”物流成本最低，耐克通过采购发包达到产品加工和采购质量最优。三辰卡通将迪士尼、沃尔玛、耐克的优势聚集在了一起，形成了蓝猫卡通连锁经营体系。新的商业模式吸引了加盟者，加盟费水涨船高，由每年5万元涨到10万元。目前，湖南三辰在全国200多个地区设置了代理商，发展了2400多家专卖店，覆盖了全国95%的地级市。在蓝猫销售网络进一步成熟的情况下，其规模优势进一步发挥出来，吸引到更多的加盟商。

三、假“蓝猫”充斥全国

在国产卡通尚未走出低谷的大背景下，《蓝猫淘气3000问》异军突起，大获成功。但随着“蓝猫”品牌成为全国知名品牌，各种侵权、盗版蓝猫产品层出不穷。盗版产品不仅仅涉及图书、影像方面，而是全面覆盖了服装、书包、文具、童鞋、方便面等产品。假冒“蓝猫”产品几乎遍布全国，数量之大、波及范围之广，在中国民族企业中实属罕见。据中国音像协会的专家估计，盗版“蓝猫”VCD占市场的90%以上。三辰公司每售出一件自身生产的产品的同时，假冒、侵权产品就会有上百件售出。《蓝猫淘气3000问》曾经创造并至今保持着吉尼斯世界最长动画片纪录，而盗版“蓝猫”产品的数量也可以创造另一项吉尼斯纪录！三辰卡通集团为打造“蓝猫”品牌投入的大量资金面对着“打水漂”的危险，品牌延伸所蕴藏的巨大市场正在被不法侵权者蚕食。

四、案例点评

《蓝猫淘气3000问》抓住了科普性卡通片这一市场空缺，迎合了孩子和家长的喜好，取得了令人瞩目的成绩。《蓝猫淘气3000问》的电视贴片广告时间每天长达892分钟，为整个蓝猫产业链的发展提供了高价值、“零成本”的强力支撑。卡通对衍生产业的拉动作用是显而易见的，淘气蓝猫的形象和内涵如何进一步丰富发展，如何开发出新的卡通偶像，都成为决定三辰的卡通王国梦能否最终实现的决定因素。迪士尼产品能够常年大卖就是靠着其卡通形象的大红大紫。“蓝猫”品牌成功地借助卡通形象的成功，实现了从卡通到产业的发展。如果“蓝猫”品牌脱离了卡通形象，那么其衍生产业必然萎缩。卡通形象与衍生产品互相促进，卡通片能为衍生产品做足广告，而衍生产品反过来又强化了卡通片本身的影响。

【案例5】　《喜羊羊与灰太狼》：中国最具创意动画

《喜羊羊与灰太狼》以羊和狼两大族群间妙趣横生的争斗为主线，剧情轻松，对白幽默，是目前中国集数最长的动画片之一，最高收视率达17.3%，大大超过了同时段播出的境外动画片，荣获国家广电总局颁发的国家动画片最高奖——“优秀国产动画片一等奖”。目前，以该片为题材的“喜羊羊”系列图书销量过百万，在图书销售排行榜上长期位居前3名，是小学生最喜爱的口袋书之一。

一、《喜羊羊与灰太狼》的成功之路

由广州原创动力文化传播有限公司制作的动画片《喜羊羊与灰太狼》于2005年在杭州少儿频道首播。动画片陆续在全国50多家电视台播映，受到广大青少年观众以及部分成年观众的喜爱。2006年，原创动力文化传播有限公司与多家公司展开合作，使《喜羊羊与灰太狼》的衍生品迅速从图书、玩具、服装扩展到了文具、日化（洗漱用品），乃至食品、QQ表情、手机屏保等。到目前为止，其漫画书的销售额已经突破了4000万元，毛绒玩具的销售额也达到了1000万元①。2008年初，广州原创动力联手上海文广集团和北京优扬文化传媒有限公司合作开发动画电影《喜羊羊与灰太狼之牛气冲天》。电影自2009年1月16日首映日票房达到800万元，周末三天票房超过3000万元。在2010年1月29日起上映的最新贺岁大电影《喜羊羊与灰太狼之虎虎生威》首映日票房1250万，首周末票房4500万元，《喜羊羊与灰太狼》系列创造出国产动画片的最快卖座速度②。

二、《喜羊羊与灰太狼》的成功经验

原创动力将外国动画经验与中国元素完美结合打造了“喜羊羊与灰太狼”这一令人耳目一新的动漫剧，取得了可喜的成就，形成了一套适合国情的运作模式。

（一）外国动画经验与中国元素的完美契合

近年来，美国动画电影以及日本动漫已基本瓜分了中国的动画市场。《喜羊羊与灰太狼》的成功大大鼓励了中国动漫创作人员。虽然可以在创意、故事结构、角色设定上发现《喜羊羊与灰太狼》有《蓝精灵》、《机器猫》等国外动画片的影子，但《喜羊羊与灰太狼》把这些优秀的基因与中国传统元素和自身文化结合在一起，成为具有自身特色的成功作品。

原创动力文化传播有限公司以做“有着最简单的人物关系但可以不断产生故事”的卡通系列剧为原则，确立了“狼和羊”这一被民间广泛认知和便于举一反三、不断推衍的选题。在此基础上，公司放弃了中国以说教为传统的动画片模式，而是将故事的娱乐性和通俗性放在首位。这一大胆的创新不但使《喜羊羊与灰太狼》深深吸引了大批青少年观众，就连不少中青年白领也热衷于其诙谐的剧情。原创动力制作团队在国外优秀动画的基础上做了大胆创新，改变了中国动画长期以来“四不像”的问题，创造出了属于中国自己的动画形象，为中国动画指明了新的发展道路。

（二）负面人物一样能得到观众的喜爱

与以往动画片如《葫芦兄弟》刻画的忠奸分明形象相比，《喜羊羊与灰太狼》正面人物身上加入了许多“人性化”的小缺点，如懒惰、脾气暴躁、胆小等，使正面人物形象更加丰满，与观众拉近了距离；而负面人物如灰太狼、红太狼，无疑颠覆了传统恶狼的凶横形象，在它们身上更多了些人性关怀。比如灰太狼爱妻护子的模范形象，红太狼其实有颗无比温柔专一的心。负面人物的生活细节刻画得丝丝入扣，令人备感

---

① 宁翔：《〈喜羊羊与灰太狼〉的成功对中国动漫产业的启迪》，载《电影评介》2009年6月8日。

② 互动百科：《喜羊羊与灰太狼》，http：//www.hudong.com/wiki/，访问日期，2012-11-15。

亲切。网友甚至列出了十大“嫁人就要嫁灰太狼”理由，如爱老婆胜过爱自己、一心一意为老婆、聪明能干有毅力、对老婆始终如一等。这些品质使得传统恶狼形象彻底颠覆。从这个方面说，《喜洋洋与灰太狼》的成功在于紧跟时代潮流，准确把握住了现实社会的人际关系。

（三）国际化的产业经营模式

《喜羊羊与灰太狼》的热播让原创动力文化传播有限公司看到了这部动画背后蕴藏的巨大市场价值，为使这部动画获得更多的经济价值，出品方开始大力开发动漫衍生品。出品方通过独家授权一类相关衍生品生产企业，建立了国际化的产业经营模式。其中将《喜羊羊与灰太狼》漫画书授权给了迪士尼的授权商童趣出版有限公司，冰激凌类产品开发权授权给了杭州祐康食品公司。在移动增值服务领域的衍生品业务则授权给了香港上海等地的移动公司。自同名动漫电视剧开播以来，从音像图书、玩具礼品、文具服装到食品、日用品再到QQ、MSN表情、手机桌布、屏保等多种衍生产品陆续上市。动漫图书中又开发了“迷宫”类、“手工”类、“游戏”类、“拼图”类等。多元化的发展道路也使《喜羊羊与灰太狼》制作组获得了巨大的经济效益，其中出售播映权所得约占40%，图书音像所得约占10%，衍生产品授权约占20%。

（四）离不开政府的政策扶持

2006年9月1日开始实施的电视台在黄金时段（下午5点至晚上8点）一律禁止播出外国动画片的规定，对播出平台给予了政策上的鼓励。《喜羊羊与灰太狼》的成功正是得益于政府政策和资金上的支持，赶上了中国动漫产业发展的最好时期。

三、案例点评

原创动力通过“喜羊羊与灰太狼”这一项目的运作，在我国目前动漫产业模式还处在摸索阶段，取得了可喜可贺的成就，形成了一套适合国情的运作模式。该片的成功告诉我们，相对低成本的动画片，只要赢得了观众的喜爱，照样打得开市场。原创动力在创作之初引入营销和市场概念，制播既有收视卖点又利于衍生产品开发的原创大规模动画剧来培育市场，整合国内优秀资源营销衍生产品以收回投资，再进一步研发同一品牌的动漫影视作品，再播出，再收益。这一经营模式为我国动漫产业建设“中国模式”提供了有益的借鉴，相信随着我国动漫产业的不断发展，动漫产业的中国模式必将越来越丰富，越来越完善。

虽然近年来国家对动漫产业的扶持力度很大，特别是为国产动画片播放开辟了黄金时段。我国部分动漫企业凭借自身努力也创造出了一批优秀作品，但是中国动漫产业仍面临一些长期存在的瓶颈问题，如对动画片收购价格偏低，制作企业在播映环节处于被动、无利可言；而在周边和衍生市场开发方面又遭遇“盗版”横行，企业品牌越是卖座越遭盗版。

中国动漫市场的现状不是几个品牌企业就能扭转的，需要通过进一步体制改革，明确投融资的优惠政策，通过更加严密的法制、法度，加大互联网监管力度和知识产权保护力度；通过提升动漫行业协会组织的协调互助，改善经营环境，完善产业链，激发产业活力。

思考题

1. 迪士尼品牌是如何形成的?
2. 《功夫熊猫》为何能够风靡中国?
3. 《喜羊羊与灰太狼》的成功模式是什么?
4. 日本动漫的成功对中国有什么样的借鉴意义?

第三节 网络游戏类文化项目案例

网络游戏简称“网游”，是基于网络数据传输和个人计算机游戏客户端的具有可持续性的个体性多人在线游戏。中国现在进入了互联网高速发展期，在此环境下，网络游戏得到了长足的发展，出现了很多成功的网络游戏类文化项目。

【案例1】 **巨人网络：进入营销时代《征途》传奇**

上海巨人网络科技有限公司（原上海征途网络科技有限公司）成立于2004年11月18日，是一家以网络游戏为发展起点，集研发、运营、销售为一体的综合性互动娱乐企业，是中国首家登陆纽约证交所的IT概念公司。2006年8月5日，巨人网络自主研发的2D大型多人在线角色扮演网络游戏《征途》正式版隆重推出，创新性地采用游戏免费，道具收费的经营方式获取利润。仅2007年第一季度，就盈利4.8亿元人民币，位列市场前三甲①。

一、史玉柱“巨人”的“征途”

2004年10月，史玉柱投入2000万元网罗了一批盛大公司的研发人员，开发起一款名为《征途》的游戏。2005年《征途》正式进行公测，同时在线人数是87万。同年盛大公司还推出了另一款网络游戏《巨人》。2006年年底，在由中国第一网络游戏门户站点17173与行业资深研究机构艾瑞资讯联手打造的“第六届中国网络游戏市场调查报告”及“2006年度中国网络游戏风云榜”评选中，《征途》囊括了网游风云榜中包括“中国大陆市场占有率前15强网络游戏”、“中国大陆玩家最喜欢的十大2D网络游戏”、“中国大陆客服最佳的十大网游公司”等奖项，成为2006年网游界最闪耀的一颗明星。

2007年第三届中国游戏产业年会上，上海征途网络科技有限公司一举囊括了“2006年度十大最受欢迎的网络游戏”、“2006年度十大最受欢迎的民族网络游戏”、“2006年度中国十佳游戏开发商”、“2006年度中国十佳游戏运营商”、“2006年度中国游戏优秀营销企业”、“2007年度最受期待的网络游戏(《巨人》)”六项大奖，而征途网络董事长史玉柱则荣获“2006年度中国游戏产业最具影响力人物奖”。2007年6月11日，巨人网络科技

① 吴旻：《免费网游商业模式及未来趋势分析——以巨人网络公司为例》，载《消费导刊》2009年6月8日。

有限公司更名为巨人网络集团。2007年9月24日，上海征途网络科技有限公司更名为上海巨人网络科技有限公司。2007年11月巨人网络正式在美国纽约交易所挂牌上市，发行价15.5美元，市值达到42亿美元，成为除美国本土外，在美国发行规模最大的IT企业①。此后巨人网络公司开发了多款国内知名网游，公司利润也是逐年上升，巨人网络2010财年净营业收入上升了2.2%，达到13.328亿元人民币。

二、巨人网络公司的成功之道

凭借敏锐的观察力，史玉柱与他的巨人公司开辟了一条中国网游新的发展思路，提出了"挣有钱人的钱，让没钱的人撑人气"和"绿色网游"的经营理念，取得了惊人的效果。

（一）"挣有钱人的钱，让没钱的人撑人气"的经营理念

不同于中国传统网络游戏的经营模式，《征途》放弃了收费模式，而是以免费的模式运营。上海巨人网络科技有限公司CEO史玉柱把中国网游玩家按阶层划分为两类：一类是没钱有时间的，约占70%，他们主要靠大量的在线时间挣钱玩游戏；另一类是有钱没时间的，约占16%，他们没有那么多时间练到很高级别，他们花人民币玩游戏，也称人民币玩家。这两部分人在需求上的互补性，不仅形成了网游代练、装备交易市场，也是重要的盈利点。凭借敏锐的观察力，史玉柱与他的巨人公司开辟了一条中国网游新的发展思路，提出了"挣有钱人的钱，让没钱的人撑人气"的经营理念，取得了惊人的业绩。

（二）"绿色网游"的定位和创意营销的理念

《征途》在创办之初的2005年，中国网游市场逐步走向3D时代。而在3D市场中，九城代理的《魔兽》牢牢占据了中国的3D网游市场的头名位置。史玉柱在分析了市场份额后，对《征途》做出了2D游戏终结者的定位，把《征途》定为2D网游关门之作。其目的是把2D游戏做到第一，让其他游戏公司不再敢玩2D。

另一方面，《征途》颇具创意的营销理念也成为其成功的关键。《征途》是第一个将网游广告打到了央视的企业。《征途》的形象广告选择在亚运会期间播出，也是向更多的人传达网络游戏和其他体育运动一样，都是一种健康的娱乐方式的理念。此外，为了提高影响力，史玉柱投入了极大的精力以及财力在二、三线城市和农村市场，突破了网络游戏仅在网吧推广的现状，吸引到了更多的玩家。通过"试玩邀请"、"送工资拿股票活动"、"惊喜齐放送活动"等一系列活动的推出，"征途"不但吸引了很多新玩家的加入，并且让很多老玩家恋恋不舍，保持了极高的人气。在中国传统思想中，网游总与"荒废学业"、"浪费时间"等负面词汇联系在一起，史玉柱为了改变现状，打出了"绿色网游"牌，即疲劳度设置。通过设计让玩家不能沉迷其中，营造一个健康的游戏环境。"绿色网游"是"征途"的追求，游戏中引导玩家更多地通过组队形式来完成任务，通过寓教于乐的方式宣传团队精神。通过这些具有特色的营销方式，《征途》不但获得了玩家极大的青睐，并且改变了中国网游长期较差的口碑，取得了经济效益与社会效益的双赢。

---

① 百度百科：巨人网络，http://baike.baidu.com/view/1267830.htm，访问日期，2012-11-28。

（三）超强的产品研发团队，一流的游戏品质

中国的网游市场大部分是代理日韩和欧美的游戏产品，自主研发做得成功的不多。好玩才是玩家关注的根本，真正留住玩家还得靠过硬的游戏品质。《征途》作为一款巨人网络自主研发的游戏，是由几十名国内最好的美工，耗资 2 亿元人民币打造的。游戏不但画面精美，操作简单，并且结合了中国 5000 年博大精深的传统文化，使中国人的传统美德——义气、忠贞、诚信、惩恶扬善等得到了宣扬。

（四）注重维权和“打私”

“私服”作为网游的杀手，曾令中国盛行一时的《传奇》、《石器时代》等网游都死在它手上。“私服”侵权属于新型网络侵权行为的一种，犯罪手法隐蔽，且证据消除快，查处此类案件对反应速度和保密工作要求非常高，执法难度和强度都非常大。为保护自身权益，巨人投入重金对付“私服”。巨人网络知识产权部先后在全国各地建立了 10 个维权办事处，负责各区域的打私工作；同时充分发挥巨人网络 200 多个分支机构，构建起一个遍布全国各地的打私网络，维权专员与各地分支机构紧密配合，协同作战，合力围剿“私服”。被监控到的“私服”，80% 在 3 个工作日内就会被取缔，《征途》私服平均寿命不超过 7 天。

三、案例点评

有人将巨人网络公司推出的网游《征途》大获成功的原因归咎于免费本身，但是通过对巨人网络公司融资模式、经营模式、维权打私的分析，我们可以看到巨人网络公司在增加客户价值、强化市场营销以及资本运作、知识产权保护等方面有着自己的一套办法。首先，巨人网络对网游玩家做了彻底的分析，看到了自己本身的赢利点，表面上做到让利于客户，实则加大隐蔽性较高的网游装备交易的利润额度，不但赢得了许多玩家的青睐，并且获取了高额的回报。其次，巨人投入了大量资金走向自主研发的道路，成为网游自身的知识产权和核心技术拥有者，占据着网游产业链的上游。目前巨人网络公司依托海外融资的优势，已经逐步把业务拓展到网游的周边市场，在完善增值服务的同时，力图形成核心竞争力，从而走品牌发展的道路。

【案例 2】 盛大网络：打造中国的互动娱乐商业模式

上海盛大网络发展有限公司成立于 1999 年 11 月，利用自己的专业团队及先进网络技术，开发网络娱乐产业，向用户提供包括大型多人在线角色扮演游戏（MMORPG）、休闲游戏、棋牌游戏、对战游戏、无线游戏、动漫、文学、音乐等在内的适合不同年龄层次用户群的互动娱乐产品，深受广大用户的欢迎。2008 年 6 月在世界品牌实验室举办的《中国 500 最具价值品牌排行榜》评选活动中，盛大网络以 33.07 亿元的品牌价值为唯一入选互联网企业①。

① 盛大网络官方网站：http://www.snda.com/cn/about/honors.aspx，访问日期，2012-11-28。

一、盛大网络的成长历程

2001年中国网络游戏市场80%以上的份额在中国台湾游戏运营商手中。2001年9月，盛大正式进军在线游戏运营市场，开启大型网络游戏《传奇》公测序幕。2001年11月，《传奇》正式上市，并迅速登上各软件销售排行榜首。通过盛大网络一年半的运作，《传奇》占领了中国网络游戏68%的市场份额，2002年盛大进账超过6亿元人民币，纯利润超过1亿元人民币，每天的收入超过100万元人民币①。

正在蒸蒸日上的盛大网络这时与韩国网络游戏公司ActozSOFT的合作出现裂痕，盛大开始调整发展战略，向主营自主知识产权的游戏商转变。2003年6月，盛大与新华控股集团共同投资成立上海盛大新华有限公司，开发网络游戏周边产品。2003年7月，盛大自主研发的第一款网络游戏《传奇世界》公开测试，同年9月正式收费运营。盛大所有游戏的最高同时在线人数突破100万，刷新了自己保持的世界纪录。2003年10月，盛大投资成立上海盛锦软件开发有限公司，致力于网络游戏开发。2004年5月，盛大在美国纳斯达克股票市场成功上市。

为了实现跨行业多元化经营，打造互动的家庭娱乐王国，盛大四处收购，在业务上进行多方扩张。2004年7月，盛大收购了棋牌休闲游戏开发运营商——杭州边锋软件技术有限公司。10月，收购了中国领先原创娱乐文学门户网站——起点中文网。2005年7月，盛大于CES展推出新产品，描绘互动娱乐新生活。2006年1月，盛大与长虹朝华正式结成战略合作伙伴关系，联手进军家庭互动娱乐市场。2009年11月，收购国内第一视频分享门户——酷六网。2010年1月，收购美国游戏和内置广告平台——麻吉媒体公司。2010年9月8日收购《龙之谷》开发商——韩国Eyedentity Games。盛大通过整合拥有的各类优势，逐步搭建一个整体运营的平台，从而顺利实现了从简单的网游运营商转变为一家综合的互动娱乐媒体帝国。

二、盛大网络的成功经验

盛大网络以恰到时机的商业化改革、自有产权模式和完善的客户服务体系打造了一个属于中国的互动娱乐商业模式。

（一）恰到时机的商业化改革

盛大的网络游戏走的是一条互动娱乐的道路。由于互动游戏注重角色经验的积累和能力的提高，可以对玩家产生很强的黏性，并会随着玩家数量的不断增长而吸引更多的玩家，且利用玩家的攀比心理可产生更大的黏性。通过网络扩散效应，不断吸引新的客户群。但是，随着网游市场的竞争压力增大，传统模式下的盛大网络开始感受到了空前的危机，面对困境，盛大网络根据市场需求的特点，通过改变“大型多人在线角色扮演游戏”按小时或按月收费这一能带来丰厚现金流的商业模式，推出了免费游戏系统，为自己赢得了极大的市场份额，成功挽救了它在网络游戏行业的霸主地位，带领它从最低迷的时刻转向黄金时代。

---

① 方师恩：《盛大网络公司的“免费战略”管理研究》，厦门大学2007年硕士论文，第14页。

（二）从纯代理运营模式转变为自有产权模式

在中国，大多数网络游戏的运营商是代理国外游戏。比如长盛不衰的《魔兽世界》以及红极一时的《奇迹》。这种缺乏自主产权的经营模式由于受到诸多限制，很容易导致矛盾的产生。九城就是由于代理费的问题与美国暴雪娱乐公司闹翻，失去了《魔兽世界》的代理权，从而一蹶不振。盛大看到了纯代理运营的这些弊病，在内容提供和自主研发上投入了大量的精力财力，使盛大成功地从纯代理运营模式转变为自有产权模式。盛大的科研开发团队开发出了各种各样的新产品，其中推出的网络视频游戏成为行业的热点。盛大网络是目前国内唯一一家开发网络视频游戏的企业，并将其作为盛大的核心竞争产品。盛大在网络视频游戏上的运作已非常成熟，目前已经同中国5家主要PC厂商签署了采购协议，其中包括七喜、TCL以及清华同方等；然后，又同惠普中国建立了战略合作伙伴关系。而且，下一代视频游戏机，如xBox360和PlayStation3都更加关注游戏的联网和交互功能。网络视频游戏将成为盛大家庭战略和核心业务的最佳结合点。

（三）完善的客户服务体系

一款网络游戏如果没有足够的玩家作为支撑是无法长久生存下去的。盛大始终以游戏用户为中心，以顾客的需求为出发点，从而达到为玩家带来新游戏体验为最终目标。盛大的每一款游戏产品都是双经理负责制，既有负责研发的项目经理，同时还有一个负责游戏运营的产品经理。产品经理负责了解玩家的喜好，项目经理负责将玩家的喜好实现。除此之外，盛大的每一款游戏都有专门的团队管理。他们负责制订运营计划、调配内部资源，并且为虚拟社区进行每小时定时维护。它还建成了全国性的销售和收费网络和遍布全国的服务器网络，并且拥有完善的客户服务体系，包括一个24小时呼叫中心。如今的盛大，一款游戏的生命力不仅仅在于把它推向玩家，更重要的是如何让它成为玩家新游戏体验的工具。

（四）以家庭娱乐的方式带动产业的发展

盛大为了进一步扩展市场，将以PC机为主要使用工具的20岁左右的用户人群，扩展到以电视机、客厅为主的家庭消费场所，把这种运用扩展到家庭用户的整体运用，盛大开始进入休闲游戏、棋牌游戏、文学网站，乃至大众喜欢的音乐平台，以带来更大的收益。盛大希望为每个家庭提供非常好的用户平台，让家庭用户能够真正方便、快速、稳定、安全地获得他所需要的内容；接着，要为家庭用户在这个安全稳定的平台上提供他所需要的内容。

三、案例点评

随着中国网游市场规模的逐步扩大，网游市场的发展也日趋明显。企业只有培养独特的核心竞争力和可持续发展能力，才能在残酷的竞争中立于不败之地。盛大在经过近年的狂飙突进之后，出现了明显的战略收缩的迹象。先是宣布几款网络游戏永久免费，紧接着又宣布将一些业务改由战略合作伙伴来经营。在短短的几年之内，盛大从一个不知名的小企业跃升到整个行业的顶峰，当盛大朝着另一个目标迈进的时候，却陷入发展的困境中。现在的盛大正处于转型阶段，这个阶段可能会持续很长时间，阵痛也是难免的。盛大的经历是小企业在初步成功之后的典型经历，他们在从试错到卓越的道路上还会经历多次类似的轮回。

【案例3】 网易游戏：中国网游的领军人物

作为一个门户网站，网易闻名于世的是旗下的网易游戏，网易多款网络游戏多次获得“玩家最喜爱网络游戏奖”和“最佳原创国产网络游戏奖”等行业评选奖项，深受玩家和行业人士好评。2005年4月网易游戏最高同时在线100万，创造了网游界第一白金奇迹。随着网易取得了《魔兽世界》代理权后，网易游戏得到了越来越多本土玩家的认同和喜爱，市场业绩持续增长，成为了中国网游首屈一指的领军人物。

一、网易的“网游”之路

2000年前后，靠着以做门户网站起家的网易敏锐捕捉到了网游这个市场的巨大潜力，开始走上网游的自主研发之路，逐步把发展战略放到了网游上。2001年12月网易率先推出了首款自主研发的大型网络角色扮演游戏《大话西游 Online》，2002年8月，在原作的基础上开发了《大话西游 Online II》，成为国内第一个成功运营的国产网络游戏。2003年11月，推出大型Q版网络游戏《梦幻西游 Online》。截至2010年8月，《大话西游Online》在线人数已近90万，《梦幻西游 Online》在线人数已达到惊人的260万。并由此荣获最受欢迎网络游戏奖、最受关注游戏厂商奖、中国网络游戏十大影响力品牌；网易CEO丁磊先生也荣获十大产业风云人物奖。2006年5月31日，网易自主研发的2.5D游戏《大唐豪侠》正式公测；2007年第一季度，全3D游戏《天下贰》出击国内网游市场。2009年4月17日，网易宣布拿下《魔兽世界》在大陆三年独家代理权，成为国内自主研发和自主运营能力最强的网络游戏厂商。

二、网易网游的成功秘诀

自主研发、横向一体化和多元化的扩张路线，以及利用门户网站的强大影响力实施先入为主的品牌形象，是网易成网游“领头羊”的秘诀。

（一）以自主研发带动产业发展

与国内众多代理国外游戏的运营商不同，网易最受欢迎的游戏全都是自主研发而来。其中两款为净营收和净利润贡献度最高的网游——《大话西游Ⅱ》和《梦幻西游》自问世以来，一直深受玩家的喜爱。作为国内一流的自主研发的网络游戏厂商，网易的游戏开发团队的人数已经接近2000人，并拥有大话工作室、梦幻工作室等数十个工作室，储备了大量的游戏人才和丰富的研发经验。网易旗下多款网络游戏多次获得“玩家最喜爱网络游戏奖”和“最佳原创国产网络游戏奖”等行业评选奖项，深受玩家和行业人士好评。

（二）横向一体化和多元化的扩张路线

网游横向一体化是以一款游戏（一个共同的题材）为中心产品，延伸开发出与其相补充甚至相竞争的网游。网易在2002年推出《大话西游Ⅱ》并获得成功后，相继推出了《梦幻西游》、《大话西游3》、《大话西游外传》、《创世西游》这4款西游题材游戏，取得了不俗的成绩。网易还采取多元化发展的网游策略，2D游戏与3D游戏并举，自主研发与代理运营并重。网易至今最赚钱的两款游戏《大话西游Ⅱ》和《梦幻西游》都是2D作品。但随着3D游戏逐步占据了市场的主要份额，网易也推出了《天下贰》、《创世西游》和《iTown》等3D游戏，可以满足不同玩家的需求。2009年，网易获得《魔兽世界》在中国大陆为期3年的代理权，于2009年9月19日重新运营《魔兽世界》，这也标志着网易在坚持自主研发的同时，对国外优秀网游的代理给予了足够的重视。

（三）先入为主的品牌形象

网易作为中国重要的门户网站，其优质形象自然会带给网游产品巨大的影响力。对网民而言，先入为主的观念使他们形成了根深蒂固的习惯，这种忠诚度不轻易被改变，如果后来者无法提供比前者做得更好的产品或是差异性的产品，客户基本不会变换自己的方式。凭借良好的品牌形象，网易在网络游戏放入了内置式广告，早在推出自主研发的《梦幻西游》中，网易同娃哈哈展开合作，将“呦呦奶茶”融入游戏情节，植入《梦幻西游》中。网易的这种营销模式打破了网游依赖道具赚钱的盈利模式，极具发展前景。

三、案例点评

十多年来，作为我国门户网站之一的网易，在以网游为抓手的策略下实施了一些以网游为中心、确立电子邮箱优势、涉足搜索领域的企业行为，并取得了较好的市场绩效。如今，网易在网游产业中优势明显，占据了国内第三大市场份额。随着《魔兽世界》的入主，网易的效益有望进一步提高，占据更大的市场份额。网易的游戏在自主研发的设计理念上体现了强烈的民族特色和深厚的中国文化底蕴，得到了广大本土玩家的认同和喜爱，获得了极好的口碑。无论是建立与网吧合作的方式，还是网易游戏推广员的方式，网易采取的都是传播速度较慢、范围较小，但效果较好的营销方式。《大话西游Ⅱ》和《梦幻西游》这两款游戏的玩家有相当一部分还是集中在三、四线城市甚至以下的低端玩家，他们的消费能力是有限的，而新游戏的推出更需要寻求一些更为全面和有效的营销方式，这也是网易今后亟待解决的问题。

【案例4】　朱骏与他的“第九城市”

“第九城市”（九城）是国内最大的网络游戏开发商和运营商之一，旨在为都市人创造一种全新的在线娱乐生活方式。2002年7月第九城市集团与韩国Webzen公司合作，成为网络游戏《奇迹》（MU）在中国地区的独家代理运营商。2003年2月，《奇迹》（MU）开始正式商业化运营，游戏注册用户已经达到1500万，同时在线人数达到30万。2004年4月，九城以1300万美元的代价拿到了世界顶尖游戏——暴雪公司的《魔兽世界》在中国的独家代理权，再度成为玩家瞩目的中心。2009年暴雪将《魔兽世界》中国代理权授予网易之后，九城的经营也开始转入惨淡。

一、朱骏对网游的“豪赌”经历

2002年2月，朱骏的九城拿出全部家当200万美元与韩国游戏公司签下了网络游戏

《奇迹》在中国的代理运营权。如果失败，朱骏将很难翻身。《奇迹》运营半年，吸引在线人数30万，《奇迹》收费了4个月，为九城带来2.7亿元收入①。在看到网络游戏带来的巨大利润后，朱骏将九城的主要业务集中到了网络游戏上。

2004年，《奇迹》即将退出历史舞台，在竞争对手盛大和网易的贴身紧逼之下，九城必须寻找新的网络游戏。这时，朱骏把目光投向了美国暴雪公司的精品网络游戏《魔兽世界》。为了增强九城的竞争力，朱骏除了不断开发完善游戏的运营、研发、渠道外，还特别增加了一些并购计划。九城希望通过引进国外大型游戏来培养自己的运营能力，以使自己在未来的网络游戏上占得市场先机。为了实现这个目标，九城又一次在《魔兽世界》上倾尽所有，这也意味着，一旦《魔兽世界》运营不太理想，九城就会失去存在的意义。

2004年12月，为了募集《魔兽世界》先期运营资金，九城成功登陆美国纳斯达克，这是中国国内第二支网游概念股。《魔兽世界》一经上线便呈现出一种前所未有的受关注度，第一年注册用户数便达到了150万，同时在线人数最高时达145万，在业界也创造了一个奇迹。

2007年2月，第九城市与韩国网络游戏开发出版公司网禅达成协议，获得了大型多人连线第一人称射击游戏（MMOFPS）《Huxley》在中国的独家运营权。2007年6月第九城市和著名的饮料巨头康师傅饮品控股有限公司达成战略合作伙伴关系，将在市场营销等方面进行全面合作，联合推广3D网游巅峰巨作《奇迹世界》（SUN）。2007年10月大型多人在线角色扮演网络游戏（MMORPG）《魔兽世界》的首部资料片“燃烧的远征”，自2007年9月6日上线以来，最高同时在线人数成功突破80万大关。2009年6月6日23点59分，第九城市正式结束其在中国大陆《魔兽世界》的代理。

2010年7月，九城结束了对《魔兽世界》的代理后投资美国手机游戏及平台公司AuroraFeint，专注开发手机游戏，其后开发运营了OpenFeint游戏平台，目前该平台在iPhone手机平台上成功运营。

二、朱骏九城的成功经验

（一）先进的管理理念

九城在运营《魔兽世界》时已经不是那个初出茅庐的小网络公司，凭借在运营《奇迹》时积累下的经验，九城在管理上更加的得心应手，并且总结出了独特的管理理念。比如在销售上，朱骏给销售人员定下了“60”、“80”、“100”和“120”四个工作阶段。60分表示《魔兽世界》一定要有别人已有的销售渠道；80分表示九城的销售一定要创新，拥有别人没有的销售渠道；100分代表没有人再打电话进来问哪里可以买到《魔兽世界》点卡；120分的期望是不懂得游戏的老太太也出于从众心理买了一张《魔兽世界》点卡。朱骏在九城公司管理上只引导大方向，放手给员工发挥的空间，激发员工的工作热情，工作效率非常高。

① 姜继玲：《“第九城市”老板的成功解　朱骏：成功无术　非常玩法做赢“网游”》，载《人力资本》2006年7月30日。

（二）坚实的运作基础

一款好的游戏的运营不仅需要游戏本身的完美，还需要与代理商近乎完美的配合。九城花巨资代理《魔兽世界》，吸取了代理《奇迹》时的经验教训，总结出自己的运营成功经验，建立了独具特色的6大能力：速度能力——开拓新产品和新服务的能力；渠道能力——实际的分销网络和电子销售渠道；网络效应能力——经营频繁用户互动的社区环境的能力；切换成本能力——用户转向替代品的成本；产品完整性能力——客户体验、促销、市场营销和客户服务；以及政府关系能力。

九城形成了稳定的实卡和虚卡销售渠道、30万人在线游戏的运营经验、500人团队的管理经验、九城虚拟社区拥有的庞大用户群，这一切都为九城更好地代理并成功运营《魔兽世界》打下了坚实的基础。如有一次"魔兽世界"的服务器发生故障，运营网站每隔一个小时就发一条通告，告诉游戏玩家故障排除的处理进程，一直到故障排除。这是在玩其他网络游戏中从来没有的客服表现，很多游戏网站碰到这种情况，往往是一条通告登到故障排除，一天或者更长时间，游戏玩家只能眼巴巴地等在那里。

三、案例点评

朱骏和九城的成功，前期靠代理《奇迹》使得九城一夜成名，后期九城成功地取得《魔兽世界》的代理权，成就了朱骏的财富神话。2004年4月，九城宣布与美国维旺迪旗下的暴雪娱乐公司签约，取得顶级网络游戏《魔兽世界》在中国地区的独家代理运营权。作为国内第二大游戏运营厂商，上市后的九城拥有雄厚的资金，当初开创虚拟社区积累了宝贵的创新经验，同时也带来了大批的稳定用户群落。

但是，2009年4月16日，暴雪正式将《魔兽世界》中国代理权授予网易，失掉《魔兽世界》后九城经营惨淡，收入锐减90%以上，连续遭遇三个季度亏损，股价从12美元一路下跌至7美元，股价跌出网游厂商前十的行列，结束了衣食无忧的生活①。从市场份额看，九城已不再是网游上市公司阵营中的领军人物。

在此前的两年中，九城一度寄希望于加强自主研发的力量，并从无到有组建了多达400人的自主研发团队。但到目前为止，这项大规模投资并没有发挥太大作用。中国上市网游行业阵营已基本成型，强者越强，腾讯和盛大的游戏营业收入总和超过了其他7家上市网游公司之和。以眼下九城的实力，想在网游界重新崛起还要付出许多努力。

思考题

1. 巨人网络公司成功的秘诀是什么？
2. 盛大的娱乐互动模式是不是已经过时？
3. 网易自主研发的游戏为何深得玩家喜爱？
4. 自主研发的道路对于九城来说是不是走得通？为什么？
5. 网络游戏的开发运营对网络企业的品牌运营有什么样的作用？

① 丁飞飞：《失〈魔兽〉九城经营惨淡朱骏分兵三路背水一战》，载《IT时代周刊》2010年5月5日。

第五章　表演艺术文化项目经典案例

表演艺术文化项目，是以戏剧，歌曲，舞蹈等表演艺术为主的文化活动。这类文化项目，不仅能创造高雅的文化生活，提升社会的文化氛围，还是一个国家传统与文化的传承，关系着人民对国家和民族的心理认同和一个国家在国际上的国家形象。除了具备文化价值之外，还因其能创造大量的经济效益，表演艺术文化项目广受发达国家的重视。

第一节　概论　中国表演艺术产业的现状及发展趋势

表演艺术是文化产业的重要组成部分之一，是现代社会文化中最具多元性和产品衍生能力的原创性门类，是丰富和满足人民群众文化需求的重要形式，受到政府的高度重视，各种鼓励演艺行业发展的政策相继出台。近年来，随着中国文化体制改革的深入进行，我国演艺企业的实力不断壮大，演出行业在资金总量、机构数量、从业人员、演出方式、场次等各方面都有很大的进展。国产原创剧目精彩纷呈，民族民间演出继续走俏，旅游、商贸演出市场发展迅速，演艺娱乐场所的休闲娱乐活动丰富多彩。各类国际国内的艺术节活动，为中国演艺产业迅速发展打造了宽阔的舞台；人民群众文化娱乐消费的不断增长，为演艺业发展创造了巨大的市场空间。

一、中国表演艺术产业的发展现状

“表演艺术”一词，简单说来就是指表演者直接面对观众表演的艺术。表演艺术产业则是因此衍生出的演艺产业。随着现代人的越来越重视闲暇时间的文化休闲生活，加之现代科学和媒介技术不断发展，第三产业的经济产业链正逐渐兴起，演艺事业的蓬勃发展，与这个时代交相辉映，焕发了新鲜的活力。

（一）演艺产业蓬勃发展

国家政策及资本平台均为演艺产业的发展亮出绿灯，“演艺第一股”的出现开创了投融资的新模式，院团转企改制全面展开，演出院线的方兴未艾使得整个演出市场活力尽现，演艺企业通过建立海外基地的方式积极走出去，中国演出市场整体呈现欣欣向荣景象。

1. 政策环境总体优化，国有民营并驾齐驱

党的十六大的改革东风，一系列新政策法规的出台，使国有演艺团体释放潜力、焕发活力，民营演艺快速崛起、实力大增，中外演艺交流大增，演艺业市场繁荣，发展环境迅速优化。2010 年，文化部把加快经营性文化单位转企改制步伐和深入推进国有文艺院团体制改革列入文化系统体制改革重点，通过资源整合、兼并重组等方式组建了 46 家演艺

集团；同时国家明确了金融机构对包括演出娱乐在内的文化产业进行扶持的策略；文化部、国家旅游局评选出《国家文化旅游重点项目名录——旅游演出类》，并对名录上的项目进行政策和资金扶持；2010年“演艺第一股”丽江旅游和以旅游演出项目为主营业务的宋城股份，实现了演艺产业上市企业零的突破；风投云峰基金注资印象公司，为国内演艺企业提供了可借鉴的融资发展模式。这些都为演艺产业的快速成长构建了良好发展环境。

2. 民众消费日益增长，演艺需求市场扩大

中国表演艺术历史悠久，随着人民群众经济收入水平的提升，社会精神消费支出日益增长，城乡演艺市场潜力巨大。各地演出院线或联盟正在成为演出场所跨区域经营的主要形式。目前，中国演出市场形成了两大院线（中演院线和保利院线）、五大省际联盟（北方剧院联盟、西部演出联盟、东部剧院联盟、长三角演出联盟和珠三角演出联盟）、省内演出（安徽演出联盟和江西演出院线联盟等）联盟蓬勃发展的格局，演出院线与剧院联盟方兴未艾，整个演出市场充满活力。经济发达的京津地区、长三角地区和珠三角地区演艺业基础雄厚，需求旺盛，演出场次多，演出内容丰富，演出收益大，各省市区的演艺事业都呈现出不同程度的多元化发展。

3. 大力开发地区民族资源，旅游实景演出市场火热

近年来，演艺业正成为各省市区文化产业的率先发展行列，一些中西部地区如云南、广西、四川等文化产业发展水平相对滞后的省区，充分利用自己丰厚的民族民间文化艺术资源，大力开发旅游文化演出，旅游演出市场火热，其中大型实景演出是旅游演出的重要形式，也是推动旅游演出市场火热的重要因素。全国各旅游胜地纷纷大力开发旅游实景演出，云南大型原生态歌舞《云南映像》在国内外一炮走红，使云南这个民族艺术资源丰富的高原热土成为西部地区文化产业的领头羊；广西借助电影《刘三姐》和阳朔甲天下的山水，精心打造的《印象·刘三姐》享誉国内外，广受欢迎，为桂林山水旅游业注入了迷人的人文魅力。张艺谋导演的印象系列影响巨大，但收益参差不齐：《印象·丽江》、《印象·西湖》、《印象·大红袍》已实现盈利，《印象·海南岛》则遇冷，收入惨淡，投资回收困难。

4. 话剧演出增速明显，儿童剧演出蓬勃发展

在北京、上海等文化大城市，话剧演出市场每年以20%～30%的增幅快速发展，成为演艺市场规模最大、创排速度最快、最具盈利能力的剧种之一，而儿童剧演出市场规模增速更是达到50%。儿童剧类市场需求日益扩大，但剧目创作成为儿童剧发展的软肋，致力于儿童类剧目创作人员严重缺乏，儿童类剧本稀缺，高质量的儿童类剧本少之又少。

5. 音乐节向二三线城市扩张

2010年中国音乐节数量飙升至92场，音乐节演出区域也由一线城市向二三线城市扩张。音乐节对城市品牌的提升有很强促进作用，成为政府或相关部门营销的重要利器。

6. 中国演艺海外基地成功驻演

2010年，《功夫传奇》在美国布兰森白宫剧院及《少林武魂》在美国大雾山旅游区东上海剧院成功驻演，标志着中国演出“走出去”迈出具有历史意义的一步。白宫剧院及东上海剧院分别是由天创国际及东上海集团收购的海外剧院，通过建立海外演出基地的

模式，打破了制约中国演出产品海外推广的瓶颈，为中国演出“走出去”探索了一种可借鉴的模式。

（二）当前中国演艺产业存在的问题与障碍

1. 演艺设备严重老化

我国目前有各类剧场和影剧院2500个左右，承担着全国约3000个演出团体的绝大部分演出活动，其中一些剧场是20世纪60年代以前修建的，剧场内的大部分系统设计有很大的局限性，没有充分考虑演出的工艺水平。内部缺乏舞台机械、现代剧场照明系统、扩声系统、通信系统，很多剧场声学环境甚至还达不到西方19世纪的水平。我国剧场演艺设备老化的情况非常严重，已经成为舞台技术发展的阻碍。

2. 高价票限制很多家庭进入

近几年来，北京、上海等地的演艺市场迅速与国际接轨，场租、制作成本和票价等消费水平迅速攀升，整个市场处于一种超前消费的状态。高票价限制了很多消费者的进入，出现了严重的供需不平衡。政府无法提供充分的资助，观众自身的消费水平不足，这成为制约演艺市场迅速发展、进入国际轨道的大瓶颈，导致演艺产业这个市场蛋糕不能做大。

3. 中小型演艺企业经营风险大，融资困难

演艺产业生产的戏剧、话剧等无形产品，在演出前很难衡量其产出后的价值，文化产业的融资方式与银行业现有的、通行的资产融资方式有很大的不同。当前我国的演出企业大多是中小型企业或者个体经济组织，形成规模性演出的企业不多。虽然国家已经出台了不少政策支持中小企业的发展，但是目前形势下演出产业的不良贷款率较高，影响了银行放款给中小企业文化产业市场的积极性。

4. 缺乏熟悉演出市场又懂经营的人才

演出不在于有多大的投入，而在它的投入产出比。经营管理不善，再小的投入也可能会亏本。但是，如果选择好了剧目，运用现代经营管理手段，生产出大制作、适合于市场销售的演出产品才能有大产出。这是演出市场的一条黄金规律。目前，我国还缺乏深谙现代经营管理又熟知演出市场、懂得演出产业运营发展规律的经营性人才。

5. 缺乏精品项目，宣传营销力度不够

目前我国演艺市场缺乏精品，缺乏可持续开发的品牌。一方面，如《印象·丽江》、《云南映像》之类的精品实景演出少之又少，不能产生规模效应和产业化的运行。另一方面，宣传营销力度不够，受众对于精品项目的了解很少，这两方面的原因共同制约了我国演艺产业产业化精品项目的形成，演艺市场营销模式的滞后也成为制约我国演艺市场长足发展的瓶颈。打造更多精品，开拓新市场、开发新消费群体，便成为发展中国演艺市场的迫切之举。

6. 演出市场不规范，城乡发展不平衡性

我国演艺市场的发展至今仍处于探索的阶段。一方面，在这个过程中，个人英雄主义色彩比较浓，“人”大于“剧目”的现象时有发生；另一方面，整个市场在剧本创作、资金投入、演出内容上缺少规范，更没有硬性制度的制约，仿制、抄袭等恶性竞争事件时有发生。

由于城乡经济发展的不平衡，加之地域的差异，城乡演出市场的地域性差异非常巨

大：在北京，国内外艺术表演团体最多，艺术交流活动十分频繁，高水平的演出之多是全国其他城市无可比拟的。它与上海、广东、浙江等地一起作为龙头，带动了全国演出市场的活跃，是演艺市场的第一集团军。但经济不发达地区的演出市场就会很萧条，农村的情况就更差。

二、中国表演艺术文化产业的发展趋势

未来，随着人民群众精神文化消费需求的提升，在现有政策及资本推动下，演出市场将集聚更多的资源和资本，企业集团化趋势将日益明显，市场竞争更加激烈，产业链的衍生会成为新的利润增长点，品牌化发展将成为演艺企业的突围之道，演艺与其他行业的合作也成为一大趋势。

（一）品牌将成争夺热点

中国演艺产业目前正处在成长期，演出企业逐渐由数量增长转变为品质提升，演出质量、品牌化成为主要竞争手段。品牌化竞争是演出企业依靠其综合实力而进行市场资源争夺的一种有效方式；现今观众越来越倾向于高品质的演出，因而品牌企业具有越来越强的市场号召力。品牌也是稳定的、多渠道收益来源，因此品牌化发展将成为众多演出企业的发展战略。

（二）资本成为主要推动力

中国目前的演艺企业呈现出两大特点：一是民营演出机构普遍规模小、融资渠道缺乏；二是转企改制后的国有控股演艺集团虽然规模大，但在发展壮大的过程中需要大量资金支持。与此同时，在演出行业的品牌化竞争阶段，品牌塑造是一个长期过程，其间需要资本的持续支持。因此，在未来演出行业的发展过程中，资本将成为演出行业发展的主要推动力。

（三）企业集团化日益明显

中国的演艺企业将进一步通过合作、兼并或股份制方式实现资产重组、优化资源配置，并按照集约化经营的要求组建跨地区、跨部门的演艺集团，通过引进现代化的管理与市场运营模式加快发展，这是一种必然发展趋势。规模化、集约化运营有利于集中优势资源，进行演出剧目创作、市场推广及大型演出项目的制作，打造高质量、观赏性强的演出，提高演艺行业的专业化水平，促进整个演艺行业的快速发展。

（四）产业链延伸成利润增长点

演艺产业链纵向延伸趋势明显。演出衍生品的开发、演出版权机制的建立将不断完善演艺产业链。剧院将由单一的演出中心逐步向综合性的娱乐中心转化，一个以餐饮、购物中心和地产为外延的产业链正在形成。演艺行业与餐饮业、旅游业、互联网行业等跨界合作是市场推广及规避风险的重要途径，也是实现优势互补、协同发展的必然趋势。

（五）积极推动新技术的应用

加快剧院设施建设，更新设备，积极推动新技术的运用，特别是数字技术、多媒体技术、网络技术在演出创作、舞美制作、灯光音响等方面的运用，并与影视、网络平台进行互动。

（六）规范市场秩序，优化经营环境

要整顿和规范演出市场秩序，建立公平竞争的市场环境。对观众反映强烈的虚假低劣演出，须建立由专家、媒体、音乐爱好者和行业协会共同组成的舆论监督机制，规范演出宣传，培育消费群体，引导消费导向。

借鉴发达国家演出经营模式，提高演出经纪公司的经营管理水平，利用文艺演出的公众效应，以资金、股份、品牌等形式与企业联姻，实现演出的综合效益。制订长期演出计划，降低演出成本；充分开发利用现有场馆，维修、改建、开发闲置场馆，通过自主经营、租赁经营等方式，盘活国有演出场馆资产，整合场馆资源。同时，有计划地开发、建设一批面向大众、面向基层的演出场馆，满足市场需求，降低票价。

第二节　戏剧类、地方戏文化项目案例

戏剧是演员将某个故事或情境，以对话、歌唱或动作等方式表演出来的艺术。中国的戏曲拥有独特的传统和程式，尤其是地方戏，它凝结着某一地域的民风习俗；作为传统文化的表现形式之一，是我国非物质文化遗产的重要组成部分。戏剧类、地方戏文化项目推广并发扬了传统的戏剧和地方戏，是“活态”的传统文化表现形式。它既传承着一定的历史文化传统，又期待着在时代精神的表现中实现文化传统的创造性转换。

【案例1】　　《暗恋桃花源》：精致艺术与大众文化的巧妙结合

《暗恋桃花源》是台湾导演赖声川的经典话剧之作，被称为精致艺术与大众文化的巧妙结合。《暗恋桃花源》以特别的艺术手法，结合悲剧与喜剧，产生了“古今交错，又悲又喜”的戏剧效果。赖声川质疑传统所谓悲、喜剧分立的模式，认为悲、喜剧本是一体两面，互动而消长，因而制作成了这部经久不衰的话剧作品。

一、《暗恋桃花源》的形成过程

一直琢磨怎样在舞台上表达悲与喜乃是“一体之两面”的台湾导演赖声川，在一次观看朋友的排戏时获得启发，诞生了《暗恋桃花源》的创作灵感。1983 年 11 月 30 日，赖声川宣布了话剧《暗恋桃花源》剧组的成立。《暗恋桃花源》讲述了这样一个奇特的故事：“暗恋”和“桃花源”是互不相干的两个剧组，他们都与剧场签订了同一天晚上彩排的合约，不得不同时在剧场彩排，从而打造了一幕古今悲喜交错的舞台奇观。“暗恋”是一出现代悲剧，一对青年男女在上海的战乱中相遇随后离散，彼此不知情地不约而同逃到台湾，40 年后才得以相见，此时两人已各自结婚多年，而男主角也已病危。相反，“桃花源”则是一出古装喜剧，武陵渔夫的妻子与房东私通，渔夫因此离家出走桃花源，等他返回武陵时，妻子早已与房东成家生子。

《暗恋桃花源》以新颖奇特的戏剧构架和悲喜交错的视觉效果而成名，1986 年在台湾首次公演后，便引起轰动，成为赖声川的表演工作坊的代表剧目。1991 年，该剧在美国、香港进行了巡回演出。1992 年由赖声川亲自执导改编而成的电影《暗恋桃花源》由杜可风做摄影、张叔平做美术指导，取得了令人满意的票房，在各大国际影展大放光彩，一举

拿下许多大奖。1992 年的第五届东京国际电影节上获得了青年导演银樱花奖和林青霞的最佳女主角奖两项大奖，获得了 1992 年台湾金马奖最佳男配角和最佳改编剧本奖、最佳剧片和最佳录音入围，及台湾影评人协会评选的 1992 年度十大华语片第 3 名。

2006 年《暗恋桃花源》迎来了它的纪念版，并在台湾和内地同时上演。台湾版在形式上又有了很大改变，而内地版由于是在内地首次上演，因此赖声川选择了 20 年前的最初版本。在 2010 年版的《新暗恋桃花源》中，赖声川更是出其不意地将越剧元素加入戏剧排演中，“暗恋”部分仍保持不变，在“桃花源”部分加入越剧元素，词、曲、服装统统翻新，桃花源部分的台词由专业越剧编剧严全毅全部重写，彻底颠覆了原版“桃花源”部分。

二、《暗恋桃花源》成功的经验

赖声川认为，《暗恋桃花源》的成功并不奇怪，因为它表达的思想与台湾人潜意识中的愿望是相符合的①。这出戏统合了生活中的许多乱象，它开掘的社会潜意识，综合了台湾的政治、社会与文化生态，甚至也反映了台北都市的百象。这种对社会潜意识的挖掘，再往深一步，表达在戏剧艺术中，是有意识地提炼一种美学上的追求。

（一）新颖奇特的故事结构

《暗恋桃花源》与传统话剧不同的地方就在于，将两个不同时空不同题材的故事杂糅在一起的故事结构。一个是以“暗恋”为主题的病危男主角永远忘不了刻骨铭心的爱人的现代爱情悲剧，另一个是以陶渊明的《桃花源记》为蓝本并经过赖声川艺术处理的以“桃花源”为主题，不育的武陵渔夫打不着鱼只能眼睁睁地看着老婆明目张胆地与房东打情骂俏的古代喜剧，一悲一喜、一个现代一个古代，两出剧目放在同一个舞台上共同排演，不仅时空脱节，剧情相左，更重要的是悲喜同台，“暗恋”的悲恸中饱含脉脉温情，“桃花源”的嬉笑中却暗含丝丝悲凉。悲剧中衬托出喜剧的荒唐，喜剧中显现出悲剧的情愫，将两种看似完全不同互不相干甚至时空不同的人生拼合在一起，隐隐生出一种难以言表五味杂陈的意味，让观众在心理落差中对故事意犹未尽，回味无穷。

（二）引人入胜的戏剧化冲突

《暗恋桃花源》“戏中有戏”的结构安排，让整台话剧从头至尾充满了戏剧化的冲突，不仅包含《暗恋》与《桃花源》两个剧组为争抢排练舞台的戏外冲突，剧中人物间的矛盾冲突，还有剧中演员与导演之间的冲突，更重要的是整台剧中悲喜、古今的戏剧冲突，使得整个话剧舞台热闹非凡，高潮不断。错综复杂的矛盾集结在一起，一开始就将观众带入章乱无序的矛盾之中，如何表现矛盾、如何解决矛盾的疑问，从头至尾都吸引着观众，吊足他们的胃口。导演始终以两个剧组之间的矛盾冲突为主线，将整出剧的矛盾冲突始终控制在不断推动剧情发展的框架内，使得整部话剧处处是精彩、节节有高潮，带来了意想不到的戏剧效果。

---

① 杨蓓蓓：《浅析当代话剧〈暗恋桃花源〉的狂欢化诗学特征》，载《安徽文学》（下半月）2008 年第 12 期。

（三）自由开放式的主题

《暗恋桃花源》与以往戏剧不同，没有给观众一个明确的主题，而是将两个错综复杂的故事拼贴在一起，提供了一个开放自由的主题，由不同性别、不同年龄、不同身份的观众从不同角度对故事内容进行解读。观众可以说它是一部爱情话剧，也可以说是一部关于历史的话剧，甚至可以将它理解为是当今流行的穿越剧。对于主题，导演自始至终都没有给出明确的答案，而是让观众自己去思考、寻找，这个寻找的过程与思考的结果，充分满足了不同人群的心理需要，使所有人都能从这一部话剧中收获一份自己的思考。

（四）极具特点的语言魅力

《暗恋桃花源》中极具特点的语言对白，不仅活跃了整台话剧的气氛，更深刻反映了剧中人物的性格特点，帮助观众更好地理解人物形象。同时，剧中频频出现的含糊不明却意有所指的对白，使观众在观看时紧随剧情发展，猜测对白中所蕴含的真正意思，而不会产生疲劳感，剧中人物的对话与表演时常能够在让观众在开心之余，在充满新鲜、疑惑的氛围下，意犹未尽地观赏、思索。

三、案例点评

赖声川认为，传统的东西不是古板的，它充满了创意。过去的东西经过时间的沉淀，形成了一个完美的形式，我们要更尊敬传统，越尊敬它就越知道怎么用它①。而《暗恋桃花源》在实现创新架构的同时，也继承了赖声川擅长刻画带有浓厚传统韵味的表现手法，无论是“暗恋”还是“桃花源”都属于传统题材，整个故事的表现手法也都符合中国观众的接受习惯。但是其中所蕴含的讽刺意味以及曲折无奈的人生境遇却又充满了现代感，符合当今现实社会中人们的观赏心理需求。更重要的是，《暗恋桃花源》中两个故事拼贴在一起的内容架构以及“戏中套戏”的结构表现，打破了传统话剧的表现形式，让观众从传统的故事结构套路中摆脱出来，这种新鲜的叙事方式、矛盾冲突不断的故事搭建，让观众为之眼前一亮。

1986年《暗恋桃花源》首演在当时造成的盛况，还有一个社会性的原因，这出戏统合了台湾观众生活的许多乱象，综合反映了台湾的政治、社会与文化生态、市井百相，这种对社会潜意识的挖掘，更深一步地表达在戏剧艺术中，是有意识地提炼美学上的追求，具有社会意义和美学意义。

赖声川在《暗恋桃花源》中将古今不同时空、悲喜相对的结构搭建，为我国的话剧创作提供了一个新的思路、新的借鉴，为我国话剧业提供了更为广阔的发展空间，启发了一代又一代优秀的导演编剧，使我国戏剧事业能有更多更新的艺术表现形式与创新手法。

【案例2】　青春版昆曲《牡丹亭》：游走于传统与现代之间

《牡丹亭》中瑰丽的爱情传奇，以典雅唯美的昆曲来演绎，相得益彰，四百年来不绝于舞台。由著名作家白先勇主持制作的“青春版”昆曲《牡丹亭》，用现代剧场的理念和元素，用青春的演员说青春的爱情故事，更为昆曲这门古老的艺术赋予了青春的喜悦和

① 孙冉：《让剧场回到文化的深处》，载《中国新闻周刊》2006年11月20日。

生命。

一、青春版昆曲《牡丹亭》的形成过程

《牡丹亭》是明代大曲家汤显祖的代表作，讲的是杜丽娘与柳梦梅两个青年男女之间因梦生情、穿越生死的爱情神话。在著名文化人白先勇的策划下，热爱昆曲的文化精英汇集在一起，重新编排了这个传唱了四百多年的爱情神话。2004 年 4 月青春版《牡丹亭》开始在台北首演，成为当年台湾的“一个轰动性文化事件”；2004 年 5 月，青春版《牡丹亭》震撼香港；2004 年 6 月在苏州大学赢得了广泛关注与好评；2005 年开始在北京大学、北京师范大学、武汉大学、南开大学、南京大学、复旦大学、同济大学等名校巡演，大学校园迅速掀起一股观看热潮。同时，青春版《牡丹亭》在中国第七届艺术节、上海国际艺术节和澳门国际艺术节上也备受青睐。2005 年 10 月“登陆”国家大剧院，一时间好评如潮，使“昆曲热”成为当时中国最重要的文化现象之一。

一般而言，戏曲观众多为中老年人，而苏州昆剧团携手白先勇打造的青春版昆曲《牡丹亭》却打破了这个惯例，其观看者中除了中老年观众外还加入了许多青年朋友；在众多高校大学生中引起巨大轰动，观看热潮持续不减，这部海峡两岸联手打造的青春版昆曲《牡丹亭》，使这源远流长的传统戏曲文化得以延续相承。在东西方文化激烈碰撞的情况下，我国传统戏曲如何适应社会发展变化并永葆艺术魅力，传统文化如何与现代文化融合，始终是我们迫切需要解决的问题。而原本只在中老年观众中流行的戏曲文化，却能在大学生群体中引起热烈的反响，青春版昆曲《牡丹亭》的确引人思考。

二、昆曲《牡丹亭》的成功经验

青春版《牡丹亭》，让昆曲这一古典艺术焕发出了现代的色彩。一方面尽量保持昆曲的抽象写意、以简驭繁的美学传统；另一方面不忘适当利用现代剧场的种种概念，来衬托这项古典剧种，使其既适应现代观众的视觉要求，同时亦遵从昆曲的古典精神。这种对爱情的歌颂是古今中外永恒的美，在现代社会中更能引起共鸣。

（一）以传统文化为基础的改编创作

白先勇近年来致力于昆曲的推广，本着振兴昆曲、宣传昆曲的愿望，在尊重昆曲成熟的传统文化精神基础上，在创作时一方面全力保留了昆曲婉转柔美的表达方式，同时也适时加入了许多现代文化元素，以现代衬托古典，以古典诠释现代，符合当今观众的观看习惯和心理需求。为了能更好地表现昆曲的艺术魅力和《牡丹亭》的精彩内容，从制作团队到演员选择，都经过了严格筛选，在力求原汁原味地表达昆曲和《牡丹亭》的艺术魅力外，更蕴含着浓浓的现代气息，吸引了更多青年观众的注意。

（二）贴近现代需求主打“青春牌”

青春版《牡丹亭》强调青春与爱情的主题，不仅符合汤显祖原作的精神内涵，更贴近现代年轻人的心理需求。在如今这个人情复杂的社会下，剧中所蕴含的至纯至真的超越生死的情感，唤醒了人们那颗渴望真情、追求真情的心。青春版《牡丹亭》启用青年演员来饰演剧中男女主人公，是这次演出取得成功的根本原因。与剧中人物年龄相仿的青年演员沈丰英和俞玖林，以清新秀丽的舞台扮相与细腻自然的表演功底，为汤显祖剧中的古

典形象赋予了真实活泼的血肉与灵魂。在他们的演绎下，站在舞台上的就是真实的杜丽娘和柳梦梅，展演了一个如泣如诉的缠绵爱情故事。

（三）传承昆曲巨大的艺术感染力

昆曲诗情画意的舞台艺术、《牡丹亭》优美浪漫的诗词魅力，震撼了一直被包围在流行歌曲、西方文化等各种快餐文化下的中国年轻人的心灵；昆曲演员们扎实成熟、游刃有余的表演，将戏剧内容和人物表现得淋漓尽致；宁静优雅的昆曲艺术为整部演出描绘出一幅绝美的画卷；融文学、戏剧、表演、音乐、舞蹈、美术于一体的昆曲表演，带领中国青年人深刻领略了中国传统文化的精髓，众多年轻人被昆曲的艺术魅力所折服。

（四）成熟系统的管理体制与运作

从邀请名家、组织人马、选演员、拉赞助，白先勇建立了一套成熟严谨的戏曲管理体制和运作模式，为剧中人与物、人与戏曲表演、理念与行为搭建起了沟通的桥梁，起到了关键的中介作用。这样一套规范戏曲与演员的体系，使昆曲的宣传能够在复杂多变、竞争激烈的市场中处于良好的状态，保证了戏曲舞台艺术的传承，吸引了众多观众，在扩大青春版《牡丹亭》的市场号召力的同时，更是宣传了昆曲的古典文化魅力，广泛传播了中国传统文化。

三、案例点评

从优雅古典到青春现代，青春版《牡丹亭》很好地秉承了汤显祖原版的内在意蕴和精神，结合现代观众的审美需求，从舞台设计、故事内容和演员表演都作了精心改编与创作。它为昆曲这门古老的艺术赋予了青春的喜悦和希望，为昆曲在新世纪的发展和传承开辟了一条新的道路，吸引了大批观众特别是大学生对于中国传统文化的关注目光，让他们在这传媒资讯高度发达的今天，能够平静地坐在剧院里专注欣赏有四百年历史的昆曲，感受它的浓丽、优雅、空灵、精致、洗练与沉着。

白先勇的青春版通过活泼新鲜的"现代性"，将原版《牡丹亭》的古典韵味发挥得淋漓尽致，他启用名不见经传的青年演员带来的成功，打破了昆剧演员队伍固有的凝固、尴尬局面，对中国昆曲界迫切需要解决的人才培养与艺术传承问题，具有特别意义。

青春版《牡丹亭》是中国昆曲的弘扬传承史上又一个具有里程碑意义的事件。它让古代经典走进现代生活的表现形式，为古典戏剧文化培养了新的欣赏群体，走出了一条昆曲文化遗产振兴与传承的新道路，为古代戏曲在当代的新发展提供了新的典范和宝贵的经验，为我们努力解决文化遗产保护的问题提供了优秀范例。

【案例3】 绿色二人转：赵本山打造的民族文化产业

东北特色二人转主要来源于东北大秧歌和河北的莲花落，它植根于民间文化，边说边唱，且歌且舞。以演出喜剧小品闻名的赵本山，出身就是二人转演员。赵本山以喜剧小品取得了国内无人能及的成就后，开始极力推广二人转。以"刘老根大舞台"为代表的一些演出团体和剧场相继出现。为了让二人转能够广为传播，赵本山极力弘扬一种"绿色二人转"，删除了传统二人转的荤、酸等低俗部分。让二人转发展为集忽悠、说笑、模仿秀、杂技表演为一体的表演形式。

一、赵本山绿色二人转产业的发展过程

东北二人转史称小秧歌、双玩艺、蹦蹦，至今已有三百多年的发展历史。表现形式为：一男一女，服饰鲜艳，手拿扇子、手绢，边唱边舞，表现一段故事，唱腔高亢粗犷，唱词诙谐风趣，属于走唱类曲艺。二人转从小范围的受欢迎到全国走红，二人转演员出身的赵本山功不可没，随着二人转受欢迎程度的不断提高，赵本山似乎变成了二人转的代名词。

2001年，经赵本山、崔凯和《时代商报》精心策划，由辽宁省文化厅、新华社辽宁分社、辽宁省曲艺家协会和《时代商报》共同主办“首届赵本山杯二人转大奖赛”，旨在通过赵本山的影响力和号召力，挽救这一具有悠久历史的民间艺术文化。2002年，赵本山第一次提出了“绿色二人转”的概念，建立文明剧场，扭转观众对二人转的不良印象，让“绿色二人转”真正走近观众。

2002年，赵本山在自己导演的电视剧《刘老根》中加入了大量二人转元素，二人转开始在全国传播。2003年，借助《刘老根》的高收视率，赵本山高举“绿色二人转”的大旗开始在各地搭建“刘老根大舞台”，讲求二人转的纯正自然，拓展东北地方色彩的民间艺术。

2006年2月，赵本山牵手沈阳《今报》，正式启动2006年二人转全国巡演活动。2009年5月3日，赵本山旗下产业项目——刘老根大舞台北京剧场隆重开业首演，将从未登过大堂的地方戏，搬上了首都的大舞台，二人转又刮起了第二次火爆旋风。

二、赵本山二人转产业成功的经验

东北二人转这种民间艺术形式，在赵本山的大力弘扬和倾情传播下，得到了前所未有的发展。以东北二人转、东北农村生活为主要题材的影视作品和喜剧小品在荧屏上层出不穷，对二人转的传播和发展作出了巨大的贡献。

（一）借助个人强大魅力，快速扩大市场影响力

赵本山是全国最有名的“小品王”，他借助春晚这一最具影响力的平台，不断在小品中植入东北二人转，使全国观众开始关注东北二人转。而后凭借电视剧《刘老根》的成功，先后在吉林、黑龙江、天津、北京等省市成立了八家“刘老根大舞台”，在全国范围内兴起了“二人转热”。2009年二人转演员小沈阳、毛毛跟随赵本山登上央视春晚的舞台，更是为二人转的宣传开创了新局面，2009年小沈阳领队在全国100场的巡回演出①，使二人转的艺术魅力传遍全国，让全国人民见识、了解、接受并喜欢上了东北二人转。

（二）整合资源倡导绿色二人转，满足消费者需求

赵本山利用自己的影响力与号召力，整合各种资源，通过“赵本山二人转大奖赛”发掘大批民间艺人，经过培训转型，在保持二人转本色的前提下，积极倡导绿色二人转，坚决禁止各种粗俗内容，做到大俗却不低俗，这种连唱带跳、载歌载舞、火爆通俗的娱乐形态，满足了当今社会生活压力越来越大、希望能够放松心情的现代人的需求。在赵本山

① 王小峰：《东北文化的繁荣与危机》，载《三联生活周刊》2010年第1期。

的带领下，他与他的徒弟们以团队的形式，将二人转带出了东北、走向了全国。

（三）以电视节目为基点，积极构建传播和宣传体系

赵本山在当今观众集中的影视业中大量加入二人转元素，《刘老根》、《马大帅》和《乡村爱情》等电视剧中通过剧中人物的日常生活展示二人转元素，取得了显著效果；就连著名导演张艺谋执导的贺岁片《三枪拍案惊奇》中也不乏二人转的元素；从“刘老根大舞台”到《明星转起来》、《本山快乐营》，无不是积极推广与宣传东北二人转的集中地。各式各样的融入了二人转文化的节目为广大观众所喜爱，使二人转从边缘文化逐渐向主流文化靠拢。赵本山凭借正确的传播宣传运作思想，为二人转的继续发展开辟了一条新的道路。

（四）建立人才培养体系，奠定坚实的发展基础

像东北二人转这样的民间艺术，单纯依靠赵本山个人影响力与一批优秀的徒弟是远远不够的，全国各地的八家“刘老根大舞台”也需要大量的人力资源来维持发展运作，东北二人转发展壮大必须建立一套系统、科学的人才培养体系，依靠更为广阔的力量才能实现可持续发展。于是，赵本山与辽宁大学合作，成立了本山艺术学院，专门开设了二人转、表演、舞蹈、声乐等若干专业。为东北二人转的正规化发展道路提供了一种方向，也培养了各类后续人才，提升了东北二人转的文化含量，一举数得。

三、案例点评

赵本山所倡导和推广的“绿色二人转”，在不失去它的本色，不失去它的母体，不失去它的大俗艺术，不失去它本土魅力的前提下，在赵本山的小品里，在他导演的电视剧中，在刘老根大舞台上，由东北走向全国，开始了全国性的发展。赵本山的不懈努力换来了东北二人转的繁荣，并在全国范围内引发了二人转热和一场关于二人转艺术的大讨论。

赵本山通过对东北二人转的发展现状与目前形势的精确分析，适时提出了“绿色二人转”的发展思想，并将这种思想贯彻到一系列的东北二人转的宣传活动中，将东北二人转这种东北地区特有的民间艺术发展壮大。他在注重全国推广的同时，也致力于加强东北地区二人转艺术的发展传承，在辽宁省建立了价值至少 7 个亿的东北二人转文化产业①。2008 年初，本山传媒被文化部授予除事业单位以外的“中国文化经济实体 30 强”。赵本山凭借本山杯二人转比赛、刘老根大舞台、本山艺术学院和本山传媒集团，将东北二人转从演员的培养、巡回演出到影视作品再到演出场所的搭建，逐渐形成了一条配套服务完善的一条龙生产模式，赵本山成功将东北二人转实现了市场化、产业化运作。

思考题

1. 简述中外知名舞台剧的成功之处及其启示。
2. 试分析中国的地方戏如何创新，才能符合新时期观众的新需求。

---

① 杜芳、周文杰：《论非物质文化遗产产业化的培育与实施策略——以赵本山推动辽宁二人转产业化为个案》，载《理论界》2010 年第 9 期。

3. 试论中国传统民俗文化独特的艺术魅力。
4. 是否可将赵本山的成功秘诀运用于中国其他的民俗文化项目中？

第三节　音乐剧、歌舞剧文化项目案例

音乐剧和歌舞剧在一定条件下可以画等号，特指20世纪新兴的集歌、舞、剧为一体的综合舞台艺术。它广泛地采用了高科技的舞美技术，不断追求视觉效果和听觉效果的完美结合。经过近百年的发展，产生了众多风格迥异的作品。音乐剧、歌舞剧文化项目比起戏剧文化项目，更多了几分现代气息，是现代科技、现代文化和现代审美在舞台上的体现。

【案例1】　音乐剧《猫》：跨世界的艺术辉煌

《猫》是音乐剧历史上最成功的剧目，曾一度成为音乐剧的代名词。其实，《猫》属于更靠近歌舞类的音乐剧。《猫》的故事很简单：杰里科猫族每年都要举行一次舞会，众猫们会在一年一度的盛大聚会上挑选一只猫升天。于是，形形色色的猫纷纷登场，尽情表现。

一、音乐剧《猫》的形成过程

世界经典音乐剧《猫》创作于1981年并于同年在英国伦敦首演，制作精良的剧情内容、精湛的表演水平，使得它成为在伦敦上演时间最长与美国戏剧史上持续巡回演出时间最长的音乐剧。

《猫》取材于英国诗人托马斯·石登斯·艾略特专为儿童创作的诗集《擅长装扮的老猫经》，出于对该诗集的浓厚兴趣，著名音乐剧作曲大师安德鲁·劳伊德·韦伯在1977年开始着手为《擅长装扮的老猫经》编配音乐，随后艾略特的遗孀瓦莱里·艾略特将许多艾略特没有发表的诗和故事交给韦伯，正是其中《魅力猫——格里泽贝拉》的故事，给了韦伯创作音乐剧的灵感，而这部分的内容也成为《猫》中最为著名的部分。

秉持只要有气氛即使不依靠剧情也可以打动人心的创作态度，韦伯找来了一大批优秀人才共同创作这部音乐剧。担任导演的特雷沃尔·努恩解决了许多极难解决的戏剧问题；担任舞蹈设计的吉莉安·莱尼更是将猫身上的柔软、高傲、神秘的诸多特点融入到舞蹈设计中，创造出了新颖和充满能量的舞蹈；著名服装设计师约翰·纳皮尔，根据诗集并结合猫和人的特点，为每只猫设计了极具特色的柔韧而易于移动的服装。《猫》的艺术魅力一经推出就引起了巨大轰动，成为世人瞩目的经典音乐剧；这部突破了传统惯例不以剧情取胜的音乐剧打动了千万人的心，并且在随后的二十多年中，持续创造了一个又一个音乐剧历史上的奇迹与辉煌。

自1981年5月11日在伦敦西区新伦敦剧院首演开始，每周8场，一直连续演出至2002年5月11日，而在美国的演出时间总长有16年零2个月。二十几年来，《猫》在演出场次、观众人数和票房收入上都创造了文化娱乐历史上的超高纪录。在世界范围内，《猫》以12种语言、超过40个版本、在全球近300个剧院里演出，超过6500万人次观看

过《猫》，其票房收入已超过20亿美元，到2000年6月该剧正式宣布在百老汇停演时，已在全球演出了6000多场。

《猫》获得了多项国际大奖，剧中的一曲《回忆》已成为音乐剧的经典音乐，被150多位艺术家录制，而该剧原版录音带销量更是达到200万张。而2003年5月在上海更是连续演出49场，几乎场场爆满，同年4月，《猫》在人民大会堂连演9场，最高票价达1680元，开出了新中国演出史上的超高价格①。

二、音乐剧《猫》的成功经验

《猫》的舞美布置十分精致用心，舞蹈和音乐相当突出。为了传情达意，编导们不惜用了大量的舞蹈场面来表现猫的不同特征和性格。舞蹈种类多样，别具匠心，不拘一格。音乐上，一曲《回忆》成为音乐史上的经典，哀婉的旋律诉说着爱与宽容的主题。除了剧作本身的高水准之外，《猫》剧的本土化、时尚化与品牌化的经营策略是它在全球范围内获得成功的重要原因。

（一）美轮美奂的舞台表现

《猫》以气氛打动观众而不以故事内容取胜，因此，《猫》的着重点放在了音乐创作与舞美创新上。《猫》剧场布置成一个大垃圾场，从大厅到观众席到舞台深处都充满了各式各样的“垃圾”，这种视觉冲击和身临其境的感觉，让观众将虚幻中的猫与现实环境结合了起来，仿佛正亲身经历着一个正在发生的故事。同时，服装设计师和化妆师发挥最大限度的想象力，尽量贴近现实生活中猫的真实形象特征，围绕剧中众多猫的不同性格特点和身份地位，为舞台上的36只猫设计了36种不同的造型，让36只性格迥异、身份经历不同的猫活灵活现地出现在舞台上，更加拟人化，更加贴近人类形象，使人们容易产生共鸣，被剧情打动。这种舞台表现方式在全世界演出都显示出了强大优势，不同国家不同语言不同文化的观众，不仅没有因为看不懂情节而产生欣赏与理解的阻碍，反而从现场的舞台设计和气氛营造中，更加深层次理解了剧作所要表达的内涵与意义，留下了深刻的印象。

（二）完美契合的音乐旋律

《猫》由21首歌曲串联而成，歌曲中间常常穿插过渡性间奏的器乐片段，成功突破了传统音乐剧的固有框架，将许多爵士、摇滚等现代的音乐元素与古典歌剧巧妙地结合在一起，同时保留了大量歌剧中非常优美抒情的长调唱段，使整部作品显得轻松欢快而又不粗浅轻浮。《猫》用音乐赋予了这36只猫不同的人性化特点，使观众能够在音乐的指引下，轻松地辨别出不同猫的形象特点，通过听觉对这些猫加以区分，舞台上的36只猫并不会引起观众的混乱。其中，第二幕中“魅力猫”的独唱曲《回忆》，以优美的旋律和引人动容的歌词，传达出悲凉与希望的细腻情感，而成为音乐剧史上被广为传唱的不朽名曲。

---

① 阮元彬、戴世福：《“猫”是如何逮住“耗子”的——透视〈猫〉剧的营销策略》，载《经营管理者》2004年第8期。

（三）精湛纯熟的表演水平

音乐剧是歌、舞、演并重的艺术表现形式，而《猫》要演绎出猫的动作与形象特点，使表演难度大大提高，几乎所有剧情都要通过边唱边跳来完成，不仅要形象表现出猫的特点，还要求歌唱流畅，用气均匀，《猫》中所有的表演者用实力证明了他们不俗的表演功底，为《猫》带来了巨大的成功。剧中，演员们用逼真的表演惟妙惟肖地刻画了天性好动的猫，通过舞蹈动作与形体语言将剧中猫的所思所想生动地表达出来，通过淳厚的演唱技巧将猫们的情感用歌声自然且恰到好处地表达出来，生动完整地传达出整部剧作所涵盖的主题与思想，在给人们带来欢乐的同时，也引导了人们透过剧中的猫的生活来审视自己的人生，将整部剧提高到一个涵盖深刻思想与文化内涵的高度，让人印象深刻。

（四）本土化、时尚化与品牌化的经营策略

《猫》的主创人员深知文化差异所带来的影响，因此，《猫》在世界各地演出时，在遵循主旋律、舞美服装、导演意图等原则的同时，又考虑了当地观众的文化需求与欣赏习惯，加入了许多直观的本地元素；既保留了剧作的原汁原味，又加强了与当地观众的交流与沟通，克服了文化差异所造成的理解障碍。例如《猫》每到一处的“本地猫”选拔活动，加强了与当地观众的互动，又增强了相互之间的亲近之感。

针对时尚白领和有一定文化层次的观众这一特定的目标消费群体，围绕他们崇尚个性、时尚、健康的生活形态设计了一整套的主题推广活动，比如“馋猫”跟餐饮品牌结合；“拇指上的猫”与手机短信结合；“汽车猫”与汽车、旅游品牌结合；“时尚猫”和服装及化妆品牌结合；“运动猫”与运动健身品牌结合，等等。这些活动在吸引了众多相关时尚品牌与其寻求合作机会的同时，更作为一种时尚概念深入消费者的心中。

为了保证世界各地的观众都能欣赏到原汁原味的《猫》，因此，《猫》长期以来都有一套严格的品牌化策略，保证《猫》的演出质量；同时，为了保证高质量的品牌形象，即使是在本地招募的“本地猫”也要经过层层严格的筛选，并在导演指导下进行多天的魔鬼训练才能表演。为了保证观众物有所值的欣赏到独一无二的《猫》，《猫》在防盗版方面更是做了严格规定，禁止观众在现场录音、录像。在正式演出时，一旦有人拍摄，剧场里的监控系统就会自动搜索出偷拍者的位置，这样就有效制止了盗版行为的发生。直到2000年《猫》在百老汇停演后，制作公司才将它制作成电影进行销售。

三、案例点评

音乐剧《猫》的成功首先得益于托马斯·石登斯·艾略特的诗集《擅长装扮的老猫经》和音乐剧作曲大师安德鲁·劳伊德·韦伯在此基础上的改编与创作，以及独具创意的舞台设计、舞蹈设计和剧中形象造型设计以及演员们的精湛表演，这些都为这部音乐剧的成功作出了重要贡献。

《猫》跳出了传统音乐剧的创作框架，突破了以内容取胜的传统结构，选择了依靠气氛、烘托大于内容表达的形式并取得了巨大反响。同时，剧中音乐混合了轻歌剧、百老汇歌舞、爵士、摇滚和英国本土音乐等多种风格，在保留古典的同时加入了许多现代元素。而剧中的舞蹈动作与肢体语言，更是鲜活生动地用来表达猫的思想情感。丰富的音乐创作手法、新颖的舞蹈表演和大胆的舞美设计，这一切创新手法为《猫》带来了一个又一个的奇迹与辉煌，创造了音乐剧史上的神话，并为音乐剧的创作开辟了新的道路与空间。在风靡全球引发观看热潮的同时，更激起了人们对音乐剧创作更多的思考与研究。

目前我国的音乐剧这一艺术板块尚显单薄，而作为当今音乐剧的成功典范，《猫》精彩的演出与成熟的市场运作，为我国的音乐剧创作提供了重要借鉴。

【案例2】　《大河之舞》：世界舞蹈界的艺术瑰宝

踢踏舞是现代舞蹈风格的一种。舞者着重展示趾尖与脚跟的打击节奏的复杂技巧，形成踢踏舞特有的幽默、诙谐和丰富表现力的魅力。爱尔兰踢踏舞是一种爱尔兰民族的传统艺术形式，更是爱尔兰的国粹。《大河之舞》被誉为爱尔兰的国家名片。宏大的编排与优美的舞姿，诉说了一部叙述爱尔兰人民从远古时期与大自然抗争，以及经历战争、饥荒等种种苦难后流离失所，重建家园的长篇史诗。

一、《大河之舞》的形成过程

《大河之舞》源自于百老汇制作人莫亚·多何第在1994年特别为欧洲电视歌唱比赛制作的一段7分钟的舞剧短片，这段充满野性和激情的爱尔兰舞蹈，受到了3亿欧洲观众的热烈欢迎，于是主演麦克·弗莱利和莫亚·多何第联合著名作曲家比尔·惠南以及名导约翰·麦根在充实原始版本构架的基础上，将它改编为一台更大型的演出，由此，便有了今天轰动全球的精彩绝伦的《大河之舞》。

这部以爱尔兰传统舞蹈踢踏舞为主，融合热情奔放的西班牙弗朗明哥舞，并吸取古典芭蕾与现代舞蹈的精髓的《大河之舞》，1995年在都柏林首演后开始了全球巡演，获得了巨大成功，在观众中引起巨大轰动，点燃了踢踏舞风潮，好评如潮。迄今为止，《大河之舞》已经创造了在全世界演出超过1.2万场，现场观众达到了2500万人的纪录，而从电视中欣赏《大河之舞》的观众更达12亿之多。荣获格莱美"年度最佳音乐剧"最佳音乐专辑的《大河之舞》原声带创造了750万张的销售纪录，并连续在美国、澳大利亚、英国获得了白金唱片荣誉。

2003年，《大河之舞》来到中国，在人民大会堂的6场近5万张门票被抢购一空，加演2场的门票在48小时内也销售一空，创造了我国文艺演出市场上的一个奇迹。2009年12月到2010年2月，《大河之舞》再一次来到中国，在13个城市演出60场，均获得了火爆的票房和极佳的口碑，在北京更是达到近10亿元的票房，创造了国外艺术团在中国演出的新纪录。迄今为止，还没有一场演出能够超越《大河之舞》在全球创造的24亿美元的票房纪录，它已经成为国际演出市场上一道独特的风景。①

二、《大河之舞》的成功经验

超级制作人莫亚·多何第以严谨的舞蹈编排与精准的场面调度要求，力图展现多样化的表演艺术风貌。该剧以传统爱尔兰民族特色的踢踏舞为主轴，融合热情奔放的西班牙弗

① 蓝凡：《民族舞剧现代化的成功之作——爱尔兰〈大河之舞〉简析》，载《上海戏剧》2003年第10期。

朗明哥舞，并吸取古典芭蕾与现代舞蹈的精髓，共同营造出一场气势如虹、热力万钧的精彩舞作。而爱尔兰管弦乐团的演奏及合唱团的天籁美声更是起到了画龙点睛的作用。《大河之舞》是一场力感、动感、质感与美感兼具的百老汇音乐歌舞盛宴。

（一）融入浓厚独特的爱尔兰文化

作为创作主体的爱尔兰创编者将爱尔兰人民乐观向上、积极进取、对抗压迫、崇尚自由的精神与文化融入到舞蹈编排与舞台表现中，通过不同的舞蹈语言与舞台设计，表现了爱尔兰历史发展过程中人们对自然的认识和适应，对各种压迫力量的顽强抗争，勇于表现自我、追求自由的文化内涵。大量爱尔兰神话、英雄史诗和民间故事作为爱尔兰宝贵的文化遗产，也被搬上了舞台，加深了剧作的文化底蕴，为弘扬爱尔兰文化作出了积极贡献。在力与美的舞蹈中，在婉转悠扬的器乐中，《大河之舞》演绎了一段爱尔兰人民优秀的文化史诗，深刻体现了爱尔兰人民对自己的历史与文化的骄傲之情。

（二）融合多种舞蹈元素的舞蹈编排

《大河之舞》以爱尔兰踢踏舞为基础，还融合了非洲裔美国人踢踏舞、俄罗斯民间芭蕾和西班牙弗朗明哥舞等多种舞蹈元素、不同舞蹈形式的舞蹈表演，不仅为爱尔兰舞蹈打开了更为广阔的视野，更体现了世界不同文化间的交流与融合，使得世界不同民族的观众在欣赏舞蹈时，不仅能够找到自己熟悉的民族文化，更能领略丰富的异域文化。在这台融合了世界不同文化的《大河之舞》中，制作人员与表演者试图让世界各地的观众从这种新鲜、独特、振奋的表演里去认识和理解爱尔兰文化。

（三）传统乐器与优美人声的完美结合

婉转悲凉的爱尔兰风笛与深厚悠扬的小提琴以及宛如天籁的人声吟唱完美地结合在一起，让人们焦躁的心立即沉静下来，用全部身心去感受那波澜壮阔、如歌如泣的爱尔兰史诗。器乐与人声的完美契合，让爱尔兰的传统音乐生出了新的灵魂，雄浑激扬的音乐旋律拨动了在场每一位观众的心弦，不由自主地沉浸在感伤与悸动之中，为爱尔兰的历史与文化所感动。

（四）创新多元的舞台效果设计

为了让《大河之舞》符合世界不同国家观众的审美习惯，使全世界都能领略爱尔兰的舞蹈艺术，制作者放弃了爱尔兰民间传统装束，将小伙子们的方格裙换成了潇洒的黑色长裤，姑娘们艳俗的装束则被简洁的短装所取代，这样观众就能对爱尔兰舞中优雅、美妙和高难度的舞蹈技巧一览无余。在遵循市场特点和观众需求的基础上，《大河之舞》利用歌、舞、音乐、器乐演奏、朗诵等多种艺术形式，来展示爱尔兰的民族历史文化，创造出美轮美奂的舞台效果，打动和影响所有观众。此外，为了更好地表达踢踏舞快节奏的表演特点，《大河之舞》在世界各地表演的舞台地板等一切设施全是自带的，再加上演员踢踏舞鞋上的微型麦克风，更进一步强化了这种快节奏舞蹈的震撼感。同时，为了保持群舞演员的新鲜感，在每一次表演时，即使一个演员的角色不变，他在舞台上的位置也是不同的。

（五）成功的明星效应与市场运作

《大河之舞》第一代舞王迈克·弗莱利是国际公认的踢踏舞明星，他年轻时就创造了一秒钟 28 个踢打节奏的世界纪录，后来又达到了据说是蝴蝶振翅频率的 3 倍速度即每秒

35次的频率，这成为《大河之舞》的主要宣传点，许多观众就是为了亲眼见证他是如何完成这一高难度动作而去观看《大河之舞》的。而第二代舞王科利·唐恩同样也是踢踏舞界的大牌明星，曾获得过20多项国际大奖；此外，《大河之舞》从作曲、制作和导演到其他一些主要演员，都是曾经获得过国际性奖项的优秀人员。明星效应的影响作用大大增强了《大河之舞》的票房号召力。

《大河之舞》还采取了许多富有创意的市场宣传方式，如2003年《大河之舞》首次来中国演出时，《大河之舞》主要演员布雷丹·德·加莱和乔安娜·道尔专程到天桥剧场与400多名踢踏舞爱好者见面，与中国踢踏舞同行进行交流，两位舞蹈家又在中国民乐旋律的伴奏下现场跳了一段中西合璧的踢踏舞。他们还注重利用网络媒体进行宣传，主创人员和演员不仅接受了网络媒体的采访，还与观众进行网上交流。

三、案例点评

《大河之舞》在世界各地的巡演，除了创下超高的票房奇迹外，最重要的贡献是将爱尔兰的舞蹈文化带到了世界观众面前，使宝贵的踢踏舞文化财富重新回到世界文化浪潮中。更重要的是，它成功地将古老的传统文化突破了现代化和全球化带来的文化趋同壁垒。可以说，《大河之舞》不仅是世界舞蹈艺术的瑰宝，更是整个爱尔兰民族的骄傲，为世界其他国家因全球化影响而受挤压的民族文化的复活，树立了光辉的典范。

《大河之舞》在努力宣传爱尔兰灿烂的历史文化与舞蹈艺术时，还致力于吸收其他不同舞蹈形式的精髓，努力将不同舞蹈形式的精华融入到爱尔兰踢踏舞中，这种开放的心态对我国民族民间舞蹈的发展，有重要的借鉴作用。如何在全球化背景下，以我国悠久古老的灿烂文化为依托，弘扬和传承我国优秀的舞蹈艺术文化，创造出极具感染力和号召力的舞蹈，走出国门，走向世界。《大河之舞》的成功，为我国的舞蹈艺术发展道路与前途树立了很好的典范，给了我国舞蹈艺术界以很好的启发，希望在不久的将来，我国舞蹈艺术也能走出一条震撼世界的艺术道路。

【案例3】　《印象·刘三姐》：实景演出的视觉革命

张艺谋担任总导演的大型山水实景演出《印象·刘三姐》集漓江山水风情、广西少数民族文化及中国精英艺术家创作之大成，是全世界第一部全新概念的“山水实景演出”，集合舞蹈，音乐，歌唱，民族风情，中国传统文化的展示于一体；集唯一性、艺术性、震撼性、民族性、视觉性于一身，将桂林山水的美与舞台表演艺术相结合，令观众感受到深深的震撼。

一、《印象·刘三姐》的形成过程

张艺谋担任总导演的大型山水实景演出《印象·刘三姐》，以桂林阳朔的山水风光实景作为舞台和观众席，以家喻户晓的壮族少女刘三姐的民间故事为素材，运用写意的表现手法、先进声光技术和美轮美奂的舞美设计，将桂林山水、民族风情表现得淋漓尽致，成为桂林旅游的一个主打品牌，并成为桂林旅游文化最强劲的增长点。

《印象·刘三姐》先后有67位艺术家参与了创作，演出方案修改109次，全剧从酝酿到正式演出历时5年零5个月。在漓江两岸约1.87平方公里的演出范围内，有600多名演职人员参与演出，成为世界上最大、也是目前全世界唯一的大型山水常年实景演出。自2004年3月正式演出以来，中外观众已超过110万人次，年均利润约3000万元①。《印象·刘三姐》的所有演员均是当地群众，在带动旅游经济收益的同时，更解决了富余劳动力的问题。越来越多的中外游客慕名而来，阳朔全年大多时间处于旅游旺季，成为真正意义上的“旅游目的地”。文化部产业司有关负责人认为，《印象·刘三姐》是集资源唯一性、艺术民族性、产业增长性、效益综合性于一体的成功项目，是一次演出的革命、一次视觉的革命，是桂林山水的美与艺术结合的升华表现。

2004年11月以桂林山水实景演出《印象·刘三姐》为核心项目的中国·漓江山水剧场荣获国家首批文化产业示范基地。2005年7月，《印象·刘三姐》又获得了“中国十大演出盛世奖”的荣誉。

二、《印象·刘三姐》的成功经验

张艺谋在美丽的阳朔风光中，以12座山峰和广袤无际的天穹为背景，选择漓江水域上的一部分，构成了迄今为止世界上最大的山水剧场。《印象·刘三姐》的演出让阳朔风光与人文景观交相辉映，把桂林山水和“刘三姐”的传说进行巧妙的嫁接和有机的融合。观众在被阳朔美景震撼的同时，还会被载歌载舞的漓江人立足自然与传统、田园牧歌式的幸福生活所感染，从而深化演出的主题。

（一）贯穿全篇的传统文化精神

张艺谋说：“《印象·刘三姐》的理念就是向传统致敬、向自然致敬、向生命致敬。”②《印象·刘三姐》不仅仅是以自然山水为舞台体现优美的桂林山水，更要借助自然山水传达一种文化精神，表达我国传统文化中人与自然和谐共处、天人合一的思想境界。张艺谋以自然山水为舞台、极具诗情画意的表演完美地表述了这一传统文化精神，同时还将跨文化交流中的民族文化发展观念、全球化与本土化的碰撞和交流观念、自然生态与文化生态及其民族生态的观念、精神家园和诗意栖居的观念，都潜移默化地融入了“刘三姐”文化观念中。

（二）山水实景的创意设计

《印象·刘三姐》开创性地将自然山水纳入演出，直接作为演出舞台和观众席，打破了人们心目中传统的剧场、舞台与背景的概念。2千米的漓江水域为舞台，12座阳朔山峰和广袤天穹为舞台布景，纯天然的水光山色、明月星光与现代化的灯光交相辉映，共同打造了与传统剧场完全不同的视觉效果。观众置身于巨大的自然山水空间中，开阔了视野，放松了身心，极大地增强了观众的参与性和与大自然的贴近性，观众融入山水画卷中，得到清雅绮丽的休闲放松。

① 邓亚平：《〈印象·刘三姐〉彰显传统文化力量》，载《黄河．黄土．黄种人》2007年第5期。

② 李咏梅、黄伟林：《创意型文化产业项目〈印象·刘三姐〉的人文价值及产业意义》，载《2007年广西蓝皮书·广西文化发展报告》，广西人民出版社2007年版，第286页。

（三）以刘三姐文化为依托打造原生态表演

《印象·刘三姐》充分运用当地丰富的民族文化资源，通过以自然山水为舞台的独特艺术表现方式，展示了广西广为流传的刘三姐故事和壮侗苗瑶少数民族群众的生产生活、民族歌舞、民俗民风，让来自世界各地的人们在美轮美奂的自然山水间体验了桂林乃至整个广西地区的民族文化和风俗风貌。

当地参与演出的600多名演员是沿江5个村庄的渔民，白天进行日常耕作，晚饭后划着竹排来表演，原汁原味地为广大观众展示了广西少数民族原生态的民族文化与风俗民情。

（四）利用先进技术，造就震撼艺术效果

《印象·刘三姐》利用先进的科技手段，凭借完美的灯光效果，将不断变幻的场景用绚丽的灯光表现出来，对观众形成强烈的视觉冲击力；将国际一流的音响设备与山风水流的自然之声完美结合在一起，产生了极具震撼力的音响效果，为观众营造出一幕如梦似幻的艺术场景。

（五）成熟完善的市场化运作

《印象·刘三姐》的成功还在于成熟的市场化运作和商业宣传。“桂林山水”、“刘三姐”、“张艺谋”这些符号，不是简单的名谓称呼，更意味着家喻户晓的动人传说、名震天下的壮美风景和享誉国际的知名导演。对这些具备较大影响力、吸引力的元素，融合在一起进行声势浩大的宣传与包装，引起了人们心中强烈的消费欲望，建构起一系列强大的象征意义，形成了巨大影响力和号召力。

三、案例点评

《印象·刘三姐》将各种文化元素和艺术表现形式，放在一个生动而鲜活的自然山水场景中加以展开和诠释，无论是主创人员、演职人员还是观众，都融入到这场似梦非梦的梦幻场景中，一起感受那灿烂悠久的文明与文化。在以山水为舞台、原生态的舞台表现下，《印象·刘三姐》已不再是单纯的艺术表现形式，而是一个向往已久的人与自然和谐相处、恬淡平静、诗情画意的幸福生活世界，人们在这里不仅仅获得了所有感官的完美享受、身心放松，更得到了一种心灵的震撼与洗涤。

《印象·刘三姐》创造性地打造了大型山水实景演出这一独特的新的艺术表现形式，引起了广泛关注，吸引了众多观众。桂林阳朔的“印象·刘三姐”文化景区作为全球第一个全新概念山水实景剧场、一个全新概念的多功能景区，在白天是一个民俗文化实景展览主题园，而晚上则变成了一个以实景演出为主的民俗文化演出的梦幻大剧场，开启了一个全新概念的民俗文化旅游开发模式，在全国乃至全世界都属首创。《印象·刘三姐》的巨大成功，成为我国民族民俗文化旅游开发创新的成功案例，为我国旅游文化的开发作出了重大贡献。

【案例4】　《云南映象》：原生态文化的传播典范

大型原生态歌舞集《云南映象》将最原生的原创乡土歌舞精髓和民族舞经典全新整合重构，再创云南浓郁的民族风情。著名白族舞蹈家杨丽萍出于对舞蹈的热爱和与生俱来的民族特质，用了一年多的时间，深入云南各地采风，精选了具有云南典型代表的音乐舞蹈元素，用独到的视角和想象力倾心构架了这一台大型原生态歌舞集，并用原生、古朴的民族歌舞与新锐的艺术构思，展示给观众一个非同一般的云南印象。

一、《云南映象》的形成过程

《云南映象》是著名舞蹈家杨丽萍精心打造的大型原生态歌舞集，旨在通过原生态的云南少数民族歌舞文化表演，唤起人们对原生态民族文化的关注，是一台传统和现代之美兼而有之的优秀作品。舞剧由7场歌舞组成，展现了彝、苗、藏、傣、白、佤、哈尼等民族原生态歌舞的绚丽色彩。2003年8月在昆明首演后，便在全国进行了巡演，到目前为止已成功演出500多场，观众达30万人次，每到一处必定场场爆满，引起广泛震动，在全国掀起一股强劲的“云南旋风”。在2004年3月的第四届中国舞蹈“荷花奖”评选上，一举夺得舞蹈诗金奖、最佳编导奖、最佳女主角奖、最佳服装设计奖和优秀表演奖等五项大奖。《云南映象》在全国市场上的火爆，成功创造了中国舞坛上阵容最大、巡演时间最长、演出城市最多、演出场次最多、上座率最高、票房收入最好的“六最”。成为中国舞蹈史上第一个明确以“原生态”为标识的舞蹈表现形式，在中国大地上成功刮起一场民族文化的大风暴，已经成为云南继《五朵金花》、《阿诗玛》之后又一部具有重大影响的艺术精品和优秀文化品牌。

2004年11月，《云南映象》作为国家对外文化宣传重要项目“感知中国—中国文化南美行”活动的主打内容，前往南美巴西、阿根廷演出，为中国文化和云南民族文化走向世界文化舞台作出了积极贡献。2005年，《云南映象》受“美国戏剧演出季”的邀请，在美国辛辛那提演出16场，大获成功，赢得了《纽约时报》、《华盛顿邮报》、福克斯电视台等美国主流媒体的好评。2008年，《云南映象》在日本的11场演出上座率100%，票房收近2000万元人民币，被日本演出界盛赞为“票房神话”。①

2005年11月，《云南映象》成功入选第三届国家舞台艺术精品工程，成为21世纪初中国艺术领域一个富有典型意义的文化现象，同时也使得“原生态”进入了人们的视线，并被广为宣传与运用。

二、《云南映象》的成功经验

《云南映象》是一场原生态歌舞集，用最原汁原味的云南多民族歌舞艺术，展现了云南各民族在这片土地上，世代繁衍，生生不息，与自然抗争的故事。它是对少数民族文化的保护和发扬，对原生态文化的记录和传承，更为云南主打多民族文化发展旅游也打出了招牌，让中国的民族歌舞文化走向了世界，还唤醒了人们对“原生态”艺术的关注。

（一）民族舞蹈文化的“原生态”表现

杨丽萍充分利用云南数不清、用不完的民族文化资源，创作出一台充满人性和民族特色与人文精神的原生态歌舞。《云南映象》不仅包括原汁原味的云南少数民族舞蹈艺术、对各民族宗教信仰的尊重、富有特色的各民族服装和日常生活展示，更有70%来自云南

① 缪开和:《〈云南映象〉的艺术魅力和市场秘诀》，载《民族艺术研究》2005年第6期。

各地州甚至田间地头的本土演员参与演出，自然、淳朴、未经雕琢。它以云南文化为桥梁，表达了人与自然和谐统一的关系；带着原汁原味的野性和激情，不加修饰的舞台背景以及质朴的歌声、自然的造型，展示了一幅充满原始气息与特征的生活景貌；透过原生态的表演，彰显了一种对自然对生命对生活的热爱之情。

（二）充满生命激情的舞蹈编排

《云南映象》中众多民族踏步起舞、高呼呐喊，以夸张激动的舞蹈动作抒发内心感情，展现生命的美好与坚强。这种淳朴不加雕琢的肢体语言，直率坦诚、酣畅淋漓地表达了对生命的敬畏之情以及强大的生命力。杨丽萍第一次把她的独舞与群舞整合编排在一起，结合新颖独特的舞蹈编排队形及声光效果，使整段舞蹈焕发出充满灵性的生命特征与蓬勃的生命意识。时时闪耀着生命的动人火花的激情洋溢、撼动人心的精彩演出，让观众在这场力与美、灵与肉的演出中，得到了完美的艺术享受。

（三）时尚性元素的巧妙运用

尽管《云南映象》主打“原生态”，但杨丽萍采用许多现代的舞台表现手法，突破了舞台的均衡布局，大量使用了可移动、升降转换的立体舞台布景，用古老文化与现代艺术的碰撞与融合，打造了一个美轮美奂、非梦似梦的舞台设计；在保留原汁原味古老艺术的同时，遵循现代观众的欣赏与审美习惯，加入了大量时尚元素，迎合了观众的观看口味，拉近了与观众的距离，为《云南映象》打上了鲜明的时尚标签。

（四）专业成熟的营销手段

《云南映象》的主创人员极具市场意识，制定了一套成熟专业的营销策略和手段，并在不同阶段作相应的调整与完善。为了配合《云南映象》在各地的演出，他们制定了一套与之相配合的宣传策略与计划，通过各种媒体进行全方位、立体化的多层次宣传，一时间有关《云南映象》的消息被各大媒体所争相报道，成为全国媒体的关注的焦点，就连一贯低调的杨丽萍为了《云南映象》的推出也频频出现在各大报纸电视媒体之上。同时，不出光碟、不准录音录像的规矩，不仅成功宣传推销了《云南映象》，更让观众对其产生了浓厚的好奇心，吸引了众多观众到现场去亲眼目睹、亲身感受《云南映象》的艺术魅力。

（五）减少文化差异，拓展海外市场

为了进军国际市场，加强与海外观众的沟通，减少文化差异的阻碍，《云南映象》在保留原汁原味的表达形式的基础上，对剧作进行了诸多改革。为了便于国外观众理解剧作内容，利用英国文学家詹姆斯·希尔顿的著名小说《消失的地平线》中所描绘的人间仙境香格里拉对西方的深远影响，将《云南映象》改名为《走进香格里拉》。同时，为了适应国外观众的欣赏习惯，将表演长度由原来2小时45分钟缩短为1小时40分钟左右，并删减了歌舞集的第一场《太阳》，演员也作了相应的缩减。

三、案例点评

《云南映象》是一台既有传统之美、又有现代之力的大型原生态歌舞集，最原生态的原创乡土歌舞精髓和民族舞经典经过全新整合重构，集中展现了云南浓郁的民族风情，原生、古朴的民族歌舞与新锐的艺术构思的碰撞，带给世界一种特定的“云南映象”。

《云南映象》作为云南乃至中国著名的艺术精品和文化品牌，为宣传云南、提高云南知名度美誉度，为繁荣少数民族文化、促进中国文化的对外交流，作出了积极而重大的贡献。《云南映象》的成长道路给了人们深刻的启示与充足的经验借鉴，丰富多彩的云南民族文化资源具有强大的市场竞争力、社会影响力和广阔的市场前景，更是广大艺术创作者取之不尽、用之不竭的灵感源泉，是优秀文艺作品和文化品牌的摇篮。

由《云南映象》成功的经验我们可以看到，一个长久的艺术精品和牢固的文化品牌需要在遵循市场规律的条件下，进行反复打磨与修改，创新精神是发展繁荣民族文化的不竭动力，因此立足于优秀的民族文化传统，加入与时俱进的全新意识与理念，采取与之相适应的宣传机制，是我们实现民族文化持续发展的正确选择与准确道路，更是保持文化产业与产品的先进性和市场竞争力的必然选择。

思考题

1. 试论舞台剧的艺术魅力及其消费群体特征。
2. 分析中国舞台剧成功的市场营销秘诀。
3. 简述国外音乐剧的成功经验以及带来的启示。
4. 谈谈中国如何开展舞台艺术文化的产业化运作。

第六章　节庆会展旅游类文化项目经典案例

节庆会展旅游类文化项目，是以节庆文化为契机，以会展和旅游为形式，为一个城市的经济发展营造发展机遇的方式，在直接经济价值背后更隐藏着弥足珍贵的隐形财富；为本地企业、商家与国内外客商的合作开发创造了巨大的商机，还继承和发展了本地传统文化。节庆会展旅游类文化项目，是世界经济和社会发展的必然结果，是满足现实需求、引发潜在需求和创造新的需求的综合体现。

第一节　概论　中国节庆会展旅游产业现状及发展趋势

节庆产业是民族文化、民俗文化、文化创意和商业文化活动的综合体现，也是城市文明发展的标志和城市地位的象征。会展产业是通过举办大型国际会议和展览，来带动当地的旅游、交通运输、饭店及相关服务业的一种新兴产业。而旅游业对于拉动经济增长、调整产业结构、增加社会就业、扩大市场需求、改善投资环境、丰富文化生活、推动社会事业进步等方面都具有独特的作用。作为我国文化产业的重要组成部分，节庆会展旅游产业在国民经济中发挥着越来越重要的作用。随着社会经济发展和国际间经济贸易纽带的加强，节庆会展旅游产业也获得了进一步的发展。节庆会展旅游业的市场化、国际化、个性化等趋势不断增强，正朝着良好的方向前行。

一、中国节庆会展旅游产业的发展现状

节庆是人类在生存发展过程中，为表达某种理念、传承某种文化而举行的庆祝、祭祀和纪念活动。它是从民间到官方、从传统到现代历史链条中，文化与社会复合产业载体。节庆产业，把节庆作为产业来做，遵循“文化搭台，经贸唱戏”的宗旨，为经济发展推波助澜。节庆产业是民族文化、民俗文化和商业文化的综合体现。中国正处于经济大发展的历史时期，又有着五千年悠久的传统文化和丰富的节庆资源，因此节庆产业有很大的发展前景。

（一）节庆产业

2000 年以来的十年是中国节庆产业跨越式发展的十年，特别是上海世博会和广州亚运会的胜利举办，我国依托丰富的节庆资源，节庆产品逐渐优化，节庆数量和质量不断提升，成为拉动内需、刺激消费、带动就业的新兴产业。2010 年 12 月 28 日至 29 日，“首届中国民族节庆产业发展与传播峰会”在北京召开，《2010 年中国节庆产业发展年度报告》在峰会上对外发布；该报告全面回顾和总结了 2010 年中国节庆产业发展的态势、存在的问题与对策，以及未来的发展趋势。

1. 各级政府高度重视，节庆数量持续增长

目前，各级政府均把发展节庆产业作为服务业中优先发展、重点扶持的产业，希望通过举办节庆活动来吸引外资，振兴地方经济，创造政绩。据不完全统计，全国有各类节庆1万多个，其中很多新兴节庆活动的主题体现时代性、科学性，具备社会性、大众化；但也有很多节庆活动在时间、主题、举办方式上重复很多，节庆活动过多过滥。

2. 空间分布相对集中，县域节庆异军突起

节庆活动的发展与城市的经济状况、资源状况、历史文化有很大关系，因此各地节庆活动的数量和规模也存在极大差异。我国以北京天津为中心的京津—华北节庆经济产业带、以上海为中心的长江三角洲—华东节庆经济产业带，以及以广州为中心的珠江三角洲—华南节庆经济产业带的节庆活动数量明显多于其他区域。

在我国目前的1万多个节庆活动中，有4000多个节庆活动在县市举办，成为中国节庆活动产业的主力军，说明国内县域地理特色鲜明，物产资源丰富，具有丰富的节庆资源。然而，东南沿海的县域节庆活动多且热；中西部则相对少且冷；有些节庆活动持续性不强，经济效益、社会效益均好者相对较少，需要进一步加强培育。

3. 行业管理初现雏形，行业交流活动频繁

近几年来，我国节庆管理机构数量逐渐增多。如中国节庆发展战略协会，拥有遍及全国研究机构、节会社团、覆盖众多节会和媒体领域的组织网络。

节庆行业的各类研讨和颁奖活动明显增多，促进了行业管理部门、节庆活动的组织者和行业研究人员之间的交流与沟通。通过颁奖和推介等形式，凸显了品牌节庆的标杆效应。但国内节庆研究还刚刚起步，需要继续努力。

4. 存在五大问题

我国的节庆产业在良好发展的同时，也存在着一些问题，概括起来有如下五个方面：一是节庆活动数量多，精品节庆项目偏少；二是文化内涵挖掘不够，活动缺乏创新；三是主题定位重复，时间安排不科学；四是市场作用未发挥，政府干预过多；五是行业管理不规范，政府政绩意识明显。

（二）会展产业

自20世纪90年代起，中国就形成了一个新兴的展览业市场。从展览的数量、规模、总体水平和影响来看，中国已成为亚洲的展览大国，并逐步成为亚洲的区域性“展览中心”。我国拥有一批具有国际水平的现代化展览场馆，形成了若干具有一定实力的展览集团公司，也培育了一批水平高、影响大的名牌展览会。日益繁荣的展览活动不仅能引导有关产业发展，提升制造业水平，促进生产要素流动，优化资源配置，而且有力地推动了中国企业发挥比较优势，走向国际市场，参与国际商品供应链，实现了良好的经济效益和社会效益。

1. 展览项目持续增长，发达地区集中度高

中国会展业起步晚，发展快。我国的展览项目数居亚洲第一、世界第二，项目数仅比美国少一些。但我国的展览项目绝大多数是中小项目，大的品牌项目屈指可数。中国的会展业主要集中在北京、上海、广州三大展览城市以及浙江、江苏等制造业和经济发达省份。

2. 展馆建设方兴未艾，政府主导色彩浓烈

在发展城市会展经济热潮的驱动下，各地大建展览场馆的热情很高。目前我国的展览场馆数量世界第三，仅比美国和英国少一些，但出租率比展览发达国家要低得多。我国的展览活动大多由政府或半官方机构主导，大体有五大办展主体，即政府（包括政府及部门、政府临时机构、贸促会等半官方贸易促进机构）、商协会、国有企事业、民营企业、外资企业。

3. 展览直接收入增长缓慢，主要靠社会效益驱动

我国的展览经济总量比美国、德国、日本、英国、法国、澳大利亚等许多国家都小，我国展览的产业化和市场化程度还很低，就展览收入而言，我国还不是一个展览大国。

（三）旅游产业

旅游产业是凭借旅游资源和设施，专门或者主要从事招徕、接待游客，为其提供交通、游览、住宿、餐饮、购物、娱乐六个环节的服务并获取经济收益的综合性产业。以旅游资源为凭借、以旅游设施为条件，向旅游者提供旅行游览服务。我国旅游产业起步较晚，目前正处于数量骤增、规模扩大的关键时期，既有重要的发展机遇需要把握，又面临着严峻的挑战。

1. 政府扶持、经济增长，推动旅游业快速发展

在我国旅游业发展初期，采取了政府主导的发展模式，各级政府出台各种促进旅游经济发展的优惠政策。中国休假制度的多次改革，促进了旅游业长远发展。交通事业发展迅速，为海内外旅游者提供了交通保证与方便。中国多年来国民经济持续快速发展，人民生活水平不断提高，也促进了中国旅游行业的迅猛发展，旅游业规模无论在人数还是在收入上都不断扩大。

2. 旅游资源开发水平较低，区域发展极不平衡

我国西部作为旅游资源最为丰富的地区却缺乏旅游精品，而资源相对缺乏的东部旅游市场却出现供不应求的情况。我国旅游资源的加工水平不高，主要以自然风光开发为主，人文旅游资源开发力度小，旅游产品的文化内涵和科学内涵不够。有些地方政府存在短视行为，不经过充分调研论证，盲目开发旅游资源，造成短期旅游市场火爆却难以为继。

3. 旅游基础设施建设薄弱，景区配套不够完善

由于旅游基础设施建设投资大，直接经济效益不明显，吸引商业性资金困难，目前各地尤其是经济欠发达地区的旅游基础设施建设还存在着不少问题，主要表现在：一是干线公路与旅游区之间连接不畅，使一些有可能成为热点的旅游区无法得到开发和利用；二是旅游区内交通设施薄弱，给游客观光游览带来不便；三是旅游区环保、卫生、电力等相关配套设施不够完善，造成了黄金节假日期间，游客遭遇“进不来、住不下、吃不饱、出不去”的境况，严重制约了旅游业的发展。

4. 我国旅游信息化建设取得较大进步

我国的旅游信息化建设起步晚，基础较薄弱。经过几年的发展，我国旅游业在信息技术应用系统、各种旅游网站建设等方面取得了显著成绩，如旅游目的地营销系统成效显著、旅游企业的信息化应用逐步普及、旅游网站功能不断强化、电子政务系统应用全面普及等，旅游信息化已经成为旅游业发展的重要手段。

二、中国节庆会展旅游产业的发展趋势

节庆活动是以当地历史、文化或经济资源为依托，以节日为形式，组织的一次性或重复举办的活动。不仅可以加强人们对当地文化和景观的认同和喜爱，还可以增加当地的吸引力，促进当地经济发展。节庆活动需要大量群众参与，它是当地文脉展示的舞台，独特的文化资源是节庆活动成功的基础。

（一）节庆产业

以节庆活动为核心衍生的节庆产业为一地经济发展、贸易增长和人民群众的文化休闲生活创造了许多机遇。许多县市以举办节庆活动为契机，加强基础设施，大力发展节庆相关的一系列休闲、娱乐、旅游、经贸产业；同时挖掘本地的历史文化和自然特征，凭借本地独特的魅力，招徕、接待当地和外地的商人和游客，为其提供全方位的服务并获取经济收益。

1. 引入评估机制，严格审批项目

针对我国节庆活动数量多、品牌节庆项目少、节庆活动过多过滥的情况，必须引入并实行评估机制，从节庆活动规模、文化内涵、经济收入、参节者数量、节庆组织者资质、运作模式、知名度等方面进行评估，对一些华而不实、没有文化内涵、滥用资金的节庆活动予以撤销，严格控制新的审批项目。

2. 加强宏观调控，规范行业管理

节庆活动之所以参差不齐，与行业管理不规范有很大关系。许多地方政府把节庆活动作为塑造区域品牌和打造城市品牌的重要手段，但从整体上看，我国在节庆产业领域应该加强调控性的规划，规范节庆行业管理，改善现阶段区域不平衡、良莠不齐的现状。

3. 挖掘文化内涵，注重品牌培育

随着节庆产业的发展步入竞争全球化、知识经济化、需求个性化、游戏规则化、消费感性化时代，节庆产业的未来竞争更多地体现为品牌的竞争。培育节庆品牌可以从以下几个方面入手：首先，通过完整的节庆评价体系筛选出比较有潜力的节庆项目；其次，重视节庆活动文化内涵的挖掘与保持，通过扩大节庆的知名度来扩大品牌的影响力；再次，通过良好的服务塑造旅游者对节庆品牌的忠诚度；最后，通过更多的服务来提高品牌的效益度。

4. 创新运作模式，实现可持续发展

节庆活动的可持续发展，创新是关键。节庆活动的创新是一个系统工程，包括主题创新、机制创新、内容创新、形式创新等多个方面。如现代节庆的主题创新，一定要结合当地社会的经济发展、历史文化、资源优势等因素，只有建立在区域特色基础上形成的现代节庆创意，才能为持续发展拓宽空间。

5. 加强人才培养，提高整体素质

节庆产业是实践性很强的行业，需要专业人才的支撑，专业机构和人才是节庆经济软实力的重要构成要件。目前我国集理论与实践经验的节庆专业人才过少，专业化队伍薄弱，应该利用各种渠道，不拘一格，培养、引进专业人才，以提高专业经营机构和从业人员的整体素质。

（二）会展产业

目前中国会展业展览数量多、主办单位多、行业重复办展多的“三多”现象将逐步发展为“三少”：会展数量逐步减少，但规模越来越大；办展单位越来越少，但有实力、资金雄厚的办展单位越来越多；重复办展现象逐渐减少，但品牌会展越来越多。

1. 会展业发展规范化

近年来，中国会展经济发展迅速，知识产权保护成为这一领域的重要课题。《中国会展行业保护知识产权联合行动宣言》和《展会知识产权保护办法》的实施，将使展会知识产权保护问题得到有效解决。

2. 会展业发展品牌化

我国的部分展会已具备国际品牌影响力，如北京国际车展、“广交会”、成都的“糖酒会”、深圳“高交会”等，一批专业展览如北京的国际机床展、国际通信展、国际纺机展、上海的国际家具展、国际模具展、珠海的国际航空展等在展览规模和服务质量等方面已接近国际水准，被列入全球行业展览，参与国际竞争。品牌化是会展业发展的方向，能促进办展市场的良性循环。

3. 会展业发展市场化

近些年来国内会展业市场细分的趋势越来越明显，这必将影响到整个行业的发展方向。首先是展览业专业化程度提高、国际化趋势增强、企业化行为加大、市场化竞争加剧；其次是会议业方兴未艾，各种形式层出不穷。最后是围绕场馆的市场开发开始起步。政府应积极培育品牌展会，走市场化运作道路，使会展业在市场竞争中不断提升水平，向专业化、国际化的方向发展。

4. 会展业发展国际化

出国办展作为出口企业直接接触买家的重要渠道，是企业打开国际市场公认的一条捷径。我国在境外办展几乎涉及全球五大洲的所有行业，但我国会展企业的国际化、市场化、专业化程度仍然较低，表现出开放程度低、竞争力弱、推进力度不足等问题。国际化是中国展览企业的发展趋势，逐渐打破行业垄断，逐步建立起宽松的市场准入环境也成为中国展览企业的呼声。

5. 会展业人才专业化

会展业作为服务业的重要组成部分，有着自身的发展规律和运行规则，需要大量相关的专业人才。加强会展专业人员的培训，建立会展业经理培训制度，大力推进展览业的专业化，是中国会展业十分迫切的任务。

（三）旅游产业

1. 打造和谐旅游环境

随着我国旅游法制建设的逐步健全，我国旅游市场环境日渐规范，但旅游行业恶性竞争、虚假广告、合同欺诈等各种短期行为，仍然严重威胁着旅游产业的长远发展。各地政府要依法治规范旅游市场秩序，旅游经营企业必须营造诚信公平的经营环境，改善旅游行业形象。

2. 大力发展网络营销

随着网络与电子商务的迅速发展，旅游业要充分利用电子网络开展营销活动，对旅游市场进行更有效的细分和目标定位，对分销、渠道、产品的定价、服务、产品理念进行更为有效的规划和实施，创造满足旅游者与旅游产品销售者之间的交易。

3. 环保促进可持续发展

随着全球环境保护意识的增强，又由于旅游业是资源型产业，有赖于自然的馈赠和社会遗产，因此必须走可持续发展道路，加强环境保护意识的宣传和旅游产品的绿色营销。

4. 挖掘内涵打造旅游品牌

我国旅游业品牌建设的精髓在于悠久的历史和厚重的文化，但目前我国旅游业的品牌建设对旅游产品的文化内涵挖掘还远远不够，致使旅游产品的生命周期不能有效延长。因此，必须深度挖掘旅游文化内涵，开发设计的旅游产品要走品牌化道路，塑造和传播品牌形象。

5. 组建大型旅游集团

我国现有的旅游集团，大体是由地方政府在地方行政区域范围内组建的。需要注意的是，由于旅游经济区与行政区并不一定重合，以行政区为限组建旅游集团并不符合旅游市场经济规律，可考虑用市场化方法打破旅游集团组建上的行政壁垒势，通过强优品牌企业的联合，组建跨区域的具有国际竞争力的“航空母舰”旅游集团，通过整合兼并重组等手段组建大型旅游企业集团，增强抵抗经济风险的能力。

6. 加快专业人才培养

旅游的产业链较长，属于劳动力密集型产业，要实现旅游业的可持续发展，必须加快专业人才培养，提高劳动者素质，充分发挥我国人力资源丰富的优势，夯实旅游产业发展基础。

第二节　节庆类文化项目案例

节庆类文化项目让普通的节庆活动因其本身富含的文化底蕴而经久不衰，令人难忘。其涵盖广泛，种类繁多。丰富的文化底蕴、科学的设计和策划、完善的宣传和包装，以及准确的定位，是节庆类文化项目取得成功的重要原因。

【案例1】　大连国际服装节：时尚风华的国际服装秀

大连国际服装节是具有鲜明国际色彩和深受广大人民群众喜爱的盛大节日，每年服装节都会举办开幕仪式、规模宏大的文艺演出和服装设计大赛。它已成为大连市一张靓丽的名片。

一、大连国际服装节的形成过程

1988年8月30日首届大连服装节开幕，日本NHK向世界报道了大连举办服装界的消息，香港《大公报》发了配有摄影图片的文章。从1988年起，大连市将原来不定期的服装博览会，改为每年举办一次的服装节，由此拉开了服装盛会旅游名城的序幕。第二届大连服装节更是创造了一周之内131场模特表演的历史记录①。

① 杨道立：《从服装节到服装之都——大连国际服装节回眸》，载《理论与实践》1997年第Z1期。

1991年，大连服装节升级为国际服装节，得到国内乃至世界的充分肯定。1996年9月，法国高级时装公会主席雅克·穆克里埃和享誉世界的设计大师君岛一郎出现在大连国际服装节上，欧美专业模特为大师级作品和世界名牌服装所作的精彩表演，震惊全国，海内外媒体争相报道，让大连的服装盛会为世界服装界所瞩目。

2006年，大连国际服装节由"服装节"改版升级为首届国际服装博览会，以"扩大中国自主品牌出口，促进国外高品质成衣、纺织品及相关时尚品牌进口，繁荣国内市场，改善贸易平衡，提升中国服装纺织行业的自主创新能力，把大连建设成中国服装纺织品重要的创意研发中心"为宗旨，打造"国外服装纺织品品牌及相关时尚品牌进口的重要平台，国内自主品牌展示、交易和扩大出口的重要通道，国内外时尚信息、流行趋势的重要发布中心，国内服装纺织品创意产业的展示中心"，提升了大连国际服装博览会的办会水平，为加强中国与世界的文化交流、经贸合作、友好交往作出了积极贡献。

每年9月初举办的大连国际服装节，已成功举办20多届，是一个集经贸、文化、旅游于一体的国际性经济文化盛会，与香港时装节结为"姐妹节"。精彩绝伦的开闭幕式晚会，充满欢声笑语的狂欢节巡游表演，令人眼花缭乱的服装展览，个人、企业间的经贸洽谈，佳作不断的设计大赛，世界名师与国际大品牌的时装秀，热闹非凡的游园会等，都吸引着世界各地的众多人们。

蓬勃发展的大连国际服装节不仅将大连的服装生产和销售从国内推广到海外，提高到新的发展阶段，开辟了新的道路，更加强了中国与世界的文化联系，使中国的服装艺术走出国门、走向世界。它是目前我国规模最大、档次最高、影响面最广、效益最好的国际服装节之一。

二、大连国际服装节的成功经验

大连国际服装节以弘扬服装文化、丰富人民生活、促进国际交流、推动经济发展为宗旨。在中共大连市委、大连市政府的领导下，服装节从小到大，成为具有鲜明国际色彩和深受广大人民群众喜爱的盛大节日，创造了可观的经济文化社会效益。

（一）展会定位准确，瞄准国际市场

从开始筹办到成功办会，大连市领导经过周密分析充分认识到，打响大连的知名度，必须放眼海外，邀请外商外企和国际知名人士来参与大连服装节。因此，大连市政府与香港贸易发展局合作，通过香港这个国际窗口，吸引大量国际名流，大幅提高了服装节的国际知名度，并使其逐渐走向国际化。在服装节上，不仅有国内外的服装展览与洽谈，更有世界各国的演出团队与大牌明星的参与，为服装节增添了靓丽风景，越来越多不同国家和地区的游客蜂拥而至。

（二）政府大力支持，企业积极参与

大连市政府制定各种优惠政策，投入大量人力、物力、财力，积极推广国内品牌，积极寻求与国际机构、国际服装大品牌公司的合作，为引进国际服装品牌提供了许多便利条件。国内外各大企业与专业人士热心参与，出谋划策，不仅在展览会上积极活跃，还积极参与会场设计、巡演彩车的装备，为大连国际服装节的成功举办贡献出了重要力量。正是有了政府的大力支持和各大企业，国际大品牌的广泛关注与积极参与，大连国际服装博览

会才办得有声有色，一年比一年强。

（三）专业化服务，科学化管理

为了保证会展与贸易洽谈的有效连接，工作团队开发了专门的贸易对接服务软件；为了加强知识产权的保护工作，展览会场内部专门设立了知识产权法律服务咨询处，重点做好国际国内知名品牌及其商标的监管和保护工作，保证名牌产品的知识产权在会展期间不受侵害。此外，展览会通过大屏幕、短信平台、电话热线和电子触摸屏等诸多人性化、专业化的手段，为中外企业家和游客提供实时更新的服务信息和展商资料，这些专业化、人性化、科学化的服务确保了展会的顺利举办。

三、案例点评

从1988年开中国城市举办服装节之先河，大连国际服装节至今已走过了20多个年头。服装节的成功举办，不仅推出了一系列具有代表性的国内服装品牌，而且引进了许多国际品牌，架起了不同服装文化乃至民族文化沟通的桥梁，搭建起了中国与世界经济贸易联系的平台，加强了中国与世界的文化交流与沟通，帮助中国感知世界，让世界了解中国。

服装节的成功举办，更给大连整个城市带来了浓厚的时尚气息，促进了当地人民对时尚的理解和对服装文化的认识，大连人民也融入到这场文化洗礼中，享受时尚文化给他们带来的全身心享受。服装节不只是一个服装的盛会，更是全民体验时尚、享受浪漫的盛大节日。大连国际服装节调动了全民积极参与的热情，提升了城市的审美品位，带动了城市的经济文化发展，使大连具备了特有的城市魅力。大连国际服装节是大连最靓丽的一张名片，是一个享誉海内外的文化品牌。

【案例2】　　洛阳牡丹花会：以花为媒打造城市金字招牌

洛阳牡丹花会是洛阳发展经济的平台和展示城市形象的窗口，同时也是洛阳人民不可或缺的盛大节日。自2011年起，洛阳牡丹花会升格为国家级的中国洛阳牡丹文化节。洛阳牡丹花宣扬了洛阳古都的文化底蕴，续写了洛阳牡丹国色天香的传奇，还为众多企业展示实力、树立形象、宣传扬名创造了极佳的平台。

一、洛阳牡丹花会的形成过程

牡丹花是我国的国花，而洛阳牡丹更是名动天下。每年牡丹花开时节，国内外游客纷纷来到洛阳欣赏牡丹花景。洛阳市政府为了续写“洛阳牡丹甲天下”的传奇，发挥洛阳牡丹优势，将牡丹花定为“市花”，在每年4月15日至25日举办洛阳牡丹花会。

1983年4月15日，首届洛阳牡丹花会开幕，此次花会接待了来自7个国家和全国22个省市自治区的游客约250万人次。

洛阳牡丹花会的成功，引发全国各地纷纷开办同类型的花会活动，受到冲击的洛阳牡丹花会，赏花人数开始连年下降。但是经过十年的努力创新，从2002年第20届牡丹花会开始，花会开始进入新的发展壮大时期。在这届花会上，政府将从前10天的会期时间改为15天，由此带来了牡丹花会的火旺。第20届花会共有220多万名游客来洛阳观花，这是自第10届牡丹花会游客数量急剧下降以来，游客数量首次突破200万人。由于调整获得的巨大成功，政府再接再厉，从第23届花会开始，将牡丹花会会期由每年的4月10日至25日调整为每年的4月上旬至5月上旬。自2011年起，河南省洛阳牡丹花会正式升格为中国洛阳牡丹文化节，由文化部和河南省人民政府共同主办，河南省文化厅和洛阳市人民政府承办。

经过近30年的发展与探索，洛阳牡丹花会形成了自己独有的特色而享誉海内外。从“以花为媒，广交朋友，宣传洛阳，发展经济”到“花会搭台、经贸旅游唱戏，政府搭台、企业唱戏”的办会宗旨，近几年又紧紧围绕“把牡丹花会办成招商引资、招才引智、招展引会、招团引游的平台，广大市民和游客的节日”的办会目标，与时俱进，积极创新，不断呈现出蓬勃向上的生命力，从单纯的赏花观灯活动逐步发展成为融赏花观灯、旅游观光、经济贸易、文化体育为一体的大型综合性节会活动，为洛阳的经济发展和对外开放作出了积极贡献。

二、洛阳牡丹花会的成功经验

洛阳牡丹花会依托于洛阳古都独特的文化底蕴和魅力，打出牡丹花会招牌，再加以现代旅游会展业的全面包装和策划，举办多年来，洛阳牡丹花在规模、层次、内容和形式上都获得了进步和提高。

（一）古都厚重的历史底蕴与独特的牡丹魅力

洛阳作为华夏文明的摇篮、13个王朝的建都地、著名丝绸之路的东方起点、京杭大运河的中心所在，中国古代优秀的思想、教育、史学和科技等方面的重要成就都与洛阳有着千丝万缕的关系。众多举世闻名的文化遗产，13朝古都历史的风雨历程，“洛阳牡丹甲天下”的美誉，艳压群芳、延续千年的牡丹魅力，成为洛阳独一无二的城市特色，从而为洛阳牡丹花会的文化内涵和牡丹特色奠定了坚实基础，对吸引源源不断的客源起到了重要作用。

（二）便利的交通与丰富的花会活动

洛阳地处我国重要的交通枢纽，有铁路、公路与航空均发达便利，为前来参加花会的国内外游客提供了交通上的巨大便利。洛阳市每年投入大量的人力、物力、财力，为游客在赏花之余准备了与牡丹文化相得益彰的丰富多彩的文化活动，力保花会优雅高贵、与民同乐的雅俗相间的特色。雍容高贵、艳压群芳的牡丹花与热闹非凡、精彩绝伦的文化活动，打造了独一无二的洛阳牡丹花会，不仅成功烘托了花会浓厚的文化底蕴与独具魅力的艺术特色，使人们在牡丹与各种文化活动中流连忘返，怡情娱悦。

（三）科学的发展模式与成功的宣传策略

近年来，洛阳牡丹花会跳出了政府办会的单一模式，开始走上市场化道路，“政府搭台、社会参与、市场运作、共同受益”成为其独特的发展模式。同时，注重对花会进行大规模全方位的宣传营销，建立牡丹花会专题网站，参加旅游展览会、组织巡回旅游促销，邀请各大主流媒体进行全面而深入的报道，等等。这些积极有效的宣传营销策略，不仅大大提高了花会的知名度与号召力，打造了洛阳牡丹花会的品牌效应，还提高了洛阳的知名度，每年的洛阳牡丹花会都为洛阳带来巨大的经济效益与社会收益。

三、洛阳牡丹花会发展中存在的问题

洛阳牡丹花会在发展中也存在着一些问题，过分注重商业活动而忽视文化内涵，在同类花会节中，特色不明显，竞争力不足，活动层次不高。这些都为洛阳牡丹花会的持续发展蒙上了一层阴影。

（一）重市场轻文化导致牡丹文化缺失

为了扩大经济收益，花会将观赏点集中设在了几个地点并收取门票费用，影响了“牡丹花城”的美誉，导致千万游客拥挤赏花。同时，花会的宣传造势带有大量的经济、市场目的内容，忽略了牡丹特有的文化内涵，牡丹沦为一个宣传符号。

（二）文化特色不足导致吸引力减弱

目前古都众多举世闻名的文化遗产和13朝古都风雨历程的文化内涵没有得到充分开发，对游客形成不了强烈的吸引力；游客很大程度上还只是低层次、简单化的游园赏花，无法真正领略和体验洛阳牡丹的魅力与特色，游客走马观花式的短暂逗留，对洛阳经济发展的促进作用甚微。

四、案例点评

至今，洛阳牡丹花会已经风风雨雨走过了30个年头。在各地众多旅游节会活动如昙花一现般热闹开办又悄然消亡的今天，洛阳牡丹花会越办越红火，名气越来越大，影响越来越深。从最初单纯的赏花活动发展成为集赏花、观灯、旅游观光、经济贸易、对外交流和文化体育活动为一体的大型综合性文化活动，由一个名不见经传的地方旅游节会，跻身全国四大旅游节会之一，均显示了其强大的实力与蓬勃发展的生命力。

洛阳牡丹花会不仅重振了洛阳牡丹的威名，还提升了洛阳的城市形象，扩大了洛阳的知名度，让更多的人认识洛阳、了解洛阳。洛阳牡丹花会，不仅是洛阳牡丹的展览台，更是洛阳这座城市对外推广的名片。它不仅是洛阳发展旅游经济、扩大知名度、招商引资的中介平台，更是推动洛阳基础设施建设、城市改建与对外开放的强大动力。

【案例3】　南宁国际民歌艺术节：大地飞歌响彻九州

南宁国际民歌艺术节是一个融文化、旅游、经贸为一体的综合性大型节庆活动，其宗旨是继承和弘扬壮族人民的文化艺术，加强与世界各民族文化的交流和发展。艺术节期间，民族文化节目演出、时装大赛、旅游美食节、山歌擂台赛以及经贸洽谈会等活动同时举办，在国内外受到了广泛赞誉，影响力不断扩大。

一、南宁国际民歌艺术节的形成过程

为了振兴民歌文化，扩大民歌的影响力，使广西的民歌艺术走向世界，1993年广西壮族自治区人民政府举办了首届“广西国际民歌节”，1999年开始由国家文化部社会文化图书馆司、国家民委文化宣传司和南宁市政府联合主办，更名为“南宁国际民歌艺术节”，定于每年11月份举行歌会，定位为一个融文化、旅游、经贸为一体的综合性大型节庆活动。

2002年，民歌节推出了“风情东南亚”大型文艺晚会，着重开发中国及东盟10国最具代表性的文化题材，从此民歌节开始走向东南亚。2004年，中国—东盟博览会永久落户南宁，民歌节中的重头戏“大地飞歌”文艺晚会成为每届中国—东盟博览会的开幕式晚会，民歌节逐渐吸引了全世界的注意力。

至今，南宁国际民歌艺术节已走过了十多个年头，它秉承“打造新民歌、弘扬民族文化、扩大中外文化交流”的宗旨，积极创新、不断改革，为吸引海内外观众，扩大民歌影响，提升南宁市知名度搭建了一个精彩绝伦的舞台，推出了一批又一批极具实力的民歌歌手，诞生了一首又一首民族特色与现代元素兼备的新民歌。在多年的努力下，南宁国际民歌艺术节的内容与活动一年比一年精彩，一年比一年丰富。它以其鲜明的民族性、艺术性、现代性、国际性赢得了国内外的广泛赞誉，对振兴民歌文化，提升南宁市的知名度与对外开放作出了积极贡献。

在2005年度国际节庆协会行业评选活动中，南宁国际民歌艺术节击败来自世界各地的1500多个节庆活动，一举获得最高奖，成为2005年中国唯一获此奖项的单位，也是中国节庆协会组织在国际节庆领域的第一次获奖。同时它还入选“中国最具国际影响力十大节庆活动”①。

二、南宁国际民歌艺术节的成功经验

南宁国际民歌艺术节不是单纯的民歌展示，而是注重民歌艺术的传承与发展和多元文化的共存与交流。此外，它还是植根于民众的狂欢节，并辅以科学的包装和推广，以歌传情，以歌会友，成为飞架于广西各民族与全国各兄弟民族及世界民族之间的彩虹。

（一）注重民歌艺术的挖掘与重振

为了扩大民歌传唱度，民歌艺术节将摇滚、交响乐等现代音乐元素融入大家耳熟能详的经典民歌。改编后的经典民歌，不仅增添了新鲜感，更吸引了大量年轻人对民歌的关注，扩大了经典民歌的传播范围。同时，为了保持民歌文化的原创性，民歌节每年都专门邀请词曲名家到广西采风寻找灵感，前后共创作了100多首反映广西文化历史的新民歌，一些极具民族特色的原生态表演，不仅对民间文化遗产的发掘、整理、重振与传承起到了重要作用，更为广西民歌文化提供了创新展示的舞台。

（二）构建国际化合作的舞台

为了能够在重振广西民歌文化的同时，加强本土民歌文化与世界各地民歌文化的交流与合作，与国际接轨，南宁国际民歌艺术节邀请了大量世界各地演出团体和国际著名歌手在民歌节上表演。实现了中外民歌艺术在同一舞台上的交流与碰撞，提高了南宁国际民歌艺术节的品质。同时，南宁国际民歌艺术节增设了“风情东南亚”、“东南亚时装秀”、“东南亚国际旅游美食节”，将东南亚国家的民族文化、风俗民情原汁原味地呈现出来。民歌节不仅是展示不同国家和地区民歌文化的舞台，更是各国民族文化、风俗民情的展示台。它架起了中国与东南亚乃至世界联系的桥梁，加强了各国人民之间的交流与友谊。

---

① 黄咏：《大地铸华章　飞歌扬四海——南宁国际民歌艺术节的品牌打造之路》，载《当代广西》2006年第11期。

（三）全民参与，全城同乐

南宁国际民歌艺术节充分调动人民大众参与的积极性，通过各种文娱活动让更多民众参与其中，共同享受这场文化盛宴。遍及全城的广场文艺活动、美食节、时装表演、娱乐游戏等参与性和趣味性极强的活动，极大地调动了民众的参与热情，轻松的表演与美味的特色小吃给人们带来了无限乐趣。而晚会更是注重与观众的互动，台上台下俨然一片欢乐的海洋，观众们完全融入精彩的晚会中，享受这一场视听盛宴。

（四）科学的发展模式，成功的宣传策略

2002 年南宁市政府组建了大地飞歌文化传播有限公司，开始实行组委会领导下的专业公司经营和政府部门负责相结合的运作机制，跳出了官办模式，不仅解决了财政困难的问题，还使艺术节走上了市场化运作的成功道路。为提高艺术节的知名度与号召力，主办方充分利用一切传播手段进行大规模全方位的宣传造势：与中央电视台保持密切合作，通过中央电视台向全国乃至世界现场直播或录播民歌节盛况；从报纸、电视再到网络，众多广西本土媒体更是全程跟踪实时报道民歌节的动态消息。同时，启动新闻中心，为国内外媒体记者提供便利，向众多媒体介绍民歌节的各种情况，方便媒体与记者及时了解与报道民歌节的最新动态。成熟的市场化运作及宣传策略，促进了南宁国际民歌艺术节的发展与壮大。

三、南宁国际民歌艺术节存在的问题

南宁国际民歌节也存在问题，如传统民间文化在现代大众文化的冲击下难以完全保留原初的特色，民歌变成了有名无实的噱头；过分追求市场效益，强调流行元素，反而偏离了宣扬民歌艺术的宗旨。

（一）民歌艺术沦为流行歌曲的陪衬

近年来，艺术节宣传民歌艺术、弘扬民族文化的功能逐渐减弱。为了迎合大众口味，追求市场效益，过度追求舞台效果与明星效应，过分强调了现代与流行元素，依靠先进的科技手段营造绚丽的舞美效果和震撼的音响效果，使流行歌曲成为舞台的主打力量，民歌艺术沦为流行歌曲的陪衬，特别是原生态表演连年被弱化。长此以往，宣传民歌艺术的宗旨就会弱化，更会降低南宁国际民歌艺术节的整体品质与声誉。

（二）民歌新唱走偏韵味消失

民歌新唱是南宁国际民歌艺术节的一个创新亮点，将古老的民歌与现代音乐结合在一起，将传统与现代元素完美糅合在一起，显示出一种新的审美效果，得到众多好评，吸引了更多年轻人的关注，提高了民歌传唱度。但这样的创新形式并没有实现持续发展，反而在发展过程中，逐渐走偏，丧失了古老民歌的特殊韵味，使民歌仅仅成为一个宣传符号、一个空壳，甚至只是为包装流行音乐而存在的工具。近几年由于新创民歌的空白，仅有几首耳熟能详的经典民歌支撑舞台，导致观众对民歌逐渐失去兴趣。

四、案例点评

南宁国际民歌艺术节已成功举办了十余届，它是目前国内唯一一项以民歌为主打内容的节庆类活动。经过多年的发展，成功形成了极具地方特色的国际文化品牌，实现了国内外民间艺术文化的交流与沟通，同时也向世界展现了中华民歌文化的艺术瑰宝；而南宁也成为“天下民歌眷恋的地方”，民歌节也成为中国民歌国际化发展过程中具有里程碑意义的文化活动。

在文化产业高速发展的今天，面对民歌艺术逐渐被边缘化被淡忘的危机，广西利用本土特有的壮族民歌艺术文化，充分发挥少数民族集聚地的地区优势，迎合时代发展要求，创办了南宁国际民歌艺术节；有效保护了优秀的文化遗产，并成功地将民歌文化重新拉回到人们的视线之内；在重振与传承民歌艺术文化的同时，更实现了中国民歌文化与国际民歌文化的对接，为民歌文化的国际化奠定了坚实基础。

通过南宁国际民歌艺术节，人们近距离接触和体验到不同国家与地区的异国风情、民族文化和风俗民情；它不仅加强了我国与东南亚地区乃至世界的联系与沟通，更增强了我国人民与世界各国人民的友谊。通过这样的文化交流，提高了我国与其他国家的经贸联系，为中国与世界的沟通架起了桥梁。同时，南宁市增强了对外知名度与吸引力，促进了城市的对外开放，城市建设水平与人们的文化品位也得到显著提高。

南宁国际民歌艺术节为我国各地区发展地区文化，重塑文化影响力，提高地区经济文化发展水平，提高了良好借鉴与经验。

思考题

1. 谈谈如何以南宁国际民歌艺术节为平台，打造“东南亚文化链”。
2. 试论当今我国节庆类活动开展过程中存在的问题。
3. 谈谈创新思维对于举办节庆类活动的重要性。

第三节　会展类文化项目案例

世博会、达沃斯世界经济论坛、博鳌亚洲论坛等都是国际级别的博览会议品牌。会展项目，不仅可以展览物品，宣扬理念，还是政治经济文化交流的重要形式，能为项目举办地带来巨大的旅游经济效益。而每个展会宣扬的文化理念，则是会展成功的关键。

【案例1】　　**上海世博会：多元文化共襄盛举**

中国2010年上海世界博览会是第41届世界博览会。于2010年5月1日至10月31日期间，在中国上海市举行。此次世博会也是由中国举办的首届世界博览会。上海世博会以“城市，让生活更美好”为主题，创造了世界博览会史上最大投资和举办规模的纪录，同时超过7000万的参观人数也创下了历届世博之最。

一、上海世博会成功举办过程

1999年在昆明举办园艺博览会期间，上海市政府就决定申办2010年世博会。同年12月8日，中国政府代表在国际展览局代表大会上宣布，中国政府支持上海申办2010年世博会。

2001年1月16日，2010年上海世博会申办徽标揭晓。2002年12月3日，在与俄罗斯、墨西哥、波兰和韩国的公平友好竞争中，上海票数一路领先，最后脱颖而出，成功赢得了举办权。这意味着世博会第一次由发展中国家举办，对中国乃至世博会都有着重要的意义。

2005年1月20日，2010年上海世博会会徽正式发布，会徽表达了世博会“理解、沟通、欢聚、合作”的理念，突显出中国2010年上海世博会以人为本的积极追求。2007年12月18日，2010年上海世博会吉祥物“海宝”揭晓，它既反映了中国的文化特色，又呼应了上海世博会会徽的设计理念，而在国际大型活动中率先使用文字作为吉祥物造型设计的创意是一次创新。

这个由中国举办的首次在发展中国家举办的世界博览会，以“城市，让生活更美好”为主题，向世界充分展示了拥有悠久历史与综合国力日渐提升的中国形象，拥有五千年历史沉淀的中国古老文化和代表当代中国经济、政治、文化、科技兴旺发达的中国现代文化在此完美地融合在一起，让更多的海外游客认识与亲近并喜爱中国特有的民族文化，进而接受与认可具有中国特色社会主义的中国。

二、上海世博会的成功经验

上海世博会举全国之力举办，从规划到筹办，到成功举行，政府的合理配置资源、细致规划宣传起到了决定性的作用。上海世博会不仅创造了经济效益和社会效益的丰收，还提高了我国的国际地位，宣传了国家形象，让世界人民更加认识了解中国。

（一）合理配置资源，广泛动员参与

作为世界最高级别的博览会，需要花费大量的人力、物力、财力、精力。我国通过合理配置、充分整合全国资源，共同为上海世博会发挥各自的优势与实力，不仅快速高效地完成准备工作特别是世博园的建设，更节约了成本，避免了不必要的浪费。世博会充分调动社会各界的力量，积极发展政府、企业、媒体乃至普通市民的广泛参与，充分发挥各种媒体的宣传优势，提高上海世博会对外的知名度与号召力。正是世博会的规划者、建设者、宣传者、志愿者的广泛参与，奠定了上海世博会成功举办的坚实基础。

（二）以可持续发展为前提的设计规划

“城市，让生活更美好”这一主题，让上海世博会在筹备与接待工作中更加注重与上海自身发展相联系，各种设施的建设与城市规划，不仅考虑到世博会的需要，更考虑对于城市和民众的需要，以实现在会后这些设施仍能为城市的发展与民众的需要继续作出应有的贡献，能继续推动上海未来的发展，实现可持续循环的使用，为民众带来真正的便利并能福泽后人。正是这样的考虑，上海为世博会的规划与建设，真正实现了“城市，让生活更美好”的主题，将上海世博会打造成一场真正的“永不落幕的世博会”。

（三）提升城市整体功能，增强吸引力

经过多年的精心策划与准备，上海世博会不仅具有丰富精彩的内容活动，以人为本的理念在世博园区、上海市区的规划与建设中体现得淋漓尽致，大大方便了前来参展参观的国家、地区、机构与游客。同时，详细调研国内外游客的特点与偏好，走商业化运作的道路，将旅游与世博整合营销，充分调动长三角地区丰富的旅游资源，以世博会的辐射能

力，大力开发与宣传上海乃至周边的旅游资源与文化；吸引众多海内外游客前来参观世博会，到上海及周边旅游，增加上海及其周边的经济收益，扩大影响力，从而实现了一个双赢的局面。

三、案例点评

上海世博会所创造的世博会历史上的诸多“最”：最大的场地、最多的参展国家和地区和最多的参观人数，将是今后的世博会很难超越的。并且在中国是第一次由发展中国家来举办，对于中国和世博会来说都是意义非凡的。上海世博会的成功举办，不仅弘扬了我国特有的民族文化、增强了我国人民的民族自豪感，更向世界展示了作为一个正在崛起的大国强大的综合实力，向世界证明了中华民族的伟大复兴，让世界在北京奥运会后再一次聚焦中国，中国的影响力进一步扩大并得到了全世界的肯定。

上海世博会对于上海这座城市来说意义更是巨大。作为我国发展最快的经济中心，世博会所带来的经济效益与社会收益，对于上海的发展无疑如虎添翼，必然为上海的城市建设、环境保护、经济和社会发展、提升城市品位和市民综合素质发挥重大作用，其影响力与地位必然在世界地图上更加凸显。

与此同时，上海世博会中所倡导的各种理念与主题，对全球正在面临的各种挑战与问题起到了警醒与启发作用，世界各国必须精诚合作，共同研究与探讨寻求这些全球性问题的解决方案，保证人与自然之间能和平共处、和谐发展。

【案例2】 深圳文博会：推动文化发展的新渠道

中国（深圳）国际文化产业博览交易会，简称“文博会”。它是中国唯一一个国家级、国际化、综合性文化产业博览交易会。文博会以博览和交易为核心，打造了一个中国文化产品与项目的交易平台。致力于促进和拉动中国文化产业发展，积极推动中国文化产品走向世界。

一、深圳文博会的形成过程

改革开放30多年来，我国已成为一个出口大国，可我国的文化产品出口却一直很薄弱。文化产业的相对滞后和对外文化贸易的严重逆差不仅与我国经济大国地位不相称，更与我国的文明古国地位不相称。

整合了多达2000个以上包括文化、旅游、新闻出版、数字影视、演艺娱乐、动漫游戏、创意设计、书画艺术、工艺美术等行业在内的全国各地的文化产业融资项目的首届深圳（国际）文化产业博览会，于2004年11月在深圳举行，被称为中国文化产业的“广交会”。它初步打造了集文化产品博览、文化产业要素交易和文化产业信息交流于一体的综合平台，奠定了我国国家级、国际化、综合性文化展会的坚实基础；成为当年中国文化领域十大事件之一的首届文博会，在全国引起了广泛关注。

2005年4月，在深圳市委市政府的指导下，由深圳报业集团、深圳广播电影电视集团、深圳发行（集团）公司联合投资成立深圳国际文化产业博览会有限公司，作为文博会的专业运营机构。从此，国外参展商和买家逐渐增加，海外成交量显著上升。

2010年第六届“文博会”，设立35个分会场，首次实现政府组团“满堂红”，展商数量达到1797家，总成交额达到1088.56亿元。2011年第七届“文博会”，设立40个分会场，展商数量达到1797家，邀请了来自包括美国、法国、日本、加拿大等86个国家和地区的海外采购商10680人。参加本届文博会各项活动的观众达到367.49万人次，总成交额突破1200亿元。而2012年第八届“文博会”，展馆展商数量达1928家，第三次实现政府组团“满堂红”，总成交额达1435.51亿元，其中合同成交额达877.13亿元①。

深圳文博会聚集了诸多国内外信息、项目、资本、技术、人才和产品，通过多年的努力，它促进了文化内容与高新技术、文化内容产品和市场以及文化产业与资本和人才的多方融合，成功推动了中国文化产品和服务逐渐走向国际市场，被世界认可，从而提高了我国文化产业的整体实力和竞争力。

文博会的规模和影响力在国际上不断扩大，品牌形象逐步得到国际认可，在2006年正式成为国际展览联盟UFI认证展会，发展成为中国文化产业领域规格最高、规模最大、成交量最大、最具影响力和号召力的展会。

二、深圳文博会的成功经验

深圳文博会在政府的支持下，明确自身定位，紧抓市场需求，不仅招徕了广大参展商和买家，还吸引了广大群众的对文化产业的关注和支持；不仅打出了自己的品牌，还促进了中国文化产业的发展，获得了丰厚的经济、社会和文化效益。

（一）政府支持，定位明确

文博会的成功举办首先应归功于政府的大力支持。在中央和国务院的高度重视下，通过文化部、广播电影电视总局、国家新闻出版总署、广东省政府和深圳市政府5家主办者的精诚合作，在深圳报业集团、深圳广播电影电视集团、深圳发行集团及深圳国际文化产业博览有限公司4家承办单位的共同努力下，深圳文博会从一开始就形成国际化定位，着眼于海外招商，通过外交渠道、商业协会渠道、专业机构代理、网站预登记和数据库电邮，吸引来自不同国家和地区的个人与企业。深圳文博会一届比一届精彩，展会的知名度逐渐增大，我国文化产品与服务开始走出国门，远销海外。

（二）良好的群众基础

深圳文博会在发展招商引资的同时，也注重群众参与的基础奠定。文博会的主办者深刻意识到只有民众的积极参与和支持，才会有产业的持续健康的发展。因此，主办方为努力营造一种贴近群众、贴近生活的良好氛围，吸引广大企业和市民的积极参与，在全民互动方面多方努力，不仅吸引了大量市民的积极参与，更有许多其他各省市以及国外游客慕名前来，感受中国优秀的文化产品与服务。通过人们的口耳相传，深圳文博会打开了更为广阔的市场空间，提高了文博会的知名度与影响力。

（三）成熟的市场化运作

深圳文博会并没有完全依赖政府，而是在政府的指导下，依靠政府强大的推动力量，

---

① 数据来源：中国（深圳）国际文化产业博览交易会官方网站，http://www.cnicif.com/content/jysj/2012/8/17/content-1001020000-983c5ae2-bae7-4947-a526-177b4345166d.shtml，访问日期，2013-01-04。

由市场主体自行安排具体的组织和运作，紧紧抓住产业与市场需求，由会展的具体策划者、出资者、组织者、参与者转变为推动会展业发展的规划者、监督者和服务者，不仅避免了政府的财政负担，降低了市场风险，而且使会展在遵循市场发展规律的前提下，逐步成长为能够面对激烈的市场竞争并迎接挑战的规范化、专业化、市场化的会展活动。通过这一套成熟高效的市场化运作体系，深圳文博会已经发展成为极具竞争力与影响力的会展活动，为我国文化产业的发展与进步立下了汗马功劳。

三、案例点评

改革开放30多年来，深圳作为国内最具发展活力与勃勃生机的城市之一，为深圳文博会的创办与发展，奠定了深厚的发展基础与文化内涵。深圳文博会利用深圳的地区优势和号召力，举办国家级、国际化、综合性的文化产业博览交易会，它的展出面积、参展单位数量、观众人数，都远远超过了国内的同类展会，逐步成为拉动中国文化产业发展和促进融资交易的沟通平台，它的国际化定位使之成为推动中国文化产品与服务走向世界的桥梁。

作为一个以拉动中国文化产业发展和推动中国文化产品出口为核心目标的文化会展，深圳文博会多年来一直以文化为主打内容，积极邀请国内外与文化产业相关的个人与企业参加展会，不断加强对文化产业的发展要求与质量，撮合展会内外的文化产业交易量。深圳文博会上的交易量与投资融资数额不断提高，带动了我国文化产品和服务的整体出口量，使我国文化贸易逆差的局面得到一定的扭转，使中国文化产品和服务的出口渠道更加广阔。

深圳作为中国对外开放的先锋城市之一，为我国产品与服务的出口作出了积极贡献，文博会的发展壮大与深圳的自身魅力与实力息息相关，两者在相互促进的过程中实现了双赢。深圳文博会是我国同类型的展会活动的最佳典范，在促进我国文化产业对外出口的同时，也为我国同类型展会的起步与发展提供了众多优秀经验与借鉴。

【案例3】 中国—东盟博览会：连接东盟商贸合作的新平台

一年一度的中国—东盟博览会在广西南宁举行。以中国—东盟自由贸易区为依托，二者相互促进，互为发展。自由贸易区建设的成果为博览会持续发展提供了内在的市场动力。同时，博览会为企业分享自由贸易区的建设成果，进一步开拓市场，提供了难得的好平台。在中国—东盟博览会上，东盟各国可以进行商品贸易、投资合作、服务贸易、高层论坛、文化交流；互通有无，共同发展。

一、中国—东盟博览会的形成过程

中国—东盟博览会也称“南博会”，由中国国务院总理温家宝倡议，由中国和东盟10国经贸主管部门及东盟秘书处共同主办，由广西壮族自治区政府承办，每年在南宁举办的国家级、国际性经贸交流盛会。

2002年11月，中国与东盟10国领导人共同签署《中国—东盟全面经济合作框架协议》，正式启动中国—东盟自由贸易区建设进程。2003年10月8日，温家宝总理在印尼巴厘岛第七次中国与东盟领导人会议上建议，从2004年起每年在中国广西南宁举办中国—东盟博览会，得到了各国领导人的普遍支持，并达成领导人会议共识。由此，便拉开了中国—东盟博览会为促进中国与东盟乃至世界经贸联系与合作发挥重要作用的序幕。

自2004年以来，中国—东盟博览会以及同期举办的中国—东盟商务与投资峰会已成功举办了7届，一直以“促进中国—东盟自由贸易区建设、共享合作与发展机遇”为宗旨，涉及商品贸易、投资合作和服务贸易三大内容，致力于促进中国与东盟扩大经贸合作；是我国目前唯一一个由多国政府共同创办，且长期在一地举办的，以自由贸易区为主题，以促进中国—东盟自由贸易区建设为目标的经贸盛会。它为中国、东盟和世界其他国家和地区的经贸合作搭建了沟通合作的平台，为各方积极寻求与提供商品与服务交易、投资融资合作等方面的机会；使参展参会的国内外企业与个人能够充分享受到贸易自由化和区域经济一体化带来的优惠与便利，促进了中国—东盟自由贸易区的建设；为南宁带来了诸多发展机会，提高了知名度，促进了城市的对外开放。

2005年，中国—东盟博览会被评为“中国十大知名品牌展会”，作为博览会常设机构的中国—东盟博览会秘书处荣获了“中国会展业特别贡献奖”。2006年，中国—东盟博览会又再次获得了“2006年中国十大最具影响力的政府主导型展会”称号。而后又获得了“2007年中国十大最具影响力的国家级品牌展会”、第六届中国会展节事财富论坛的“2008年度十大会展”等多项光荣称号。

二、中国—东盟博览会的成功经验

中国—东盟博览会在政府的大力支持和积极推动下，取得了巨大的政治、经济、文化效益。它不仅让中国和东盟有了更紧密和频繁的经贸合作，还为中国和东盟各国的文化交流提供了一个平台。促进了广西南宁的城市建设和经贸发展，更促进了中国和东盟各国的经贸往来和友好关系。

（一）政府大力支持，企业积极参与

中国—东盟博览会是由中国政府倡议、东盟各国政府积极响应的背景下建立的一个专门为中国—东盟自由贸易区的建设与发展提供服务的博览会。有这样的背景支持，为它成为一个高层次、综合性、国家级和国际化的博览会提供了客观基础。我国与东盟10国各级政府的高度重视和积极参与，在博览会的筹备、举办等工作中发挥了关键作用，提供了强有力的支持。而众多国内外优秀企业和项目看中了中国—东盟博览会的影响力，积极参展参会，大大丰富了展会内容，扩大了博览会的号召力与影响力，为实现中国与东盟乃至世界的经贸联系与合作提供了更多的发展空间与机会。

（二）深层次的文化交流提升博览会的文化内涵

中国—东盟博览会将已在国内外闯出品牌的南宁国际民歌节的“大地飞歌”晚会作为开幕晚会，同时举行各类介绍东盟各国民族与文化的众多活动。这些文化交流活动，帮助人们感受与体验不同国家的风俗民情与民族特色，增进了不同民族文化的融合，加深了各国对其他国家的认识与了解，从而为各国的经贸合作提供了更为恰当与合适的合作方式，保证了在和谐、融洽的氛围中有效地制定经贸合作协议与政策。经济与文化相结合的办会形式，不仅成为中国—东盟博览会的一大特色，更是其发展的有力支撑。

（三）科学的市场运作

为了保证中国—东盟博览会持续发展的魅力与实力，博览会一部分项目采取商业运作的形式，特别是展览会与文化交流，以企业与消费者为主，政府支持为辅，有效地保证了参展参会的企业与个人从中受益，并降低了政府的财政负担与举办风险。整个博览会的管理机制在遵循市场发展规律的前提下，实行科学的商业化运作，保证了博览会积极有效的管理方式，为中国—东盟博览会的可持续发展注入了无限生机。

三、中国—东盟博览会存在的问题

中国—东盟博览会的问题在于市场本身的调控作用没有完全发挥出来，政府的行政干预比重过大。南宁及我国整个西南地区社会经济发展的不足，专业人才缺乏，在举办这样的国际博览贸易大会时，存在一些明显的不足。

（一）市场化运作不足

虽然目前中国—东盟博览会已十分注意以市场为主体、政府为辅的发展模式，但是其市场化运作进展仍稍显缓慢。在博览会已粗具规模、逐步进入成熟发展阶段的情况下，政府虽已逐渐退居二线，开始利用市场自身来实现博览会的发展，但在博览会的筹备与举办的过程中，行政手段仍占很大比重，市场作用并没有得到充分发挥。长此下去，不仅无法实现中国—东盟博览会的市场化、国际化目标，更不利于参展参会的企业与个人的利益实现，政府负担也必然会越来越重。

（二）配套设施与服务缺位

随着中国—东盟博览会的规模越来越大，目前的展会场馆与设施已无法支撑博览会的发展壮大，场馆与设施的建设无法跟上博览会的发展速度，从而在很大程度上限制了博览会的继续发展壮大。同时，博览会相关从业人员大部分是半路出家，熟练掌握外语、了解国际行业规则、能够从事展会设计、策划、组织并有实际操作经验的专业人才更是少之又少，组建一支具备专业素质的会展人才团队是目前中国—东盟博览会迫切需要解决的问题之一。

（三）专业化与国际化水平较弱

中国—东盟博览会近几年来虽然发展迅速，但由于缺乏一支专业化的组织与建设力量，导致展会的专业化水平一直进展缓慢。同时，由于博览会配套的市场调研的缺失，致使展会无法根据市场与企业需求，及时对办会的目标与内容作出相应调整；配套服务的不完善，也给参展参会的企业与个人带来诸多不便。虽然中国—东盟博览会具备了一定的国际化水平，但是整个博览会的国际化标准却仍然很低。

四、案例点评

中国—东盟博览会是会展业中的新生力量，在中国—东盟自由贸易区建设与发展的大背景下，中国与东盟国家文化交流与贸易往来愈加密切。作为唯一一个以自由贸易区为主题并以促进中国—东盟自由贸易区建设为目标的经贸盛会，它在诞生之初就被赋予了极为重要的意义与影响。它不仅仅是为中国—东盟自由贸易区一体化建立一个与之相配套并为之服务的市场，要为区域经济与全球经济的互动提供一个交流沟通的平台，更为中国与东盟各国之间提供了一个增进了解加强沟通的畅通渠道。由此展开的经贸合作、文化交流等活动，不仅加强了中国与东盟10国之间的睦邻友好关系，更为双方的经济发展提供了更多更好的机会。

中国—东盟博览会的成功举办，为南宁市的发展带来了众多商机，它对于南宁市的经济与社会效益的提升具有非凡的意义。更重要的是，中国—东盟博览会不仅为中国的对外开放又打开了一条通道，更为保持区域性政治稳定与安全，作出了重大贡献。由此，它对于世界的意义与价值是不容小觑的。

思考题

1. 谈谈2010年上海世博会跨文化传播的表现及其价值。
2. 我国会展产业目前存在哪些问题？应如何解决？
3. 在我国如何发展国际化的会展活动？

第四节　旅游类文化项目案例

主题公园是为了促进旅游业的发展专门创造的旅游类文化项目的典型代表，最为典型的成功案例就是迪士尼乐园。我国各地为了发展旅游业，策划并建造了很多主题公园。

【案例1】　　**迪士尼乐园：玩出来的全球风暴**

说到迪士尼乐园，每个人心中都会想起自己童年时的梦想和心中的童话世界；确实，迪士尼乐园也做到了这一点，它将童话变成了现实，让所有的游客都体会到内心最单纯的快乐。这个由华特·迪士尼一手创办，由华特·迪士尼公司所创立与营运的一系列主题乐园与度假区，将快乐的理念传遍了世界。

一、迪士尼乐园的形成过程

迪士尼乐园是一座主题公园。迪士尼把动画片所运用的色彩、刺激、魔幻等表现手法与游乐园的功能相结合，园中的一切，从环境布置到娱乐设施都集中表现迪士尼童话主题。目前全球已建成的迪士尼乐园有5座，分别位于美国佛罗里达州和南加州以及日本东京、法国巴黎和中国香港。

1955年7月17日，首座迪士尼乐园在洛杉矶正式建成，它标志着迪士尼公司的经营范围从纯粹的文化产品产业扩张到相关的主题公园文化旅游业，被文化史学家称为“影响20世纪人类的一个重大历史事件”。在这个精心营造出来的童话梦幻世界中，到处都充满了欢乐与笑容。这座耗资1700万美元的超级乐园，是由世界建筑大师格罗培斯花费3年时间精心设计施工完成的，是当时世界上构思最精巧的主题游乐公园，每年都吸引着数百万的游客。

1971年10月，另一座耗资7.66亿美元，比洛杉矶迪士尼乐园规模更大的奥兰多迪士尼世界正式向游客开放。奥兰多迪士尼世界像洛杉矶迪士尼乐园震惊美国西部一样，同样震动了美国东海岸的人们。

1983 年 4 月 15 日，耗资 1500 亿日元，由美国迪士尼公司和日本梓设计公司合作建造的东京迪士尼乐园对外开放，在全日本引发了“迪士尼热”。被誉为亚洲第一游乐园的东京迪士尼乐园，为日本创下了数倍于投资的巨额利润。

1992 年初，位于巴黎市郊马恩河谷镇的欧洲第一个迪士尼乐园开始营业，成为全欧洲游客最多的付费主题乐园。但由于欧洲人对美国文化的抵制，以及供过于求的面积与规模，这座迪士尼乐园并没有像所设想的那样引起巨大轰动与获益。

2005 年 9 月 12 日，耗时六年，由香港政府与迪士尼公司共同合作投资建设的香港迪士尼乐园正式对外开放，成为我国第一座迪士尼主题乐园。2011 年 4 月 8 日上午 10 时 26 分，投资约 245 亿元人民币，占地 3.9 平方公里，预计五年完成的上海迪士尼乐园正式开始动工修建。

数十年过去，享誉全球的迪士尼乐园不仅没有衰落反而越来越精彩，越来越繁荣，每天都接待着世界各地慕名而来的游客，在全球范围内不断扩大影响，给越来越多的人们带来欢乐与激情。

二、迪士尼乐园的成功经验

迪士尼乐园抓住了人性中对幸福快乐的追求，把看不见的幸福快乐以实体的形式创造了出来，不计成本的人性化设施和服务，让游客们获得了心灵上的喜悦与满足，让他们对迪士尼乐园流连忘返。

（一）准确的市场定位

迪士尼乐园在创建之初就明确了“迪士尼乐园，地球上最快乐的地方”的市场定位，为了满足人们渴望得到放松和欢乐的消费心理需求，紧紧围绕“快乐”这个主题提供游乐产品与服务，为游客提供尽可能多的快乐体验。迪士尼公司旗下众多成功的动画影视作品被广泛引入到乐园中来，孩子们被充满乐趣的娱乐活动、可爱的卡通形象所吸引；而成年人也似乎回到了童年，重温童年时的美好时光，实现儿时未能实现的童话梦。迪士尼乐园把快乐制成了真实的产品，以商品的形式兜售给游客。

（二）高质量人性化的服务

迪士尼乐园里处处都有体现人性关怀的人工服务与硬件设施，每位员工入职前都必须参加迪士尼大学严格的培训课程，学习怎样为游客提供细致入微、充分人性关怀的高质量服务，为游客提供了一个充分享受愉悦心情的氛围。高质量人性化的服务是游客能够在迪士尼乐园时刻拥有快乐心情的强有力保证，为迪士尼乐园树立了良好的品牌形象，保证了游客对品牌的忠诚度。

（三）愉悦舒适的园内环境

一进入迪士尼乐园大门，游客就开始感受亲切、愉快、舒适的环境氛围。迪士尼公司旗下经典卡通人物的热烈欢迎、令人愉快的音乐、只有在影片中见过的梦幻场景、工作人们的热情周到的服务、干净整洁的卫生环境，这一切的一切，都让游客流连忘返。迪士尼乐园为了保证环境的统一性，甚至不惜改造乐园周边环境，以此为游客提供一个完整的童话乐园。

（四）新鲜刺激的体验与参与经历

在迪士尼乐园，游客不仅可以满足视觉听觉上的享受，更能亲自体验童话人物的日常生活。这里拥有世界上最新的电动游乐设备，将各种枯燥科学知识变成孩子们手中的玩具、孩子们参与的趣味项目，寓教于乐，让孩子们在感受科学带来的神奇与快乐的同时，能够了解各种科学知识。各种应接不暇的新鲜刺激的体验与参与活动，让游客们得到无尽的欢乐，也让迪士尼乐园成为全世界游客逗留时间最长的主题乐园。

（五）先进、完善的科技后盾

迪士尼乐园的发展与美国科学技术的创新与发展是同步的，乐园内的实时更新与增加的各种娱乐项目，是美国先进科技的完美展现。正是有先进科技作后盾，迪士尼乐园才能时时刻刻保持游戏的刺激性与游客的新鲜感，永远为游客提供一个新的乐园，让游客总能发现许多不同的地方，保持长久的兴趣，成为一个无论去多少次都不会厌烦的快乐乐园。

三、案例点评

创始人沃尔特·迪士尼希望迪士尼乐园是一个能带给每个人幸福的地方，是一个不论老少都能体验生命的惊奇及冒险的乐趣，并且能留下快乐回忆的场所。几十年来，迪士尼乐园做到了，它们始终坚持给每一位游客都带来快乐的经营理念与服务承诺，一直致力于利用一切可以利用的资源与内容，开放各种能够使游客感受到快乐的娱乐项目与活动，并且充分完善与之相配套的服务与环境，使得游客永远不会对迪士尼乐园产生疲劳和厌烦，而这也恰是迪士尼乐园能够始终保持巨大的客流量获取巨额收益不断发展壮大的奥秘所在。

迪士尼乐园这样一个充满魅力的快乐世界，是现代旅游业特别是主题公园旅游发展的一个具有里程碑意义的成功典范，是我国发展主题公园旅游业的最佳范例。由于世界发达国家的消费理念与我国消费者的消费习惯存在差异，因此我们不能一味地模仿与复制，几年后即将完成的上海迪士尼乐园面临着如何因地制宜、发展创新的挑战。

中国式主题公园应该是以我国的实际情况为大前提，在充分学习其成功的经营管理理念、充分汲取其精华的基础上，结合我国优秀的民族文化资源，利用现有与之相配套的地方产业资源，发挥创新意识，打造极具中国民族特色、符合国内游客的审美习惯和消费心理的中国式主题公园。

【案例2】　少林寺：博大精深的历史文化传承

少林寺让每个中国人油然而生一种自豪之情，少林寺成为中华文化的代表，中国在世界的名片。它是禅宗文化的圣地，还是少林功夫的发祥地，有“禅宗祖庭，功夫圣地”之称。随着动作电影将中国功夫推向了世界，少林寺作为中国功夫的渊源，吸引了大量的国内外游客。

一、少林寺文化的形成过程

1982年，香港中原影业公司根据唐代“十三和尚救唐王”的故事在少林寺实地拍摄的电影《少林寺》一经上映，就在全国乃至整个世界迅速掀起了少林武术的空前热潮，这座拥有1500多年历史与博大精深文化的中国名寺少林寺扬名海内外，更引得众多武术爱好者慕名前来拜师学艺。少林寺与少林功夫的吸引力多年不衰，成为众多崇信佛教的游客与武术爱好者的必游之地，让少林寺成为国内极具吸引力的著名旅游景点之一。

随着少林寺旅游受到广泛欢迎，少林文化风靡全世界，少林寺在1997年成立了少林实业发展有限公司，而后又组建了少林寺文化传播公司，全力开发少林品牌，宣传少林寺独有的禅、武、医文化，并在具体操作中进行技术指导。2004年，少林寺在网上公布了医药和武功秘笈，引发了武术界、医疗界和社会各界的热烈关注与讨论。

2005年10月，少林寺和郑州歌舞剧院联合编排的原创舞剧《风中少林》在北京保利剧院亮相。而后，该剧与美国蓝马克娱乐集团达成协议，《风中少林》赴美演出两年，约800场，演出收入达800万美元①。同年，经少林寺授权，玩酷科技公司开发研制的3D网络游戏《少林传奇》正式运营。与网络游戏同名的动画《少林传奇》随后上市，在海外20多个国家和地区以及台湾、上海等地电视台播放，收视率多次名列前茅。

2006年3月底，少林寺联合深圳卫视共同发起的“中国功夫之星电视大赛”正式启动，共设深圳、北京、郑州、沈阳、成都、上海6个国内分赛区和美国、德国、俄罗斯、意大利、法国、澳大利亚6个国际分赛区，在全世界范围内，通过对德、武、艺等多项素质的综合考评选出的“功夫之星”，将出演少林功夫史诗电视连续剧《少林寺之僧兵传奇》以及其他一系列以“中国功夫”为背景的影视作品，并且将在好莱坞制作的电影《新少林寺》中出演角色。同时，在比赛中又开展了“种子选手在少林寺闭关修炼”，“与少林寺18罗汉对决”等充满神秘感与刺激性的多项活动，吸引了全球武术爱好者的注意力。

2007年4月，由著名音乐家谭盾制作的禅乐大典《禅宗·少林》的实景演出正式公演，广受好评；5月，少林寺300年来第二次举行封坛受戒仪式，经过28天的受戒后，来自全国各地的600名佛教徒在少林寺度入佛门，成为正式的和尚；7月，少林寺武僧表演团奔赴日本演出。

少林寺紧扣其独具特色的核心文化产品佛学和武学，利用市场化商业化运作，形成了一个完整的产业链条。

二、少林寺文化的成功经验

少林功夫中的武融于参禅之中，少林武术深具神秘之感和文化底蕴。少林寺文化如一股浪潮，在全国乃至全世界推广开来并经久不衰。这一系列成绩的取得，不得不归因于少林寺对武术热潮和功夫明星热的机遇的把握和开发。

（一）少林武术的发展定位

《少林寺》的热映，在全世界掀起了少林武术的热潮，影响经久不息。少林寺抓住这一机遇，在全球范围内广泛宣传少林武术文化，组织少林武僧团在全国乃至世界进行各种规模、各种层次的巡回表演，与多家文艺单位合作打造各种大型的舞台剧，在世界范围内

---

① 王刚、郑褚：《释永信：少林寺的“CEO”》，原载人民网，http://news.xinhuanet.com/fortune/2006-04/14/content_4423432.htm，访问日期，2012-12-28。

举办武术比赛与选秀活动，通过少林武术的号召力，吸引更多的注意力。同时在全国各地合作成立多所武术学校，在美国、英国、德国、澳大利亚、意大利等多个国家和地区建立了十几个少林武术文化中心。通过大打“少林武术牌”，少林寺紧紧抓住了少林武术在全世界范围内的巨大吸引力与影响力，不仅在世界范围内弘扬和传承少林武术文化，更给少林寺带来了巨大的经济收益与社会效益，使得少林品牌逐渐发展壮大。

（二）名人效应的开发与利用

在少林寺文化品牌的成长与发展过程中，充分利用了名人效应的影响与辐射作用。李小龙在20世纪六七十年代在国际引发的中国功夫热，为少林武术的流行奠定了坚实基础，国际武打明星成龙、李连杰，功夫童星释小龙，长时间在各地演出的少林武僧团，少林寺现任主持释永信，都为少林武术文化产业的发展起到了举足轻重的推动作用。2006年3月22日，俄罗斯总统普京专访少林寺，更是将少林寺推到了一个更高的发展领域，进一步扩大了中国功夫在世界上的吸引力与影响力，为宣传少林功夫开拓了更大的发展空间。

（三）成熟的品牌化经营与产业化运作

结合博大精深的武术与佛学文化，少林寺形成了以少林武术为基础、佛学文化为内涵的“武禅”的品牌定位，进而开始在全国乃至世界宣传与推广这一具有独特识别标识的品牌，为少林寺的商业化市场化运作提供了方向，并在多年的发展中形成了“佛”、“寺”、“僧”、“慈”、“禅”、“武”、“艺”、“刊”8个品牌组合。目前少林寺已拥有29个类别的43项注册商标，少林寺商标还被国家工商总局认定为“驰名商标”。少林寺旗下的嵩山少林旅游集团、禅露杂志社、少林影视公司、少林书画院、少林寺武僧团等产业在发展过程中，已经将发展的触角广泛伸入到网络游戏、武僧团巡演、旅游、武术培训、医药、影视、明星、饮食等多个方面，形成了完整的产业链，成熟的产业化运作将少林品牌不断地发展壮大。

三、少林寺文化存在的问题

最近关于少林寺的一些追求世俗功名利禄的负面信息随处可见。此外，少林寺过于侧重武术，对禅文化的宣扬远远不足，这让人对少林的精神和文化产生怀疑。

（一）外部环境恶劣

少林功夫和少林寺在世界范围内的流行，使不少商家借“少林寺”的名义谋取利益。除了众多打着少林寺名义的武术学校和店铺，国外众多企业纷纷抢注“少林功夫”商标，更有许多假冒“少林武僧”的商业演出。外部恶劣的环境给少林寺的发展带来了众多负面影响，不仅严重影响了少林寺在国内外的声誉，更对少林寺未来的发展埋下了许多隐患。

（二）品牌定位的偏移

少林寺的品牌发展定位为“武禅”，但是在近年的各种旅游宣传、武僧巡演与大型活动中，“武”与“禅”却难以融合，重点在“武”，鲜有“禅”的文化内涵。少林寺博大精深的禅宗文化得不到弘扬与传承，最终精湛传奇的武学文化有可能沦为粗浅的武术表演。“武禅”定位长期得不到恰当的诠释，最终将降低少林品牌竞争力的下降。

（三）品牌形象代言人的缺失

少林武当虽然并驾齐驱，但民众对少林寺的形象代言人一直没有一个清晰的概念，人们提及武当就会想到张三丰，少林寺在这一点上则显得极为苍白无力。虽然有达摩等代表人物，但少林寺却不能明确指出能够代表少林的精神人物，以至于人们提到少林，仅仅想到的是它的武术，对少林的精神与文化内涵则不能有深刻的感知与体会。这就极大地限制了少林品牌形象的传播以及少林品牌的精神品质的弘扬与传承。

四、案例点评

拥有着1500多年历史的天下第一刹少林寺，拥有深厚的历史文化底蕴，因一部电影《少林寺》，重新回到世人面前，并逐渐成长为一个具有强大号召力与影响力的强势品牌。在少林寺的发展与壮大过程中，不仅向人们弘扬与传承了拥有传奇色彩的少林功夫，更向全世界展示了少林在漫长的历史中所形成的特有精神与文化。少林寺特有的佛学、禅宗、武术、医学文化逐渐被全世界所认识与了解，并逐渐融入人们的生活。

少林寺的成功，不仅仅是少林文化的弘扬与传承，更是我国灿烂悠久的民族文化的创新彰显。它不仅增强了我国人民的民族自豪感，更让世界为中国的民族文化魅力所折服，从而促进了我国的国际形象的建立与提升，提高了中国的国际地位。

少林寺文化的对外传播为中国与世界的文化交融与碰撞提供了平台、架起了桥梁，在我国乃至世界文化产业发展过程中有着举足轻重的地位。与此同时，少林文化的发展不仅给少林寺带来巨大的经济与社会收益，更为当地经济的发展提供了众多商机；以武术产业与旅游产业为代表的第三产业，已成为登封市经济发展的支柱产业。并且，少林品牌的快速发展，更成为登封市吸引投资、引进项目的重要渠道，更增强了登封市的对外开放和知名度。

【案例3】 **深圳华侨城：中国主题公园产业化的先行者**

深圳华侨城，位于深圳华侨城杜鹃山，是华侨城集团兴建的大型主题公园。深圳华侨城充分运用现代休闲理念和高新娱乐科技手段，满足人们参与、体验的时尚旅游需求。华侨城主要景点包括：欢乐谷、锦绣中华、世界之窗、中国民俗文化村。

一、深圳华侨城的发展史

1989年9月，深圳华侨城的首个为展示中华民族光辉灿烂的五千年历史文化而建的我国首座微缩景观园区“锦绣中华”建成并对游客开放，引起了社会各界的广泛关注，吸引了大量游客，开放第一年的游客入园参观人数就超过了300万人次，仅用9个月就收回了投资成本，开启了我国主题公园开发的投资热潮①。

1991年10月，展现中国民族风土人情的旅游主题公园“中国民俗文化村”正式对外开放，再次掀起了旅游热潮，首年入园参观人数便超过400万人次，很快也收回了投资成本。1994年6月开业的“世界之窗”，表现世界悠久历史文化，首年接待游客数再创新高，突破了500万人次，一举跃进了当年全球旅游主题公园年入园游客人数排行榜的前15名。为了实现“提升华侨城整体旅游概念”的战略发展目标，1998年华侨城投资2.6

① 林曦屏、苏妮：《深圳占领全国主题公园游制高点》，载《南方日报》2009年7月10日。

亿元建成的以制造快乐为主题的“欢乐谷”在国庆节开始接待游客，短短几天就接待游客5万多人次①。

随着深圳华侨城旅游主题公园的逐渐发展壮大，华侨城先后在境内外成功组合上市，为华侨城的可持续发展创造了更好的条件与平台。2007年10月，深圳华侨城旅游度假区迎来了第1亿名游客，成为华侨城旅游发展历程中里程碑式的纪录②。

深圳华侨城的四大主题公园首开全国主题公园之先河，自1989年“锦绣中华”后，相继建成的“中华民俗村”、“世界之窗”和“欢乐谷”等主题活动项目，陆续向游人开放后，在我国的主题公园开发与发展史创下了无数第一，先后荣获首批“全国文明风景旅游区”、首批“国家5A级旅游景区”、首批“国家级文化产业示范基地”、首个“国家生态旅游示范区”等多项光荣称号，由此在全国掀起了主题公园开发建设的热潮。

经过20多年的发展，深圳华侨城主题公园已形成了独具特色的经营发展模式，形成了我国主题公园最完整的发展框架，国内同行业的众多经营者争相模仿。现如今，深圳华侨城主题公园不仅已成为著名的旅游品牌，是华侨城集团在旅游业方面的主打产品，并辐射全国，成为深圳旅游业的代名词。

二、深圳华侨城的成功经验

华侨城正以“处处是景观，人人是导游”为目标，努力将华侨城建成独具特色的、世界一流的旅游城。经过20多年的努力，已建成为一个现代海滨城区。城区旅游项目现已超过20个，形成了以文化旅游景区为主体，其他旅游设施配套为辅的旅游度假区。

（一）优越的地理位置

深圳地处珠江三角洲，是我国改革开放的窗口，毗邻我国经济最为发达的香港地区，拥有海陆空极为便利的交通运输网，成为经济贸易与人口流动最为频繁的地区之一。随着改革开放的不断深化，深圳吸引着全国乃至全世界的目光，它的区位优势越来越明显，逐渐形成了规模庞大的游客市场，为华侨城主题公园旅游项目的发展奠定了强大的客源基础。

（二）扎根民族文化，立足全球视野

深圳华侨城将开发重点放在中国传统文化资源的创造性开发之上，强调景点内在的文化内涵。“锦绣中华”与“中国民俗文化村”融入了浓厚的中华五千年的文化色彩，展现了丰富多彩的民族民俗文化底蕴。更重要的是，这两个主题公园创造了展示中国传统历史文化的全新形式与手段，提高了旅游景区的文化内涵，开辟了旅游产业发展的新形式。在此基础之上，又相继建成了展现世界历史文化的“世界之窗”与大型的现代游乐园“欢乐谷”两个主题公园，使国内游客在感知我国优秀民族文化的同时，更能与世界沟通，又为国外游客提供了充分认识中国了解中国的渠道与平台，国际化的景区与设施让众多国

---

① 王镜：《旅游产品创新系统的研究——以深圳华侨城为例》，陕西师范大学2001年硕士论文，第49页。

② 华侨城集团公司官方网站：http://www.chinaoct.com/category.aspx? NodeID=21，访问日期，2012-12-28。

外游客产生亲切感。

（三）品牌的宣传与维护

深圳华侨城实行品牌循序渐进式的创立策略，在1989年创建了具有代表意义的“锦绣中华”品牌及“中华腾飞龙”的品牌标志后，随后几年相继创立了“中国民俗文化村”品牌、“世界之窗”品牌的“五洲同庆”标志与“欢乐谷”品牌及“皮皮王”吉祥物，从而形成了具有集聚效应的系列主题公园旅游品牌及标志，构建出“中国旅游主题公园之都”的品牌形象。华侨城的品牌形象策划通过竞标形式，由专业的形象策划公司进行市场化运营，每年华侨城都投入大量的人力、物力、财力进行全方位、多角度的产品与形象品牌宣传。

（四）严格的质量要求与人性化的优质服务

为了打造品牌，华侨城主题公园对于景区的硬件与软件设施都作了严格要求，力求通过优质的景区环境与设施以及人性化的服务，为游客提供一个舒适的游览环境。华侨城自开始经营以来，就大量借鉴国外先进的管理经验，引入多个国际化标准，以保证不同景区的服务的专业化、规范化，同时制定了详尽明确的客户战略，将提供游客的满意程度作为景区管理和服务的最终目标，并将游客需求时刻放在第一位，始终贯穿于主题公园的设计、规划、建设和服务的全过程。此外，华侨城一改视服务为工作的传统做法，将服务提升为景区游览娱乐体验的一个组成部分，景区的工作人员成为能与游客进行互动的“景点”。

（五）成熟的人员管理战略

华侨城紧抓自身利益发展的同时也强调普通员工的利益实现，它的股份制结构十分注重员工个人股的分配，从制度上保证员工的利益，激发了员工的参与意识和主人翁精神。华侨城为调动员工的工作积极性与创造性，制定了一系列详尽的措施与办法，不仅明确了每位员工的职责以调动他们的工作主动性与积极性，更激发了员工的创造性，激励员工为景区的发展贡献力量。同时华侨城有一套层层考核的严格的人才选拔制度，使它拥有众多高学历与高水平的专业人才，不仅具有丰富的理论知识，更拥有多种实战经验，为景区的建设与产品的开发提供了技术与知识的人才保证。

三、深圳华侨城发展存在的问题

深圳华侨城的发展也存在一些发展上的问题：主题公园的形式被国内其他企业竞相模仿，再加之文化底蕴不足，导致自身的特点被弱化；独立经营的管理模式也造成了资源的浪费和不必要的竞争。

（一）同质化现象严重

华侨城主题公园作为我国第一个真正意义上的主题公园，其先发优势为企业带来了巨大的经济效益与社会效益，在全国率先树起了主题公园旅游品牌。但是其高投资回报率与社会效应也引发国内众多企业竞相模仿与复制，同类型的主题公园比比皆是，从而对华侨城的独特优势与吸引力构成了严重威胁。如何在众多同类型的主题公园中保持先发优势，就成为华侨城目前急需解决的首要问题。

（二）分散经营导致内部竞争加剧

虽然华侨城的四大主题公园集聚在同一空间中，形成了极强的整体优势与规模效应，但是也不可避免地造成了游客分散的情况出现。更为严重的是，四大主题公园隶属于三家不同公司的管辖，实行独立经营的组织管理模式，不仅造成了经营管理成本的提高，也造成了内部的竞争加剧，影响了华侨城整体形象与利益的提升以及综合实力的增强，不利于品牌形象的树立与维护。

（三）四大景区的主题表现力与创新力有限

虽然四大主题景区的主题独具特色，每一项都蕴含丰富的个性含义，但是作为人造景观，大范围地还原古代特色建筑与优秀文化，却又造成景区的主题中心与核心思想的缺失，景观文化内涵粗浅，文化主题表现疲软，而景区民族歌舞表演大多与其他景区的表演重合，难有新意而使游客产生审美疲劳感，使景区的观赏性下降，震撼力与感召力较弱。

四、案例点评

深圳华侨城主题公园创造性地通过引进国外新颖的主题公园表现形式，来展现中华民族优秀传统文化，从而使其具有了鲜明的个性特点与先发优势，并在全国开创了主题公园建设的先河。

华侨城在结合自身特点与发展实际情况的基础之上，创办富有民族特色的主题公园旅游区，成功探索出一条将民族文化资源转化为产业创收资本的发展之路。立足于民族文化并创造性地跳出传统的思维模式，将古典与时尚完美融合，使传统文化与现代文化成功对接，让中国文化与世界接轨，实现了不同文化间的交流与碰撞。向全世界弘扬了我国灿烂悠久的民族文化，为全世界认识和了解中国文化以及中国人民感受世界文明提供了畅通渠道。

深圳华侨城为如何在接受现代文化中弘扬传统文化，并让中国文化走向世界的探索作出了重要贡献，而这种以弘扬中华民族文化为己任，并有效利用传统文化资源发展现代产业的创举，更应为中国更多的文化产业企业所学习，使我国文化产业的发展迈向新的阶段。

【案例 4】 大唐芙蓉园：触摸历史的皇家园林

大唐芙蓉园位于古都西安大雁塔之侧，是中国第一个全方位展示盛唐风貌的大型皇家园林式文化主题公园。修建于原唐代芙蓉园遗址上，重新展示了大唐盛世的灿烂文明。全园景观分为 12 个文化主题区域，从帝王、诗歌、民间、饮食、女性、茶文化、宗教、科技、外交、科举、歌舞、大门特色等方面全方位再现了大唐盛世的灿烂文明。

一、大唐芙蓉园的形成过程

为了挖掘、展现古城西安深厚的历史文化底蕴，促进旅游开发，1996 年，陕西省和西安市政府报请国家有关部门批准，在唐代曲江遗址上设立曲江旅游度假区，策划、启动了以周、秦、汉、唐历史文化为题材的取名为“长安芙蓉园”的大型主题公园，但由于时机不成熟，并没有实施。2002 年，曲江管委会决定重启“长安芙蓉园”项目，对其定位和文化主题进行了重新审定。2003 年 4 月，定位为中国第一个全方位展示盛唐风貌的大型皇家园林式文化主题公园改名为“大唐芙蓉园”，项目建设全面展开。

建于西安市原唐代芙蓉园遗址以北的占地1000亩的大唐芙蓉园，总投资13亿元，以“走进历史、感受人文、体验生活”为宗旨，是集体验观光、休闲度假、餐饮娱乐为一体的旅游人文景观，保存了唐代古建筑的原貌，成为西北地区浓缩盛唐文化的最大文化景区；它是首个集视觉、听觉、嗅觉、触觉、味觉于一体的主题公园，从而全面满足了各类游客的体验与消费需求，被称为“国人震撼，世界惊奇”的不可不游的旅游胜地。

2005 年 4 月 11 日，大唐芙蓉园正式对外开放，当年“五一”黄金周的接待游客量就达28.3万人次，创下了当年中国主题公园游客人数的最高纪录。2006 年，获得“中国西部亿万读者喜爱的文化娱乐品牌”和“陕西省最具公信力广告品牌”的殊荣。大唐芙蓉园以其独具特色的旅游文化逐渐在竞争异常激烈的旅游市场中脱颖而出，在全国乃至世界迅速打响知名度，吸引了大量国内外游客。①

二、大唐芙蓉园的成功经验

大唐芙蓉园定位为“盛唐文化之旅”，突出了文化特色。凭借成熟的策划和开发加上政府的大力支持，让大唐芙蓉园吸引了大批游客前来游览观光。园中富含地方特色和文化底蕴的景点，为大唐文化的传承和推广作出了贡献。

（一）政府的大力支持

为了开拓大唐芙蓉园的市场，西安市政府不仅投入了大量的人力、物力、财力来建设大唐芙蓉园，对芙蓉园的宣传、接待、组织节庆活动乃至公共交通的安排，都制订了详细计划并妥善安排。同时更以政府的权威性与信誉作担保，积极为扩大大唐芙蓉园的知名度与号召力，做了大量的工作，从而打消了游客对于新生人文景观旅游景点的观赏性与游览价值的疑虑，成功吸引了大量游客来此旅游。

（二）准确的文化定位

西安作为我国古代经济、政治、文化最繁荣与发达的朝代——唐朝的国都，拥有众多盛唐的历史遗迹与文化积淀。凭借西安悠久的历史背景与浓厚的文化积淀，并在著名的唐朝皇家园林——芙蓉园的基础上修建而成的大唐芙蓉园，其文化优势显而易见。大唐芙蓉园“全方位展示盛唐风貌的大型皇家园林式文化主题公园”的文化定位，从一开始就吸引了旅游者的注意力，从而在旅游消费者心理上获得了先天的优势。

（三）细化的市场定位

大唐芙蓉园在芙蓉园遗址的基础上，继承与发扬了盛唐时期的建筑风格与文化气息，并以精品化、国际化的标准进行筹备、包装与宣传，使园内大到景观小到细节都力求完美，为游客提供了极具观赏价值和游览价值的旅游景观。同时，大唐芙蓉园在旅游高峰期，安排了众多文物鉴赏、风俗介绍、字画展览等丰富多彩的主题活动，让游客参与到不同寻常具时尚性与体验性的民俗娱乐活动中，在给游客带来欢乐的同时，更能深切认识和体会唐代文化。

---

① 邵兵：《大唐风情，芙蓉盈满天》，载《销售与市场》2008 年第 5 期。

（四）完整成熟的宣传与营销

大唐芙蓉园充分利用各种途径宣传造势：在省内，通过与邮政局、与客运公司合作，对每位报纸订户、乘客进行宣传，加深游客的感知度；在省外，则通过电视、电台与网络等媒体相结合的宣传方式，扩大观众对大唐芙蓉园的认识与了解；对国外市场，则选择在日本、韩国、泰国、新加坡等周边国家以系列宣传片与真人演出的形式进行宣传。此外，大唐芙蓉园还通过参与各种旅游博览会、旅游推介会，与相关企业签订一系列旅游合作协议，经常组织各类公益性活动，成为媒体与民众关注的焦点与热点，树立了良好的品牌形象，提升了自己声誉与号召力。

三、大唐芙蓉园发展中存在的问题

大唐芙蓉园毕竟是人造仿古建筑类主题公园，并不具有真正的历史价值，造价高导致的高票价拉远了大唐芙蓉园与普通民众的距离。此外，观赏性景点太多，也容易让游客感到疲惫。

（一）竞争优势不明显

虽然大唐芙蓉园定位为“全方位展示盛唐风貌的大型皇家园林式文化主题公园”，但作为一个人造仿古建筑类主题公园，虽然园内风景秀丽，建筑古香古色，游客置身之中也仿佛回到大唐盛世，为之惊艳叹服；但与周边的大慈恩寺、青龙寺、陕西历史博物馆等历史景观与景点相比，后者本身具有的真正的历史价值，是文化积淀很深的唐代历史遗迹与文物，大唐芙蓉园的历史与文化价值感就显得较为苍白空洞，竞争力不足。

（二）门票昂贵，缺乏大众化基础、市场忠诚度低

大唐芙蓉园的门票价格较为昂贵，无法满足不同游客的消费需求，特别是中低收入的游客群体，往往会因为昂贵的票价而放弃进园参观。虽然园内的园林建筑极具唐代特色，能够体验唐代文化，但游客的重游率却很低，很少有游客重游，即使有对园区产生浓厚兴趣的游客，希望能够重游园区，往往也因为昂贵的票价而却步。

（三）游客参与性低

游客在游览主题公园，除了要求有较高的观赏性外，更注重在主题公园中的休闲娱乐活动，要求主题公园具有较高的参与性与体验性。大唐芙蓉园虽然具备了充分的观赏价值，但是充满娱乐性与参与性的活动却不多，水幕电影、《梦回大唐》的演出和仅有的民俗娱乐活动也以观赏为主，体验性不足，无法满足游客的参与心理，容易导致游客产生审美疲劳，游园兴致下降。

四、案例点评

大唐芙蓉园依托西安悠久的历史文化和宝贵的历史遗产，充分利用西安丰富的唐代历史文化资源优势，以“全方位展示盛唐风貌的大型皇家园林式文化主题公园”的定位，积极创造旅游新景观与新热点，以全国乃至世界为目标培养旅游消费市场，根据市场与消费者的需求变化，及时对营销策略与手法作出调整与创新，制定恰当的品牌策略，以正确的方式方法进行品牌推广，成功成为集观赏性、知识性、娱乐性于一体的享誉国内外的旅游品牌。大唐芙蓉园在当今竞争激烈的旅游市场和文化资源景观经营惨淡的背景下，能够

脱颖而出取得成功，不仅得益于它准确的项目定位，更得益于它的科学成熟的市场宣传与营销体系。

大唐芙蓉园不仅向世人再现了中国历史上最辉煌的朝代——唐朝的历史与文化，给民众提供了感受唐朝灿烂辉煌的文明、体验唐朝悠久厚重的历史文化的机会；为西安创造了新的旅游资源，丰富了西安的旅游文化；给西安带来大量的旅游收益，扩大了西安的知名度，提升了西安的城市形象。从这个角度来讲，大唐芙蓉园对整个历史文化旅游业和西安的发展都有着重要意义。

思考题

1. 谈谈迪士尼乐园对于我国主题公园建设的启示。
2. 分析我国目前主题公园同质化现象的原因。
3. 试论如何更好地体现旅游景区的文化内涵。
4. 谈谈我国旅游产业应如何创新。

第七章　文化创意项目策划与管理案例

一个成功品牌文化的打造，能带来无穷无尽的效益回报，品牌的价值是无穷的，而将文化赋予品牌是让品牌价值提升并经久不衰的重要因素。当今社会出现了很多成功的文化创意项目，许多城市将文化创意产业作为本地经济支柱产业的目标也正在逐步形成。

第一节　概论　中国文化创意项目策划现状及发展趋势

文化创意产业是文化产业的新发展，一般是指那些"源自个人的创造力、技能和天赋，通过知识产权的开发和运用，具有创造财富和就业潜力的行业"，市场前景十分明朗，盈利空间也非常广阔。全球创意产业创造的财富已大大超过制造业，成为世界经济增长的主要动力。同时，文化创意产业还是一类低能耗、高产出的新型绿色产业，在人口众多、资源相对不足的中国，发展文化创意产业无疑会大大减轻因发展经济而给资源储备带来的压力，同时也能极大地满足中国人民不断增长的精神文化需求。可以说，中国发展文化创意产业，完全符合中国的国情需要。

一、中国文化创意产业的发展现状

2000 年我国提出文化产业的概念，开始发展文化创意产业，经过十余年的发展，我国的文化创意产业发展迅速，发展规模越来越大，发展范围从最初的几个大城市如北京、上海辐射到全国各大主要城市，文化创意产业涉及越来越多的行业。2011 年中国文化创意产业规模达到 10.75 亿元，逐年大幅度攀升，增速明显高于电子信息等领域的增长速度，几年来平均年增长率达 26.1% 以上。北京、上海、广东、湖南、云南等省市的文化创意产业增加值占 GDP 的比重已经超过 5%，成为区域经济的战略性支柱产业①。文化创意产业对国民经济发展的贡献率不断上升，促进作用日益强大。但相比欧洲的平均占 GDP 的比重 10% ~15%，中国的文化创意产业还相对落后，发展潜力巨大。

（一）国内各城市文化创意产业发展现状

近年来，上海、北京、深圳、杭州、长沙、成都等地积极推动文化创意产业的发展，已经建立了一批具有开创意义的文化创意产业基地。

1. 上海

上海是中国文化创意产业发展最为迅速的地区。2011 年，上海文化创意产业从业人

① 赛迪顾问股份有限公司:《2011—2012 年中国文化创意产业发展研究分析》，http://www.doc88.com/p-584429761666.html，访问日期，2012-12-28。

员118.02万人，实现总产出6429.18亿元，比上年增长16.9%；实现增加值1923.75亿元，比上年增长13%。此外，文化创意产业对上海经济增长的贡献率达到15.5%①。在上海文化创意产业中，软件与计算机服务业、建筑设计、咨询服务业经济规模较大。2010年上海世博会的举办，为上海市文化创意产业的发展提供了良好契机。文化创意产业成为上海经济发展的重点，将用20年时间建成全球最有影响的创意产业中心之一。

2. 北京

北京创意产业起步虽晚但进展很快，北京市政府的发展目标是：到2020年，把首都建设成为在国内发挥示范带动作用、在国际上具有重大影响力的著名文化中心城市，成为全国文化精品创作中心、文化创意培育中心、文化人才集聚教育中心、文化要素配置中心、文化信息传播中心、文化交流展示中心。发挥好首都文化中心的表率引领作用、辐射带动作用、提升驱动作用、桥梁纽带作用、荟萃集聚作用。为了支持文化创意产业的发展，2006年年底，北京市首批认定了10个文化创意产业集聚区，包括：中关村创意产业先导基地、北京数字娱乐产业示范基地、国家新媒体产业基地、中关村科技园区雍和园、中国（怀柔）影视基地、北京798艺术区、北京DRC工业设计创意产业基地、北京潘家园古玩艺术品交易园区、北京宋庄原创艺术与卡通产业集聚区和中关村软件园。这些集聚区对全市文化创意产业的发展起到了积极的引导、促进和示范作用。第二批11个北京市文化创意产业集聚区2008年4月授牌，其规划定位科学，产业特色鲜明，具有一定产业规模，管理和运营比较完善。从2005年至2010年，北京市文化创意产业年均增速高达20.3%，占北京生产总值比重从9.7%提高到12%，成为北京服务业中的第三大支柱产业②，领跑首都经济发展。2011年北京的文化创意产业产值超过9000亿元。

3. 深圳

进入新世纪，深圳市政府着力打造文化产业，先后举办了六届国家级的“中国国际文化产业博览会”，要把文化产业打造成继高新技术、物流和金融之后的第四个支柱产业，并建设了大芬油画村、华侨城创意产业园、宝安西乡国际摄影产业基地、大望文化高地、雅昌艺术馆等文化创意产业基地，发展势头良好。目前深圳的创意产业主要包括由设计而衍生的系列产业，印刷、动漫、建筑、服装等。深圳将建设成为国内文化产业发展中心城市和先锋城市之一。到2020年，深圳的发展目标是：文化产业总体实力和核心竞争力大大增强，文化产业增加值占本地GDP的11%左右，成为举足轻重的支柱产业。

4. 其他

目前，国内其他几个城市也具有较好的产业基础。如长沙、杭州、广州、成都等。长沙的创意产业基础较好，长沙娱乐电视业发展前景良好，如长沙卡通艺术节、金鹰卡通频道，都说明长沙的创意城市特色有着独特的地位。杭州创意产业的标志是该市最大的设计联盟——LOFT49，这片运河边近万平方米的旧厂房汇聚了17家艺术机构。

---

① 上海市文化创意产业推进领导小组办公室：《2011年上海市文化创意产业发展报告》。

② 张景华、杜弋鹏：《北京文化创意产业年均增速20%占生产总值12%》，载《光明日报》2012年1月8日。

（二）中国文化创意产业存在的问题

中国的文化创意产业是新兴的产业，还没有形成完整的产业链，尤其是优质的创意文化产品尚不充足，市场竞争尚不充分，甚至出现产业泡沫。一些地方政府不从当地实际条件出发，盲目建立文化创意产业论坛、园区，以至于规划和园区的同质化倾向比较严重，造成了资源的严重浪费。

1. 盲目跟风，急功近利

文化创意产业是新兴的高端、高效、高知识、高文化、高技术产业，是科学技术与文化艺术的有机结合。只有当本地经济达到一定的水平时，立足本地文化，挖掘本地特色，才能通过发展文化创意产业促进本地经济的发展。有些地方发展创意产业的条件还不成熟，盲目跟风，花费巨资和大量土地建立大型产业园区，又没有大量创意企业入驻，不仅不能促进本地经济的发展，反而成了本地发展经济的负担。

2. 创意人才极度匮乏

文化创意产业是典型的以人为本的现代经济发展模式，人才是创意产业的灵魂。中国文化创意产业发展的瓶颈是创意人才的极度匮乏，我国创意产业人才总量、结构、素质还远不能适应产业发展的需要，急需大力引进和培养。其中急需两大类人才：既通晓创意产业内容又擅长经营管理的管理者；灵感迸发、创意迭现的创作者。

3. 创意产品缺乏文化深度

在全球化的今天，我国文化创意产业面临着一个巨大的历史课题，就是如何把华夏五千年灿烂的文明变成实实在在的生产力，从而在全球经济文化竞争中产生巨大的竞争力。依托优秀文化的渗透力可以使产品的辐射力得到空前增强，驱动经济的迅速发展。但在这方面，我们的创意产品缺乏文化深度。

4. 侵犯知识产权现象严重

知识产权是创意产业的生命线，但目前国内创意文化行业中侵犯知识产权的事件屡见不鲜，知识产权得不到有力的保护会严重影响文化创意产业的发展，保护创意文化企业的知识产权是文化创意产业顺利发展的关键。

5. 创意园区存在诸多问题

近年来，中国各地在文化创意园区的建设中，出现了重复建设、同质化竞争、资源浪费等问题。京沪两地众多的创意产业园区，或由政府大力推动，或由企业摇身演变而来，园区规划多集中在硬件和形象建设上，诸如商业模式、发展方向、园区定位等问题仍没有深入细化。随着各大城市房地产业的高速发展，创业园区的租金日渐高企，如上海卢湾区8号桥园区的日租金已达每平方米7元，园区内许多知名企业纷纷外迁，制约了文化创意产业的发展。

二、中国文化创意产业的发展趋势

由于受到政府的大力支持，中国的文化创意产业正在蓬勃发展。在看到喜人成绩的同时，应该进行理性的思考，看到成果与问题同在，机遇和挑战并存。

（一）加强宏观指导，加大政策扶持

政策扶持是文化创意产业发展的有力保障，政府还要加大力度，针对当地创意产业的特点和存在问题，制定适合创意产业发展的政策，避免政策出现盲目性和无针对性的现象。如制定长期稳定的发展策略，制定配套的法律法规，促进市场监管，合理规划文化创意产业聚集区，提供文化创意产业发展服务平台，提供创意产业发展的基础设施和配套设施，保护文化创意产业的健康发展。

（二）立足民族文化，充分挖掘开发创意产品

文化创意产业是立足于传统文化基础之上的，传统文化是文化创意产业的根基源泉。中国几千年丰富的文化资源宝库，却因缺乏好的创意和包装，致使很多资源都处于闲置中，甚至为他人所利用。日本游戏公司大规模将中国古典名著申请注册为游戏产品商标，《西游记》、《孙子兵法》、《天仙配》在未来几年都将变成好莱坞大片。我国的文化创意产业必须立足于传统文化，结合高科技来创新和发扬光大，才能创造出在国际市场上有竞争力的创意产品。

（三）培养创意人才，鼓励创新

创意人才是发展创意经济的核心竞争力，既包括处于产业链上游的创意设计人员，也包括处于产业链中下游、擅长将作品产业化的经营管理人才。人才培养要面向创意经济主战场，加强对创意人才特别是高端人才、复合型人才、营销人才的引进，不拘一格选用人才；设立针对性的教育培训机构，加快对创意产业专门人才的培养，培养出立足本土同时又有国际视野的文化创意产业人才；同时要做好创意产业企业员工队伍的培训工作，大力提高员工的整体素质。与此同时，要完善人才评判标准及使用机制，形成激励人才发挥创意才智的氛围。

（四）健全知识产权保护制度

知识产权保护是文化创意产业持续、快速、健康发展的重要保障。文化创意产业是以知识、产权为核心的产业，它的易复制性使文化创意产业相对于传统产业来说风险更大、成本更高。只有实施比传统产业更为严格的知识产权保护措施，才能为文化创意产业营造良好的外部环境。在文化创意产业发展的过程中，加强知识产权开发、加大知识产权保护、严格知识产权管理、促进知识产权交易（贸易）是文化创意产业健康、快速发展的根本举措。

（五）扩大投融资渠道，加大资金投入

文化创意产业要发展，资金投入是重点。我国目前文化创意产业投资主体仍相对单一，以政府投资为主。可借鉴韩国、中国香港等地的做法，建立各种科技研发基金、文化创新基金、创业投资基金，搭建创意产业化平台，营造一个成本低、信息灵、效率高的投融资环境，促进企业、民间、外商对我国文化创意产业投资的积极性，形成“谁投资，谁受益”的产业化运作机制，搭建创意产业化的平台，营造有利于文化创意产业发展的投资环境，从而积极推动文化创意产业的发展。

第二节　品牌营销类创意案例

品牌营销，是通过市场营销使客户形成对企业品牌和产品的认知过程。利用品牌符号，让社会公众将企业形象印在心里，从而对该品牌的产品产生良好印象，使消费者选择

消费时认这个产品，投资商选择合作时认这个企业。一个知名品牌在社会上的诞生需要多种因素和机遇，准确的市场细分和受众定位、品牌的文化赋予和包装宣传是品牌营销成功的重要因素。

【案例1】 孔子学院：对外传播中华文化的摇篮

孔子学院，并非一般意义上的大学，是推广汉语和传播中国文化与国学的教育和文化交流机构，是一个非营利性的社会公益机构，一般下设在国外的大学和研究院之类的教育机构里。孔子学院最重要的一项工作就是为世界各地的汉语学习者提供规范、权威的现代汉语教材；提供最正规、最主要的汉语教学渠道。它已成为推广汉语教学、传播中国文化及国学的全球品牌和平台。

一、孔子学院的发展过程

随着全球化的发展以及中国国际影响力的不断提升，为了满足国外"汉语热"、"中文热"的持续升温，为了向全世界推广汉语和国学的教育，更好地传播中国文化，中国教育部和国家对外汉语教学领导小组（现国家汉语国际推广领导小组），从2002年开始酝酿在海外设立语言推广机构的计划，并于2004年3月，由中国国务委员陈至立将中国设在海外的非营利性汉语推广机构正式定名为"孔子学院"。之所以选择孔子作为汉语教学的品牌形象，是因为孔子是中国传统文化和思想的代表人物，也标志了中国传统文化的复兴。

2004年6月，第一所签订合作协议的乌兹别克斯坦塔什干孔子学院举行了协议签字仪式，当时正在该国进行友好访问的中国国家主席胡锦涛亲自出席了签字仪式。2004年11月，韩国首尔孔子学院挂牌成立，它是全世界首家正式挂牌成立的孔子学院。

孔子学院总部于2007年4月9日在北京正式挂牌，境外的孔子学院都是其分支机构，主要采用中外合作的形式开办，已初步形成了中外高校合作、中外政府合作、外国企业与中方合作等多种建设孔子学院的模式。《孔子学院章程（试行）》和《孔子学院中方资金管理办法（暂行）》正式发布实施，规范了孔子学院的发展。

截至2010年10月，全球已建立322所孔子学院和369个孔子课堂，共计691所，分布在96个国家（地区），其中以美国及欧洲最多，成为推广汉语教学与传播中国文化及国学的重要平台，并形成了著名的全球品牌。孔子学院在全球如雨后春笋般发展壮大，向世界宣示了中国未来向世界出口的最有影响力的产品不是衣服鞋子彩电汽车等有形物而是中国文化。

二、孔子学院的成功经验

孔子学院在世界各地生根发芽，为发展中国与世界各国的友好关系，增进世界各国人民对中国语言文化的理解，为各国汉语学习者提供方便、优良的学习条件起到了重要作用。孔子学院秉承孔子"和为贵"、"和而不同"的理念，旨在推动中国文化与世界各国文化的交流与融合，建设一个持久和平、共同繁荣的和谐世界。

（一）中国国际影响力的大幅提升，催发全球“汉语热”

21世纪以来，随着中国国际地位的显著提高，与各国的经济贸易文化交流日益广泛与深入，汉语的普及度与影响力明显扩大，全球学习汉语的人数一年比一年多，全球范围内的“汉语热”、“中文热”不断升温。美国政府已把汉语列为战略语言之一，并拨款鼓励民众学习汉语，美国也成为目前海外孔子学院开办最多的国家。中国政府必须加强与扩大汉语言文化的国际化推广工作，这样才能促进与各国人民的友好往来，满足国外不断增强的汉语学习热潮的客观要求。

（二）政府机构的大力扶持

孔子学院从初步筹划到试行开办到繁荣发展，与政府的大力扶持分不开。众多国家领导人都曾在出国访问期间出席孔子学院的协议签字仪式或挂牌仪式，用实际行动表达了对孔子学院的高度重视和大力支持。同时，国家汉办实施的“国际汉语教师中国志愿者计划”与“国际汉语教材评选活动”，为海外孔子学院输送了大批优秀的国际汉语教师与优质教材。更重要的是，海外孔子学院得到了所在国政府、高校和机构的高度重视与大力扶持，国内许多知名大学也接受国家汉办的委托，积极与国外大学合作创办孔子学院，促进孔子学院的持续发展。

三、孔子学院发展中存在的问题

孔子学院在全球建立的过程中，也出现了一些问题。不顾实际情况盲目投资建立，造成了人力物力资源的浪费。总体资金投入不足，师资和各类硬件软件的缺乏，也严重妨碍了孔子学院的发展。

（一）市场需求调查过于粗浅

在“汉语热”以及其他国家孔子学院快速成立的影响下，一些国家和地区在没有对本地需求市场进行充分调查的情况下，就盲目建立孔子学院。而中国国内对于国外需求市场的了解主要来自于国外合作方的调查，因此对各国的差异与需求没有准确地把握，结果造成孔子学院在运行过程中出现了资金不足，师资、生源缺乏，教材脱离实际等各种问题，使孔子学院难以顺利运行下去。

（二）经费投入不足

在全世界设立孔子学院宣传与推广汉语与中国优秀文化作为一项国家民族的事业，国家财政的支持显得尤为重要，但是目前中国对孔子学院的投入仅有六七千万元人民币，必要办学经费的欠缺将孔子学院的发展与推广带入一个极为尴尬的境地，严重妨碍了孔子学院的发展与汉语言文化的推广。

（三）各种软件设施欠缺

随着世界各地孔子学院的繁荣发展，师资力量不足的问题越来越突出，不论是教师的数量还是参差不齐的教学质量，都不能满足孔子学院快速发展的需要，一些教师存在普通话不标准、基础理论知识欠缺与教学方法不当等问题。同时，由于中国与各国在语言文化、风俗习惯等各个方面存在极大的差异，教材编写过程中遇到很大的困难，对外汉语教材也出现了选题重复、质量良莠不齐等问题。

（四）国外媒体的负面报道

近年来，“中国威胁论”的言论不断扩大升级，而孔子学院在全世界范围内大量成立并发展，更使西方一些人士和媒体在震惊之余开始恐慌。甚至出现了“孔子焦虑症”。国外一些媒体出现一些歪曲孔子学院的办学目的，对中国及中国文化的敌视的文章，将孔子学院视为中国向外输出意识形态和政策的平台、进行文化渗透的工具、洗脑的机构。

（五）内部协调存在问题

一些学校虽然成立了孔子学院，却没有将原先开设的汉语学分课程或汉语学位专业课程与孔子学院的教学相融合；在为本校的汉语教学与中国文化研究提供了更多的资源与经验的同时，却使孔子学院在合作校方的校内的汉语教学与推广的活动步履维艰。

（六）汉语学习人数未能与学院建立速度同比增长一些

目前孔子学院在世界各地设立的速度发展很快，远远超过了预计速度，但在繁荣背后却是学习汉语人数的低迷。即使学习汉语的人数在不断增多，但是与学习其他第二外语的人数相比，汉语学习的人数并不乐观。

四、案例点评

为满足“中国热”、“汉语热”和世界各国迫切希望了解中国的需要，孔子学院如雨后春笋般，在世界范围内不断建立并得到繁荣发展。短短几年，就在不同国家与地区设立了几百所孔子学院（课堂），发展前景一片大好。

更为可贵的是，中国在世界范围内推广汉语言文化的过程中，不带任何意识形态的政治色彩，始终坚持孔子的“和为贵”与“和而不同”思想理念，来推动中外的文化交流与互动，以建设一个持久和平、共同繁荣的和谐世界为宗旨，与中国的和平外交政策相吻合。

虽然目前孔子学院在发展的过程中出现了一些问题，这是一切新生事物在复杂环境中发展不可避免的，只要我们能够正确对待并根据实际情况加以改进，以教授汉语和传播中华文化为宗旨的孔子学院，必定能为世界各国人民学习汉语和中国光辉灿烂的悠久文化的传承提供更好的服务与平台，为中国与世界交流和互动架起沟通的桥梁。

随着孔子学院在全世界的推广与发展“和为贵”理念，不仅能够扩大中国与世界各国的经济、文化等各方面的交流与合作，更能为维护世界和平，促进各国人民的相互理解、友谊和合作上作出更多的贡献。

【案例2】　新东方：不断创造价值的教育品牌

新东方教育科技集团是我国外语教育培训机构的第一品牌，学外语去新东方已成为每个中国学生下意识的选择。尤其是新东方最具盛名的北美留学部，将数以万计的莘莘学子送入了心仪的国外大学。“从绝望中寻找希望，人生必将辉煌”的新东方精神，更是激励着无数有志青年艰苦奋斗去追求人生理想。

一、新东方品牌的形成过程

成立于1993年11月16日的新东方教育科技集团，经过近20年的发展，已成为一家以外语培训和基础教育为核心，并拥有短期语言培训系统、基础教育系统、职业教育系统、教育研发系统、出国咨询系统、文化产业系统、科技产业系统等多个发展平台，集教育培训、教育研发、图书杂志音响出版、出国留学服务、职业教育、新东方在线教育、教育软件研发等于一体的大型综合性教育科技集团，是目前中国大陆规模最大的综合性教育集团。新东方品牌2010年度《中国品牌500强》排行榜中排名第94位，品牌价值达64.23亿元①。

1993年11月16日，俞敏洪创办了北京市新东方学校，从最初的几十个学生开始了新东方的创业。到2000年，新东方学校已占据北京80%、全国50%的出国培训市场，年培训学生20万人次②。

1996年创办新东方出国咨询服务中心，现已发展成为新东方前途出国咨询有限公司，为无数新东方学员提供了出国留学和移民咨询服务。

1999年3月新东方职业教育成立，遵循“企业全面参与”的课程设置原则，结合各大IT企业的需求培养人才。目前，其教学质量和师资力量已走在了IT培训行业的最前端。

2000年，成立东方人投资有限公司，向教育产业化运作迈进了一大步。

2000年9月，北京明日东方科技有限公司成立，新东方进军教育软件领域，主要从事英语教育软件的研发与推广，为用户提供高效、趣味、专业的英语软件教学产品。

2000年12月，新东方与联想集团合作成立了联东伟业科技发展有限公司，并创立新东方教育在线，进入远程教育领域。新东方在线致力于以外语培训为主、以多种职业考试培训为辅的在线教育服务和远程培训服务，截至2003年10月，其网络课堂正式学员已超过30万人，在国内非学历远程教育领域居于领先地位。

2001年，新东方教育科技集团成立，新东方步入国际化、多元化的教育集团发展阶段。

2003年5月16日，北京新东方大愚文化传播有限公司正式成立，新东方正式进入外语图书与杂志出版领域，主要从事图书、期刊、音像的编辑、出版、发行及零售业务，为广大读者提供高质量的基础教学产品和服务。

2003年9月，以“打造中国基础教育的名牌”为办学目标的北京新东方扬州外国语学校正式开学，作为集团第一所国际化的基础教育机构，它的创建标志着新东方已成功登陆基础教育领域。目前在此领域新东方有2所基础教育学校、2所高考复读学校、2所幼儿园。

2004年5月新东方教育科技集团北美分公司成立，作为新东方全球战略运作的基石，北美分公司的业务不仅涵盖新东方传统应试培训项目，还包括汉语培训、国际学院、留学发展咨询及出版发行等项目。

---

① 数据来源：《目前投资教育培训行业口碑好有市场》，内蒙古新闻网—财经频道（2012-10-25），http://economy.nmgnews.com.cn/system/2012/10/25/010854888.shtml。

② 张然：《俞敏洪：新东方是这样成长的》，人民网（2001-09-08），http://www.people.com.cn/GB/paper53/4183/486618.html。

经过近20年的奋斗，新东方学校已成为中国出国考试培训、国内考试培训、基础英语、中学英语、少儿英语、多语种培训、IT教育等领域规模最大最有声望的教育培训基地，截至2012年6月，新东方已经在全国49个城市设立了54所学校、7家产业机构、47家书店以及500家学习中心，累计培训学员近1500万人次。各地新东方学校均采用统一的品牌、统一的师资调配、统一的基础教材、统一的授课质量、统一的投诉系统、统一的教学服务、统一的教学管理制度，从而保证了各地新东方学校能够为所有学员提供最高水准的教学和服务。

2006年9月7日，新东方教育科技集团在美国纽约证券交易所成功上市，成为中国第一家在美国上市的教育机构。

二、新东方成功的经验

新东方的成功，除了抓住时代机遇打造出国外语培训这一核心竞争力之外，以新东方精神为代表的新东方企业文化的成功打造，是让新东方在教育培训机构中立于不败之地的根本原因。新东方从一家小小的外语培训机构成长为在美国纽约证券交易所上市的大型综合性教育科技集团，与企业成功的策划管理密切相关。

（一）与时俱进，适时调整战略决策

新东方在成立之初就深刻认识到，要想脱颖而出，不仅要根据自身特点打造品牌，更要与时俱进，时刻紧跟时代潮流，及时根据市场和企业需要对经营战略做出调整。因此，新东方在成立之初，针对当时的留学大潮而致力于出国培训，并将大量精力投入到师资力量建设上，形成了一支高质量高水平的教师队伍，难以为对手所超越，从而逐步形成了新东方的教育品牌。而在新东方逐渐发展壮大之时，以出国与英语培训为依托，开始向其他业务领域扩展，提供更加多样化的服务，逐步形成了现在的大型综合性教育科技集团。新东方发展的每一个阶段，都在正确评估自身实力与特点的基础上紧紧把握住了时代的脉搏，不仅注重创新思维，更及时调整发展战略，扩大自己的教育品牌版图，始终领先于同类教育机构与企业。

（二）以生为本，时刻把握教育的关键因素

不论新东方的发展经营战略如何调整与变更，都始终把学生放在第一位。专业设置和教育计划时刻围绕学员的实际需要，不论是各类考试的培训、职业教育还是中介与咨询服务，都针对学生与市场的实际需求来设置；选聘优秀教师，强调课堂互动，鼓励新颖实用的教学理念和方法创新，都是为了让学生能在轻松幽默的氛围下学到实用的知识；帮助年龄身份不尽相同的学生将知识融会贯通，注重学生人生观、价值观的树立，帮助学生学会规划设计自己的人生；注重教学设施的完善，为学生提供更为舒适的学习环境，其始终将学生放在第一位的做法加强了学生的忠诚度，保证了生源的稳定。

（三）人才机制，打造优秀的专业师资队伍

新东方在吸引人才方面，充分挖掘每个教师员工的特点和各自擅长的科目，并始终贯彻多劳多得、能者多得的薪资制度，坚持在实现企业发展的同时也实现员工的职业梦想。对教师实行评分体制，强化教师的独特魅力，真正由学员来决定教师的去留。所以新东方的老师不仅拥有积极的教学态度，更时刻注重教学质量的提高，保证了教学质量这一吸引

学员的最佳筹码。正是有了优秀的教师与员工队伍，才推动了新东方不断向前发展。

（四）规范化管理，建立现代企业制度

新东方大量引进海外归来的管理人才，同时注重员工队伍的培养，从而在中外文化理念与管理思想的激烈碰撞和磨合之下，建立起了崭新的并适合新东方发展壮大的管理制度与策略，并进行不断的完善。新东方的管理理念、管理制度、管理方法早已经超越了一般学校的管理，逐步建立起现代企业制度，成长为一家用美国上市公司标准衡量的现代企业。

（五）优秀的企业文化烘托教育品牌

“从绝望中寻找希望，人生终将辉煌”的校训在新东方随处可见，发给学员的笔记本上也都有这样的语句。新东方将自身在不断成长与发展过程中的信念，在传授知识的同时传递给每一位学员，力争在为学生教授知识的同时，教会学生对待人生的态度，帮助学生建立一种乐观向上的精神态度。新东方的不断奋斗与时刻保持谦卑积极的心态的企业文化，潜移默化地影响着在这里学习的每一位学员，给学员以信念与激励。正是靠着这样优秀的企业文化与精神，新东方树立起了知名教育品牌。

三、案例点评

新东方可以说是中国教育产业的一个奇迹，它因留学热而兴起并得到持续快速的发展；它的成长伴随着中国改革开放的脚步，通过自身的不断努力，造就了一个教育品牌的兴起与强大，一代教育人才的产生与壮大。

新东方的成长历程中曾面临政策调整与市场激烈竞争带来的双重压力，但新东方能在正确认识自身特点努力克服弱势项目的基础上，紧跟时代潮流，有条不紊地实施满足市场多样化与个性化的产品需求的发展战略，不断引进与培养优秀的教师人才与管理人才，对资源进行优化配置与重组，以英语培训为基础，逐步扩大教育市场，不仅树立起自己的教育品牌，并抓住市场机遇及时调整与更新战略目标，扩大品牌领域，维护品牌成长，从而获得了更为广阔的发展空间，实现了稳定长足的发展与进步。

新东方用自身的发展历程证明了，民办学校只要有正确的战略决策、成熟的市场运营机制以及优秀的人才制度，一定可以扭转在中国教育行业中的弱势地位，在教育领域闯出一片属于自己的天空。

【案例3】　北京798：文化创意产业的基地

北京的798艺术工厂名声在外，是中国艺术圈的代表性标志之一，现已成为国内外具有影响力的文化创意产业集聚区。斑驳的红砖瓦墙，错落有致的工业厂房，纵横交错的管道，墙壁还保留着各个时代的标语。马路上穿着制服的工人与打扮时尚前卫的参观者相映成趣，历史与现实、工业与艺术在这里完美地契合在一起。

一、北京798的形成过程

798艺术工厂的前身是以北京原798厂为主的京东电子工业厂区，随着原有工业项目的停改，厂区几近废弃。在2002年一批拥有独特视角的艺术家、经纪人率先进驻厂区，他们自发创建和推动，形成了一个工厂型的艺术生态圈。

2003—2005 年，随着更多的艺术家和艺术机构大量进驻厂区，该厂区越来越受到国内外的广泛关注。面对 798 厂区即将被拆迁改建的危机，进驻厂区的艺术家、艺术机构乃至社会各界，为保留 798 厂区做出了许多不懈的努力。经过社会各界的努力，保护和开发 798 艺术区的建议终于得以通过，厂区避免了被拆迁的命运。2005 年 798 厂区内的包豪斯建筑被北京市政府列为“优秀近现代建筑”，2006 年 798 艺术区被列为北京首批文化创意产业集聚区之一，成为众多艺术青年向往的地方，更成为在国内外都有重大影响力的艺术工业区。

走进 798，恍若置身于文化艺术之城，到处充满了浓厚的文化艺术气息，时尚现代与古典怀旧完美结合，随处可见风格迥异的画廊、设计室、艺术家工作室、展厅、店铺、酒吧，充满了勃勃生机，艺术理想与商业经营在这里紧密地结合在一起。798 的独特魅力就在于，当人们在欣赏接触时尚现代的文化时也在感受这里的历史文化。

798 艺术区被正式列为北京市文化创意产业集聚区后，开始进入快速发展的阶段，成为北京乃至全国的现代艺术重要集聚地，并形成了一个以展示现当代艺术为主的集艺术展示、旅游、时尚消费为一体的综合性区域。它带动和影响了酒厂国际艺术园区、一号地艺术园区、草场地艺术区、环铁国际艺术区、索家村和费家村艺术村落等十多个文化艺术区，逐渐形成了以 798 为核心区域的艺术区聚集地。

二、北京 798 的成功经验

作为文化创意产业聚集区之一的北京 798 艺术区，云集了众多的艺术、文化界名流、众多的艺术机构和时尚企业。798 艺术区每天都在通过不同的艺术形式向世人展示着 798 特有的艺术氛围，展示着中国艺术界和文化界的风貌。

（一）艺术群体的聚集

798 艺术区位于作为中国经济、政治、文化中心的首都北京，紧邻中央美术学院，拥有决定性的区位优势。它作为艺术家、艺术机构较早进驻的艺术区之一，聚集了众多视角独特、才华横溢的艺术家，吸引了大量怀揣艺术梦想的青年，成为众多才华横溢的艺术家与艺术爱好者实现梦想的起点，形成了一个迅速扩大 798 艺术区号召力的良性的连锁反应，吸引了众多艺术家与艺术爱好者源源不断地向这里聚集。

（二）准入门槛低

798 艺术区作为自发形成的艺术展示场所，它对于民间性、实验性的艺术活动的举办与展示要求较低；同时，它没有形成固定的派别与风格，而是众多艺术风格共同发挥魅力的多样性平台，为各种风格迥异的艺术文化的进驻与发展敞开大门。因此受到了国内外众多艺术机构与文化艺术活动的青睐，大量艺术机构进驻 798 并将其作为自己重要的办公与展示场所，众多前卫的艺术活动也选择 798 作为自己的展示场所。798 艺术区为国内外艺术家和游客提供了一个认识和了解中国当代艺术的机会与渠道，更成为未成名的艺术家与艺术爱好者展示与交流的场所。

（三）稀有的包豪斯建筑风格

包豪斯建筑风格作为现代主义建筑的先声与典范，在建筑史上具有里程碑的意义。著名德国现代主义建筑大师格罗庇乌斯亲自设计的“包豪斯”校舍在1996年被联合国教科文组织列为世界文化遗产，而包豪斯建筑在世界上所剩无多。798厂区拥有中国最为集中的包豪斯建筑，由于这些包豪斯建筑具有独特性与稀缺性，引起了国际建筑界乃至国际社会的广泛关注，为打响798艺术区的知名度提供了坚实基础与沟通桥梁，大幅提高了798的艺术内涵与艺术品质，吸引了众多艺术家。

三、北京798发展中存在的问题

然而随着北京798的声名鹊起，艺术区的艺术氛围却渐渐变了味儿。过度的商业化、过高的房租等，都在残害着这片艺术诞生的土壤，侵蚀着青年艺术家的创造空间。

（一）艺术区定位的偏移

随着近年来798艺术区的知名度与商业价值的迅速飙升，798开始偏移了原先的艺术区定位，不再是一个为中国现当代艺术的开发与发展提供平台的单纯的艺术家聚集地，而成为众多产业力量角逐的“战场”。798独特的艺术气质与艺术氛围逐渐淹没在连年增加的旅游与消费氛围下，在失去独具特色的艺术文化后，798很容易沦为一个“空壳”的艺术符号。

（二）无法承受的高昂房租

在最初阶段，798低廉的房租吸引了大批青年艺术家来此实现自己的艺术梦想，高校毕业生、流浪艺术家占了很大的一部分。但是，随着798的知名度与发展规模不断扩大，很多艺术家和艺术机构已无力承受高昂的房租，开始撤出798。这不仅造成798艺术人才的流失，降低了798的艺术品质与氛围，更阻碍了798艺术区继续向前发展的脚步。

（三）被边缘化的艺术家群体

在798艺术区发展之初，正是大批才华横溢的艺术家进驻艺术区，为798的发展注入了生机与活力，提高了798的艺术品质，直接推动了798的形成与发展。但近年来，却出现了大批艺术家离开而画廊、艺术机构大量进驻的情况，艺术家尤其是青年艺术家从主体地位降到了边缘化的从属地位。虽然画廊与艺术机构为798带来了巨额收益，但是失去艺术家的798，它的艺术特色也就随之消失，其艺术魅力更是大打折扣。

（四）过度商业化的气息

798艺术区不断扩大的知名度加剧了艺术区的商业化，使艺术区原有的艺术文化氛围被严重削弱。许多非艺术的商业机构进驻798，为了赚取高额利润，其商品全然没有了独特高雅的艺术文化内涵，很多商铺的商品仅仅是普通的旅游纪念品。过度泛滥的商业化，使798失去了往日的艺术灵气，艺术品位逐渐下降，严重影响了798艺术区品牌形象与声誉。

四、案例点评

798厂区内独特的包豪斯建筑、优越的地理交通区位优势，被一批眼光独到的艺术家发现，成为他们培养与激发灵感、创作艺术作品的绝佳场所；而后越来越多的艺术家被798得天独厚的艺术氛围所吸引，纷纷进驻，促进了798的发展壮大；798厂区逐渐演变成798艺术区，在政府的大力支持下，被打造成798艺术创意产业园区，这是历史变迁中发生的奇迹。

798 艺术区成为众多才华横溢的艺术家与艺术爱好者实现梦想的起点，是众多艺术风格共同发挥魅力的多样性平台，涌现了一大批才华横溢的艺术家，成为中国现当代艺术发展的象征与缩影，为中国与世界的艺术交流提供了平台，为促进中国现当代艺术的发展作出了杰出贡献。

798 艺术区的巨大知名度引来了其商业价值的大幅开发与利用，从而导致了 798 艺术区独特艺术文化氛围的降低，798 演变成为披着艺术文化外衣的商品交易市场。艺术文化是 798 得以发展壮大的核心力量，它独具特色的艺术魅力成就了它的价值。过度的商业开发，不仅弱化了 798 的艺术气息与氛围，更使大批艺术家失去了静心思考与艺术创作的空间与环境，严重影响了中国现当代艺术的继续发展。如果这些问题得不到妥善解决，798 艺术区就将难以维持往日的盛名。因此，如何恢复 798 艺术区往日的艺术氛围与艺术魅力，就成为当今艺术界乃至全社会迫切需要解决的问题之一。

【案例 4】　大芬油画村：为艺术的产业化搭建成功的桥梁

大芬油画村位于深圳，是以原创油画及复制艺术品加工为主，附带有国画、书法、工艺、雕刻及画框、颜料等配套产业的经营的产业基地。现已形成以大芬村为中心，辐射闽、粤、湘赣及港、澳地区的油画产业圈。随着越来越多的画家、画工进驻大芬村，“大芬油画”成了国内外知名的文化品牌。

一、大芬油画村的形成过程

1989 年，经营油画行画的香港画家黄江来到深圳大芬村，看中了这里优越的地理位置和低廉的劳动力成本，开始在这里租用民房并收集和转销油画，同时招募学生帮助他完成与外商签订的订单。从此在大芬村形成了油画生产、收购和集中外销的“一条龙”体系，大芬油画村的雏形由此产生。

随着大芬村的油画生意越做越火，越来越多的画师、画工纷纷来到大芬村安营扎寨。在黄江之后又出现了两家规模较大的专门经营油画收购和外销的机构，在周围聚集起了一批专为其供货的画工。在不侵犯知识产权的前提下，大批经过专门从事模仿的画工、画师手工“复制”的世界名画开始出现在国内外的市场上，并且销量越来越好，大芬油画村声名鹊起。经过多年的发展，已经形成了黄江油画艺术广场、茂业书画交易广场、大芬卢浮宫四个展示与交易中心，与之相配套的油画生产、画框及相关产品的加工企业还有进出口业务也得到了同步发展，并走向规模化、系统化，大芬村的油画交易量与收益持续增加。

短短二十多年的时间，大芬村这个名不见经传的边陲小村庄，发展成为一个以油画为主的艺术品生产与销售基地，一幅幅驰名中外的油画作品在这里得到复制并远销海内外，这里充满了浓厚的艺术氛围与艺术品位，有中国“油画第一村”的美誉。

作为第一届和第二届深圳“文博会”的主要分会场，大芬油画村得到了政府与全社会的广泛关注与大力支持。大芬村的快速发展与卓越贡献，为其赢得了“文化（美术）产业示范基地”、“2006 中国最佳创意产业园区”、“广东省版权兴业示范基地”、“广东人文历史类最美（乡村）旅游示范点”等众多荣誉①。2007年10月，大芬油画村被第二届“创意中国·和谐世界”北京文化创意产业国际论坛组委会授予“新锐2007·最具品牌价值园区”的光荣称号以及国家文化部授予的“优秀出口文化产品和服务项目”奖。

二、大芬油画村的成功经验

大芬油画的崛起，使大芬这个没有工业企业的小村庄焕发了别样的生机和活力。不仅村民收入逐年大幅增加，油画村的形成还为村民创造了具有浓厚文化氛围的生活环境。除了带来大芬村的改变之外，油画村的形成还促进了中外文化的交流与融合。

（一）得天独厚的发展优势

大芬村隶属中国改革开放前沿城市深圳，这里不仅有各种优惠政策，还有许多才华横溢、能力突出的人才以及众多商机，并且靠近香港，能及时把握香港乃至世界的市场需求与转变，为大芬村进入世界艺术产业的前沿市场，提供了畅通渠道。同时大芬村拥有低廉的房租与劳动力成本的独特优势。这些内在与外在的优势条件，都为大芬村油画产业的发展奠定了坚实基础。

（二）政府的大力支持

1998年，深圳市各级政府将大芬村纳入文化建设的重点项目，将大芬村作为独特的文化产业品牌进行打造，投入巨额资金进行环境改造，通过规范和引导油画市场，保障大芬村油画产业的发展更加正规与健康，努力改善投资融资环境，给予财政税收的大量优惠，为大芬村的发展提供了强有力的保证。

（三）准确的市场定位

行画是世界名画的临摹、复制本，在国际市场特别是欧美市场上需求量极大。因此，大芬村的画商们从一开始就瞄准了国际市场，实行走出去的经营战略，将销售市场重点放在国外市场，90%的大芬油画远销欧美、中东、非洲各个国家。大芬村的行画以制作成本低、质量较高的特点而成为国际油画市场上的俏销货，使“中国·大芬”成为在国外有极强知名度和影响力的著名文化品牌。

（四）成熟的艺术产业链运作

在大芬村开始步入发展轨道后，与油画产业相关的产业链条也开始形成。不仅众多画家、画工进驻大芬村，与美术创作相关的原材料销售也在大芬村发展壮大，美术培训课程和学校也开始出现，形成了集油画生产、加工、仓储、中转、出口等环节为一体的完整成熟的油画产业链。专业完整的艺术产业链条，保证了大芬村能按时按质按量完成客户的订单，提供完善的售后服务，从而提高了大芬村的良好信誉，为大芬村赢得更多的潜在客户，为大芬村的油画产业的进一步扩大提供了坚实后盾。

（五）与时俱进的发展思想

在大芬村油画产业形成一定规模后，大芬村积极根据现实情况，及时对发展战略和产业结构做出调整，以保证大芬村紧跟时代潮流，走在艺术产业发展的前端。为使大芬村油

---

① 沈望舒：《文化产业的供应链、产业链和价值链——以大芬村特色文化产业园区为例》，载《城市问题》2008年第12期。

画产业实现可持续发展，培养自己的艺术品位和艺术品牌，开始逐步调整其经营结构，由行画向原创画倾斜，开始注重追求新颖的创作手法以及风格的原创性，向原创艺术转变。同时，保证大芬村发展的后续力量充足，对人才培养与引进的战略也做出了调整，改变了以往仅以大芬村为中心的人才发展战略，而开始为艺术类专业学生开放，积极与众多学校合作，为大芬村的持续发展储备后续力量。

三、大芬油画村发展中存在的问题

随着大芬油画村的繁荣发展，一系列的问题也随之产生。过分注重市场、商业运作环境不适合原创作品和艺术家的成长，导致大芬油画村逐渐沦为油画产销工厂，而不是艺术创作的温床，令大芬村丧失了自己的文化特色和生命力。

（一）原创作品比重低

由于大芬村的油画产业是商业运作，大部分精力放在行画上，通过对世界名画的“复制”来创造最大的利润。长此以往，大芬村无法实现作品的原创性与独创性，更难以塑造自己不可替代的独特的品牌形象。因此，原创作品就成为大芬村目前急需改善与解决的问题，目前原创作品的发展速度很缓慢，市场上的原创作品比重小，这样下去，不仅大芬村丧失了持续发展的生命力，更容易造成市场的萎缩，甚至被更先进质量更高的产品所取代。

（二）画廊畸形经营

画廊是美术作品实现价值的重要环节，画廊的经营任务应该是通过自己的运作将艺术品转化为市场上的商品，而不是根据市场需求生产与消费需求相符合的商品。而大芬村作为以行画为主要产品结构的产业基地，画商们主要是以大量临摹复制油画作品来获取利润，放弃了原创作品的经营而选择了行画销售。虽然这样能够在短期内获得高额利润，但是从长远来讲，无论是对艺术作品还是画廊本身都是非常不利的。

（三）艺术家与市场之间不可调和的矛盾

在大芬村的艺术商业化运作模式下，很多画家时刻要面对市场需要与艺术创作之间的矛盾与抉择。由于艺术形式与内容具有抽象性的特点，很多艺术作品并不能被消费者所理解与认同，不符合大众的消费口味。因此，很多画家为了追求经济利益，一味地迎合大众消费者的口味，迎合市场需求，而置艺术作品的品质与品位于不顾。长此以往，不仅很容易造成消费者的审美疲劳，更不利于文化艺术创作与一流画家的打造。

四、案例点评

从一个名不见经传、收入低下的小村庄，在短短二十多年时间里，发展成为如今享誉海内外的文化产业基地、一个独特的文化产业品牌。大芬油画村通过特有的“大芬模式”，为艺术市场打造了一个新的发展模式。大芬村一开始就放弃了传统的官办模式，以自给自足为主、政府扶持为辅的形式，充分运用了市场的作用与规律，实现了自己的发展壮大。从而为艺术家进入市场、艺术品作为商品进行销售，走出了一条独具特色的发展道路，不仅创造了巨大的经济价值，更在国内外的艺术市场上打出了广泛的知名度与影响力。

艺术与市场在这里对接，才华与财富在这里转换。大芬村已不再是狭义的一个村庄的名字，而是一个世界艺术市场与中国艺术市场接轨的自然形成的大平台。“大芬模式”作为艺术走向市场的典型模式，创造了全世界60%的油画市场的奇迹，为艺术产业化提供了丰富的经验与借鉴，“大芬模式”具有典型的示范借鉴作用，成为政府、学界深刻研究与广泛讨论的热门话题。

但是，以艺术品油画为发展核心的大芬村，因为过度追逐经济利润，行画的生产模式对油画产业的可持续发展带来了一些负面影响与危机。大芬村在今后的发展道路中，要充分发挥创新思想，在注重提高经济效益的同时，更要提高自己的艺术文化内涵与品质，努力塑造自己特有的艺术品牌形象。

思考题

1. 谈谈海外孔子学院在发展中如何解决存在的问题。
2. 结合“新东方”办学经验，谈谈当前我国教辅机构如何创建品牌。
3. 试析艺术产业化的利与弊。
4. 举例说说当前我国创意产业园的发展现状及前景展望。

第三节　大型活动类创意案例

大型活动是一系列活动的有机组合，大型活动的策划和实施，需将一系列活动统一于一个创意文化主题之下，需要专业团队对大型活动的策划和实施统一规划，详细部署。大型活动的文化创意的成功与否，直接导致活动的受众定位和文化理念的区别，这不仅决定了活动参与者和观众的所属群体、忠诚程度，还决定着大型活动的经济效益。

【案例1】　北京奥运会：北京文化创意产业发展的助推器

2008年北京奥运会，是全体中国人民的一件大事，不仅为世界创办了一届精彩绝伦的奥运会，还是我国综合国力、人民风貌的完美展现。奥运口号“同一个世界，同一个梦想”、奥运吉祥物“福娃”、奥运会徽“中国印——舞动的北京”、祥云火炬、和田玉奖牌等，都是中国文化理念的集中体现，背后是中国文化创意产业发展的推动。

一、北京奥运会的特色

北京奥运会的特色是：中国风格、人文风采、时代风貌、大众参与。所谓中国风格，要展现中国悠久的文化和悠久的历史，要有浓厚的中国韵味；人文风采，就是要体现中国优秀的哲学思想，促进人与人、人与自然的协调，并展现“和而不同”的文化观念，把奥运会办成多元文化的精彩纷呈的庆典；时代风貌，就是要表达出中国人民追求和平与发展，追求各国人民和睦相处的时代特征；大众参与，要体现出由13亿中国人以及数千万海内外华人华侨所拥有的中国举办，是历史上举办人口最多的一届，也是参与最广的一届奥运会。

奥运会的核心理念是“绿色奥运、科技奥运、人文奥运”，这三大理念的核心和灵魂的蕴含着和谐的价值观。建设和谐社会、实现和谐发展是我们的梦想和追求。和平进步、和谐发展、和睦相处、合作共赢、和美生活是全世界的共同理想。这三大理念深刻地影响到每个北京市民的生活，也影响了全国人民的生活。

10万赛会志愿者、40万城市志愿者、100万社会志愿者，北京奥运会动用了奥运会历史上最多的志愿者，使奥林匹克理念的传播与普及落到实处①。

北京奥运会的青年营为全世界204个国家/地区奥委会的青少年提供了体验中国文化的绝好机会，一些青年在这里观摩奥运会、参与火炬传递、学习中国汉字等，使青年营促进世界青年友好交往的理念在全世界范围内得到了最广泛的传播。

北京奥运会的奥运村为世界各国的运动员们提供了最周到的服务和最贴心的照顾，饮食、娱乐、休闲等区域的精心布局和志愿者的微笑服务使运动员们留下了最难忘的中国记忆。不少运动员还会带着自己的中国姓名离开这个具有3000年历史的文化古都。

奥运会徽“中国印·舞动的北京”、奥运吉祥物“福娃”、体育图标“篆书之美”、火炬“祥云”等，这些东西在设计的时候代表了中国传统文化精髓，浓缩了中国人民对奥林匹克运动会的千万种意愿。“金镶玉”奖牌的中国特色浓厚、艺术风格尊贵典雅，和谐地将中国文化与奥林匹克精神结合在一起。更多富有创意和浓郁民族文化特色的文化产品让世界了解中国。

“鸟巢”、“水立方”等奥运会主要比赛场馆，是科技奥运的完美体现。

二、北京奥运会对文化创意产业的影响

奥运会作为全球规模最大的国际体育盛会，历届奥林匹克运动会都对举办城市的经济、文化、社会生活等方面产生深远的影响。2008年北京奥运会是我国首次举办奥运会，它圆了我国人民百年的奥运梦想，使北京更加开放和充满活力，也为中国和北京树立良好的国际形象。而它所形成的奥运经济，更为我国特别是北京的经济文化发展起到了巨大的推动作用，为北京乃至全国的文化创意产业提供了极好的发展机遇，对以创意为核心的各个文化产业都产生了巨大的影响。

（一）对北京会展业的影响

在奥运会举办的两周时间里，来自全世界的运动员、官员、工作人员、观众和旅游者的巨大人流汇集，对北京市的交通、住宿、饮食、通信等诸多方面都提出了严峻的考验。不仅要考虑奥运会整体运行的各个方面，更要为来自世界各地的参加、参与和观看奥运会的人们提供舒适的空间与优质的服务。因此，北京通过举办奥运会而为今后举办各种大型国际性活动，掌握了大量第一手材料，积累了举办各种大型会展活动的各种经验，更为会展业的发展积攒了大量集充足的理论知识与丰富的实战经验于一身的展会组织与筹备人才，从而为会展业的发展奠定了良好的基础。

---

① 数据来源：《论北京奥运志愿精神与社会主义核心价值体系》，志愿北京网（2009-01-19），http://www.bv2008.cn/organ/tjzytt/263902.shtml。

（二）对北京旅游业的影响

北京是以极为丰富的人文历史文化作为其旅游亮点的世界旅游名城，而北京奥运会的举办，大大提高了北京市的形象和知名度。“绿色奥运”、“科技奥运”、“人文奥运”的全新理念为北京旅游业注入了更为深刻的文化内涵，从而为北京旅游业的发展带来了重大机遇，加快了与国际旅游业标准的接轨。从2006年开始，北京每年抓住一个主题，宣传“分享奥运，和谐共融”的奥运旅游文化内涵；在奥运会后，以“奥运——定格辉煌”为主题，重点开发奥运旅游系列产品，着重推出奥运场馆游的旅游项目，并积极开发体育休闲旅游项目。现如今，北京已发展成为全国最大的体育旅游目的地。

（三）对北京体育产业的影响

北京通过举办奥运会，为体育产业与游戏休闲娱乐产业开拓了广泛的市场，提供了资源整合的契机，积累了众多专业策划、专业制作、专业营销和专业服务的成功经验，引进与培养了一大批优秀专业人才，树立了专业化和创新性的发展思想与理念；在吸引投资、迎合消费需求、资源优化配置、产业结构调整等诸多方面都产生了积极的推动作用，从而为北京体育产业的发展打下了坚实良好的基础。同时北京将持续吸引数百万至千万市民，投身体育健身，参与体育观光，体验北京的休闲娱乐设施，消费体育文化产品，帮助体育产业尽快成长为北京文化创意产业中健康快速发展的产业之一。

（四）对北京传媒产业的影响

借助北京奥运会的广泛传播，北京的现代传媒机构与影视企业成功举办了众多高水平、有特色的奥运会展示活动，不仅从技术上推动了我国影视传媒的数字化发展，更引进先进的国际标准化的公共信号制作，进而提高了我国在国际公共信号制作上的水平和能力。北京2008奥运会首次向以互联网为主的新媒体授权，网络成为国内外观众关注奥运赛事的主要渠道之一，从而为我国网络建设与发展提供了良好契机。北京奥运会的强大推动力为我国手机电视的发展带来了重大机遇，不仅加快了中国手机3G网络覆盖的建设，更促进了手机媒体、IPTV、各种数字终端等新媒体的融合；对北京影视与传媒产业的发展产生了巨大的推力，促进了数字内容产品快速成长，对电子、通信产业也产生了巨大的影响。

（五）对动漫产业的影响

在北京奥运会开幕之前，关于奥运题材的动漫作品就不断面市，获得北京奥组委的“福娃”形象授权的动漫有深圳凤凰星出品的《福娃》、北京卡酷的《福娃奥运漫游记》和央视动画公司的《福娃五连环》三部。在北京奥运会前后几年，全国众多动漫公司、动画院校以及动画工作室，都相继推出了各种有关奥运历史、奥运文化等题材的形式多样的奥运动漫作品，不仅有传统的动画电影和系列电视动画片，也有动画宣传短片和网络传情动漫等，显示了北京奥运会对国产动漫发展所产生的积极影响。借助于奥运会的推动，北京正在合理引导动漫产业和网络游戏的产业布局，加速提高产业聚集度，逐步形成了完整的动漫和网络游戏产业链，动漫产业的市场意识也得到了增强。

（六）对设计创意产业的影响

奥运会对优秀设计理念的要求与应用，全面提升了北京工业创意设计、建筑创意设计、信息产品设计、内容产品设计和艺术品设计产业的水平；它带来的各种建筑与设施的设计需求，促进了我国本土设计公司的快速发展。大量中国本土企业在设计中将注意力放在了科技和创新上，加速了我国创意设计产品的成长与发展，更使广大民众对创意设计产业产生了浓厚兴趣，开始了从认识到了解接受再到消费阶段的发展，进而在根本上对我国创意设计产业的发展起到了至关重要的推动作用。北京市借助奥运建设的契机，适时推出了“设计创新提升计划”，鼓励企业加强对创意设计理念的认知与应用；并通过实施奖励、推广宣传企业的创新设计产品等措施，带动了北京乃至全国的设计产业发展，使北京成为在产业整体规模和竞争力上居于全国首位的设计创意中心，并产生广泛的世界影响。北京奥运还拉动了工艺品与奥运纪念品（特许商品）的设计与销售，推动了画廊、古玩和艺术品的交易量大增。

三、案例点评

中国灿烂丰富的传统文化是中华民族得以延续和发展的重要精神支柱，许多闻名于世的历史遗迹和淳朴的民俗风情，以及古老的饮食文化，是我国古代人民的智慧结晶，更是当代人民的骄傲与自豪。因此，如何将这些优秀灿烂的古老文明与文化融入到现代文化中，使其通过时尚现代的文化创意设计得到弘扬与传承，就成为社会各界重点思考与迫切需要解决的问题之一，北京奥运会的举办，恰为这一问题的解决提供了畅通的渠道与良好的平台。

凭借北京奥运举办的契机，北京乃至全国的文化创意产业不仅得到了快速成长，更为其长足发展积累了宝贵经验与人才。在北京 2008 奥运会的拉动下，北京文化创意产业迅速崛起，各大企业与机构均得到了广阔的成长空间并逐渐发展壮大。其中以体育产业的发展尤为突出，不仅为解决我国对于体育产业的发展缺乏专业化意识的问题提供了优秀范例与宝贵经验，更极大地促进了我国体育产业政策的建立，彻底改变了我国体育产业传统的运营体制，对我国体育产业商业化的进程起到了强大的推动作用；从而大幅缩小了我国与世界体育产业强国之间的差距，为我国体育产业乃至整体国民经济的发展注入了不竭的发展动力。

【案例 2】　NBA：文化产业商业化运作的典范

说到篮球，所有人都会想到 NBA。NBA 是将美国的篮球风暴席卷全球的有力武器，尤其是一年一度的 NBA 全明星赛，更是全球十几亿观众狂欢的盛宴。NBA 不仅是一个美国职业篮球的组织，它更是一个商业组织。它不仅将篮球比赛的可看性、娱乐性发挥到了极致，还在一系列的策划运营中获取巨额收益。

一、NBA 的形成过程

美国篮球大联盟（NBA National Basketball Association），是美国第一大职业篮球赛事，代表了世界篮球的最高水平，有着广泛的国际影响力。NBA 是世界上最全球化、影响力最大的职业体育组织；从广义上说，NBA 更是一个擅长活动组织、策划以及营销的全球大型活动运营机构。

今天被人熟知的 NBA 成立于 1946 年 6 月 6 日，当时第二次世界大战刚刚结束，11 家冰球馆和体育馆的老板为了让体育馆在冰球联赛以外的时间不至于闲置，共同发起成立了“美国篮球协会”(ABA)。1949年，美国两大篮球组织ABA和NBL合并为“NBA”，NBA拥有17支球队，分成三个赛区比赛。1952年，NBA制定了24秒制，由此大大提高了比赛的观赏性和得分率。而后在1964年，又将禁区宽度扩大至6英尺，从而开创了篮球新的生命空间。

70年代的NBA主要完成了两件大事：第一件是NBA走上了电视。随着电视在美国家庭的普及，1973年美国哥伦比亚广播公司以2700万美元买下了NBA比赛的3年播映权。虽然当时只能播放录像，但是对于NBA来说，却是走向世界的开端。第二件事在1976年兼并了美国另一个职业篮球联盟美国篮球协会（ABA），NBA从ABA吸取了大量精华后，开始注重比赛的观赏性并不再排斥扣篮，从1979年开始实行3分制。80年代，随着第四位总裁大卫·斯特恩的上任，NBA开始走上商业化和国际化的道路，开始了它的黄金十年。1992年，NBA“梦之队”横空出世，一举夺得奥运会金牌和世界男篮锦标赛冠军。1995年，NBA的收入高达30亿美元，在全球找不到能与之相比的体育赛事。90年代的NBA在美国，已成功超越职业冰球、棒球、橄榄球而排在首位，并通过电视转播在全世界160多个国家和地区播放，成为全世界最热门的体育赛事之一①。

经过60多年的发展，NBA的内涵早已超越了一项运动赛事本身。今天的NBA是一个平台，基于这个平台已经发展出了一套高度发达的商业生态系统：球馆提供场地赚取门票，电视网转播比赛吸引广告，各大运动品牌签约球员代言推销产品……NBA不但成功突破了体育运动、文化传播和娱乐产业的界限，更借助于全球经济一体化的契机，把篮球这项竞技体育项目包装成一种深受各种人种热烈欢迎与追捧的文化商品，广泛深入到地球上的每个角落。凭借着这种势不可挡的篮球魅力和文化内容，NBA在全球不断扩大版图，实现了世界范围内的扩张，最终发展为在全世界范围内拥有巨大经济与社会市场的商业娱乐品牌。

二、NBA的成功经验

NBA成熟产业链的运营，使篮球运动本身更加具有激烈对抗性和娱乐观赏性，和篮球相关的娱乐和体育文化也成为大众文化的重要组成部分，球迷数量与日俱增。NBA塑造出了自己的品牌，提高了比赛的水准，又反过来促使NBA更为世界人民所喜爱。

（一）强大的观赏性与刺激性，创造品牌的核心价值

NBA独特科学的选秀制度、转会制度和限薪制度，合理分布了各球队的实力水平，球队间的实力不相上下，没有哪支球队有绝对把握能一定战胜另一支球队，比赛胜负不到最后一秒钟是分不出来的。这就使比赛从头至尾都充满了悬念，高潮不断，精彩绝伦，紧紧锁住了众多球迷的视线。同时，NBA球员熟练高超的技术与技巧以及过人的身体素质，使比赛极富观赏性，而诸如24s、3分线的拉远、3s区域的扩大以及对个人被罚下场的犯规次数的增加等规则的修改与增加，都大大提高了比赛的激烈与刺激程度。这些因素为NBA的品牌塑造奠定了良好基础，使得NBA在篮球比赛乃至各种体育赛事中脱颖而出，

① 丁洁、王岗：《解读NBA全球化》，载《体育文化导刊》2006年第4期。

为世界所瞩目。

（二）一切以球迷的需求作为出发点

NBA 在创立之初就深切了解到，唯有球迷才是其长久不衰的保障。因此，NBA 的运营宗旨始终以球迷为出发点，所有的服务都是为满足球迷的需要。NBA 将进攻时间由原先的 30s 改为 24s，球过半场的时间由 10s 改为 8s，将上下半场改为 4 节，就是因为球迷们普遍反映比赛对抗性、激烈性差。而为了增强比赛的观赏性，NBA 更是制定了倒摘牌这一特殊的赛制，在每次选秀之后，由成绩最差的球队率先选择，这样就使得一部分优秀球员被分配在了实力较弱的球队，从而平均了每支队伍的实力，保证了每场比赛均有看点与亮点。而目前 30 支球队中，已经有 29 支球队至少更换过 1 次球馆，这不仅是为了给球员提供舒适优良的训练与比赛环境，更是为了给看球迷们提供更加良好的观看条件。

（三）激发球员积极性的制度建构

球员是赛场上的主导者，是比赛观赏性和刺激性的保证者，更是观众兴趣的激发者，可以说，球员在赛场上的表现直接决定了观众对赛事的接受与关注程度。因此，为了激发球员能够在赛场上为观众提供一场又一场精彩绝伦的比赛，NBA 在发展过程中逐渐建构了以球员薪金制度、球员转会制度、球员仲裁制度为核心的激发球员积极性的制度，并在一次又一次的完善与创新。

（四）依托本土实行全球化品牌发展战略

NBA 作为一个“运动+娱乐”品牌，几乎具备了时尚、年轻、活力在内的所有元素，它的独特性和稀缺性，最具传播价值和传播效益。NBA 在制定发展战略之时，虽然将 NBA 联赛定位为全球化产品，但并没有脱离本土化策略，而是以国内市场为依托，逐步开发国际市场。通过在世界各地开展海外比赛、篮球嘉年华、篮球无疆界、NBA 的球迷互动活动大篷车、季前赛训练营等各种活动，让更多球迷亲身体验 NBA 的魅力。同时 NBA 也在不断扩大它的全球电视转播网络，以便让世界上更多的球迷即使不能亲身感受 NBA 的魅力，也能够从电视上欣赏到 NBA 的精彩赛事。

（五）利用品牌效应创造完美产业链

篮球比赛虽然是 NBA 的主打，但是每年 1230 场常规赛、几十场季后赛，只是 NBA 的一个方面；纷繁缭乱的全明星赛、选秀大会、海外比赛、篮球嘉年华、篮球无疆界、NBA 训练营、篮球大篷车这些由比赛直接延伸出来的产品更为 NBA 增添了无数吸引力。此外，NBA 为满足球迷们的需要，还制作发行了包括比赛录像带、光盘、音乐等多媒体产品在内的一系列精彩的影视产品。同时，NBA 更将经营的触角延伸到餐厅与商店领域，NBA 专卖店里有全球最齐全、最顶级且适合各个年龄阶层的 NBA 与 WNBA 的授权商品，而“NBA City”餐厅，在提供各类美食的同时更播放许多独家的多媒体节目。NBA 利用品牌的辐射效应将产业链条延伸到各个领域，使得球迷乃至各类人群在欣赏精彩的比赛之余，能够在各个方面充分感受 NBA 的独特魅力。

（六）以灵活自主的价格策略吸引众多消费者

NBA 拥有一定的自主制定价格权力，在一定程度上能根据市场的需求来灵活地制定与调整价格。不仅有每一场比赛根据观看位置所划分的价格，更有 NBA 比赛的季票、月票和普通票。在 1998 年以前，NBA 的电视转播基本上是免费赠送节目内容和信号，仅在节目中插播广告，以在消费者心中留下良好形象，增加产品的魅力；NBA 为在中国这个人口大国打下坚实的球迷与消费者基础，就曾自掏腰包请中央电视台的转播小组现场直播明星赛和总决赛。

（七）注重无形资本运营

无形资产是 NBA 的核心资源，它包括版权资源、客户资源网、品牌资源、企业文化等内容。无形资本是提高 NBA 影响力的重要因素，而 NBA 明星球星的塑造，就是无形资本运营的最好体现之一。多年来，NBA 深谙开发球星对于市场开发的重要价值，像开发产品那样去开发球星。“球星战术”一直是 NBA 推广品牌惯用的手段。乔丹迷人的笑容、经典的吐舌头动作和神话般的技术征服了全世界的球迷，使 NBA 成为国际化的联赛。造星运动引来了越来越多的优秀篮球人才，成就了 NBA 球场上巨星无数，而巨星的出现反过来又对无数球迷形成更大的市场号召力。

三、案例点评

NBA 始终以消费者的需求为中心来组织 NBA 的赛事，从而形成了以 NBA 赛事为核心的一个庞大的体育产业，而绝非一个单纯的竞技体育项目。而如何将精彩的 NBA 赛事让消费者感知，不仅关系到赛事价值的实现，更对 NBA 联盟的发展起着至关重要的作用。因此，NBA 一直围绕品牌的塑造与维护以及消费者对 NBA 赛事的忠诚度来制定发展战略决策。同时，为使联盟整体效益最大化，NBA 对于恰当处理联盟与俱乐部以及俱乐部与球员之间的关系放在前列。因此，将多方注意力转移到 NBA 这个整体的产业利益之上促成了 NBA 核心竞争力的形成；而 NBA 的合作伙伴与电视转播作为 NBA 核心竞争力的延伸，反过来又增强了 NBA 的核心竞争力，从而形成了一个良性循环的科学发展系统，亦构成了 NBA 独有的商业发展模式。

NBA 是不仅是一种篮球现象、体育现象，更是一种经济与文化现象。如今的 NBA 已经成功地将自己包装成为集体育运动、大众传媒和娱乐产业于一身的世界著名品牌，并在世界范围内进行广泛传播和扩张。

思考题

1. 分析大型活动成功举办的必备要素。
2. 以奥运为例，谈谈如何在大型活动中实现经济效益与社会效益双丰收。
3. 谈谈 NBA 的商业化运作模式对我国体育产业发展的启示。
4. 大型活动如何实现良性的商业化运作模式？

参考文献

学术书籍

[1] 唐月民:《中国电视传媒产业化研究》，新华出版社2010年版。
[2] 陈少峰、张立波:《文化产业商业模式》，北京大学出版社2011年版。
[3] 胡惠林、单世联:《文化产业研究读本》，上海人民出版社2011年版。
[4] 崔保国:《传媒蓝皮书: 2009年中国传媒产业发展报告》，社会科学文献出版社2009年版。
[5] 崔保国:《传媒蓝皮书: 2012年中国传媒产业发展报告》，社会科学文献出版社2012年版。
[6] 张雪晶等:《文化产业视野下的旅游业发展》，浙江大学出版社2009年版。
[7] 李锡东:《文化产业的营销与管理》，清华大学出版社2011年版。

学术期刊

[1] 宋培义、杜书妍:《中国电视剧产业发展环境分析》，载《电视研究》2010年第4期。
[2] 赵晖:《中国电视剧产业现状问题探析》，载《现代传播》2010年第9期。
[3] 李斌、曹燕宁:《电视剧产业的融合与创新———“三网融合”背景下的趋势预览》，载《声屏世界》2010年第8期。
[4] 张银枝:《中国电影营销分析——全球化背景下的中国电影产业发展之路》，载《文艺争鸣》2010年第6期。
[5] 崔保国、张晓群:《中国报纸产业发展的回顾与展望》，载《中国报业》2009年第3期。
[6] 李楠:《报纸不死　内容为王——由美国报业变革反观我国报业现状与未来》，载《中国传媒科技》2008年第2期。
[7] 朱鸿军:《数字时代如何再造报纸》，载《传媒》2010年第6期。
[8] 尹韵公:《中国传媒产业的发展现状与未来走势》，载《新闻战线》2009年第1期。
[9] 吴风、卫文新:《浅谈中国传媒集团的现状和发展方向》，载《新闻三昧》2009年第4期。
[10] 崔保国、周逵:《中国传媒产业的规模、格局与趋势》，载《新闻战线》2010年第6期。
[11] 崔保国、周逵:《中国传媒业的现状与动向》，载《中国报业》2010年第4期。
[12] 田珂、崔江红:《2010年中国期刊发行市场盘点》，载《广告人》2011年第1期。

[13] 黄端:《中国大众期刊发行市场供需现状及未来十年走势》，载《中国出版》2010年11月（下）。
[14] 胡维青、周升起:《我国图书出版产业现状及发展趋势研究》，载《科技信息》2010年第7期。
[15] 魏玉山:《关于我国新闻出版业发展战略的思考》，载《出版发行研究》2010年第5期。
[16] 张文洲:《看三种媒体如何撬动图书市场——析图书热销千万册背后的新闻传播营销》，载《出版发行研究》2007年第4期。
[17] 罗海蛟:《促进我国动漫产业健康发展的建议》，载《中国信息界》2010年第9期。
[18] 徐珏、于丽英:《中国动漫产业的发展战略研究》，载《科技管理研究》2010年第20期。
[19] 沈克钢:《我国网络游戏产业现状及发展趋势》，载《高科技与产业化》2009年第3期。
[20] 杨状振、武爱平：中国动漫产业的发展趋势及问题，载《现代视听》2010年第8期。
[21] 王君仪:《中国动漫产业的发展困境——以动漫电影〈喜羊羊与灰太狼之牛气冲天〉为例》，载《青年记者》2009年第3期。
[22] 郭虹、李思潇:《中国动漫品牌创建分析——以〈喜羊羊与灰太狼〉及其衍生产品等为例》，载《电视研究》2009年第11期。
[23] 谢伦灿:《文化产业繁荣背景下演艺产业发展之路》，载《求索》2010年第5期。
[24] 黄爱青、王海滨:《浅谈中国旅游业发展现状及对策》，载《中国商界》2009年第10期。
[25] 陈慧芳:《全球经济危机下中国旅游业的现状与对策》，载《湖北成人教育学院学报》2009年第5期。
[26] 李雄诒、王亚鸽:《我国文化创意产业现状及战略发展分析》，载《商业时代》2010年第3期。
[27] 孙坚、孙一帆:《中国创意产业发展现状分析及对策》，载《企业经济》2007年第9期。
[28] 耿玉水、李爱民、郭敏:《我国文化创意产业的发展现状》，载《当代经济》2009年第4期。

网络传媒

[1] 尹鸿:《剧领中国:当前电视剧的创作与生产》,人民网(《今传媒》杂志供稿),http://media. people. com. cn/GB/22114/52789/218557/14343406. html,访问日期,2012-12-31。
[2] 张遵璐:《探析中国电视剧产业现状及未来发展创新之路》,中国人民大学文化创意研究中心网,http://www. cncci. org/jty. jsp? id=554,访问日期,2010-05-21。
[3] 陆地:《中国电视业的发展趋势》,中国报业网,http://www. baoye. net/News. aspx? ID=311767,访问日期,2011-01-17。

[4] 新闻出版总署出版产业发展司:《2009年新闻出版产业分析报告》,中国图书出版网,http://www.bkpcn.com/web/Index.aspx,访问日期,2012-12-31。
[5] 张宇:《中国演艺产业"走出去"将呈现四大趋势》,中国新闻网,http://www.chinanews.com/cul/2011/05-26/3069660.shtml,访问日期,2011-05-26。
[6] 李军慧、毛修炳:《从2010到2011:演艺市场回顾与展望》,聪慧网,http://info.audio.hc360.com/2011/01/131611263789-2.shtml,访问日期,2011-01-13。
[7] 百度文库:《中国文化产业及演艺市场发展状况》,http://wenku.baidu.com/view/5f0f7a1db7360b4c2e3f64f9.html,访问日期,2012-12-31。
[8] 吴阳、金蕾:《"2010年中国节庆产业发展年度报告"正式对外发布》,大众网,http://tour.dzwww.com/shandong/mxly/201012/t20101228_6055768.htm,访问日期,2012-12-31。
[9] 罗百辉:《透视中国会展业发展现状与方向》,蓝房网,http://hn.fangqq.com/2010/0623/3452_7.html,访问日期,2010-06-23。
[10] 罗百辉:《我国会展产业发展现状与方向》,价值中国,http://www.chinavalue.net/Story/145538.aspx,访问日期,2011-05-19。
[11] 百度文库:《中国文化创意产业的发展现状与前瞻》,http://wenku.baidu.com/view/2857abd7b9f3f90f76c61b5c.html,访问日期,2012-12-31。

后　　记

日益发展的社会主义市场经济社会为大众送上了丰富多彩、精彩纷呈的文化盛宴，越来越多的人懂得打文化牌，利用文化开辟出巨大的经济价值，形成新的市场和产业链。我希望通过对诸多实际案例的剖析研讨，来对这个盛宴进行更加理性地探寻，试图发现一些文化产业项目发展的内在规律。

在文化盛宴中，我挑选了代表不同类别的菜品，希望能够见微知著。古人言，闻道有先后，术业有专攻，三人行必有我师。事实的案例可以说是很好的老师，我们调研它的“术业”和所闻之道，通过分析典型案例的成功失败之处，得失之间寻真理，方寸之间见英雄，用不同的视角来讨论一下这些前车之鉴，以作后事之师。由于自己没有那么大的肚量品尝所有，又缘于现时文化菜品推陈出新之快难以让人保持同步，所以我只能尽量找寻一些较有代表性的，能表现整体某些特性的典型案例，如一个美食家般对这些文化案例观察研究，不再是一个单纯的食客，探索美味来自何处，它的烹饪流程、手法，有什么不妥的需要改进的地方？以便今后有更多的人做出更美味的大餐来。

2011 年秋至 2012 年盛夏，我有幸到清华大学新闻与传播学院士郭庆光教授做为期一年的访问学者，清华园良好的治学环境和丰富的产业资讯，为我集中精力撰写此书提供了良好时机。郭庆光导师治学严谨，经验丰富，研究功力深厚，视野开阔，使我较为系统地了解了学科理论及研究方法，访学期间旁听熊澄宇、尹鸿、崔保国及陈昌凤等名师教授们的博硕专业课程，也使我受益匪浅，对文化产业的发展和文化项目案例的分析研究有了不少新的思路和见解。我要对我的导师和其他清华教师们的谆谆教诲和殷切指导表示最衷心的感谢。同时，也感谢来向武老师，对我的清华学习生活提供了诸多帮助。

在这本书的资料收集、整理和校对过程中，我的研究生曾燕、田轲、解婷、巩盼东、承天蒙做了大量的工作，对他们的辛勤付出，我要表示衷心的感谢。我尤其要感谢广西师范学院新闻传播学院的院长熊高教授，是他给我机会和动力来完成这本书的编著工作，也是他给了我很多很好的建议和指导。同时我还要感谢武汉大学出版社的易瑛编辑，为此书的编辑出版提供了支持和帮助。感谢当今社会丰富精彩的文化盛宴，感谢党和政府对文化产业的重视和大力发展，感谢学术界、文化产业界的前辈们为文化产业经典案例的研究提供了非常丰富的信息和研究范本。

由于时间的限制以及自身学识的浅薄，本书有诸多不足之处，欢迎大家批评、指正。

易奇志

2012 年 6 月 28 日于清华园